韶关学院
思政课教学改革与实践探索

薛晓芳　杨华山　主编

暨南大学出版社
JINAN UNIVERSITY PRESS

中国·广州

图书在版编目（CIP）数据

韶关学院思政课教学改革与实践探索/薛晓芳，杨华山主编.—广州：暨南大学出版社，2023.12
ISBN 978 - 7 - 5668 - 3830 - 8

Ⅰ.①韶…　Ⅱ.①薛…②杨…　Ⅲ.①高等学校—思想政治教育—教学研究—中国　Ⅳ.①G641

中国国家版本馆 CIP 数据核字（2023）第 248469 号

韶关学院思政课教学改革与实践探索
SHAOGUAN XUEYUAN SIZHENG KE JIAOXUE GAIGE YU SHIJIAN TANSUO
主　编：薛晓芳　杨华山

出 版 人：阳　翼
策划编辑：林玉翠
责任编辑：刘舜怡　林玉翠
责任校对：高　婷
责任印制：周一丹　郑玉婷

出版发行：暨南大学出版社（511443）
电　　话：总编室（8620）37332601
　　　　　营销部（8620）37332680　37332681　37332682　37332683
传　　真：（8620）37332660（办公室）　37332684（营销部）
网　　址：http://www.jnupress.com
排　　版：广州市新晨文化发展有限公司
印　　刷：广州市友盛彩印有限公司
开　　本：787mm×1092mm　1/16
印　　张：18
字　　数：270 千
版　　次：2023 年 12 月第 1 版
印　　次：2023 年 12 月第 1 次
定　　价：79.80 元

（暨大版图书如有印装质量问题，请与出版社总编室联系调换）

目 录
contents

上 编 主体性教学探索

002 / 新时代提高思想政治理论课教学有效性的探讨 罗 韬

011 / 主体性教学视域下的社会主义核心价值观内化途径探讨 周小玲

020 / 提升主体性教学实效应处理好"四大关系"

  ——以韶关学院思政课为例 王秀美

029 / 主体性教学理念与实践研究 陈文林

036 / 论高校思想政治理论课的主体性教学 吕 莹

045 / 高校思想政治理论课主体性实践教学模式的探讨 周期玉

051 / 高校思政课主体性教学模式探讨 李鹏玉

057 / 高校思政课有效对话教学的对策探讨 刘 惠

065 / 关于思政课主体性教学的一点体会 韩爱芬

071 / 思想政治理论课"5P"教学模式探索 康雁冰

079 / 短视频在思政课实践教学中的价值与应用研究 王海龙

088 / 主体性思想政治教育与大学生公民意识的培养 何正付

095 / 青年思政课教师上好思政课的路径探析 汪东瑶 黄 键

105 / 主体性教学模式在高校思政课教学中的实践与思考

  ——以"中国近现代史纲要"课程为例 严兴文

114 / 主体性教学模式在思政课教学中的应用

  ——以"中国近现代史纲要"课程为例 薛晓芳

121 / "中国近现代史纲要"课程主体性教学中教师的着力点探析 吴伯奎

下 编 课程教改与实践

128 / 关于高校思想政治理论课教学评价特殊性的若干思考　刘　军

138 / "立德树人"理念下高校思政课改革创新路径研究　盛　芳

147 / 雨课堂在高校思想政治理论课教学中的有效运用　陈文林

154 / 高校思想政治理论课多元考评模式及其实践路径　郭潜深

161 / 思想政治理论课的"五度"优化　康雁冰

174 / 医学生医德教育现状的调查与思考
　　　——以韶关学院医学院为例　李寒梅

180 / "三色三化"教学改革创新的探索与实践
　　　——以"中国近现代史纲要"课程为例　薛晓芳

191 / "中国近现代史纲要"课程专题教学初探　周四成

197 / 基于微课的"翻转课堂"教学模式在高校思政课中的应用
　　　——以"中国近现代史纲要"课程为例　高小衡

205 / 论高校思政课说课模式和方案的设计
　　　——以"统一战线"为例　李寒梅　孙家明

216 / 高校思政课针对性和吸引力提升的探索与构建
　　　——以"毛泽东思想和中国特色社会主义理论体系概论"课程为例　梁思贤

226 / 关于思政专业学生品读马克思主义经典文献的思考
　　　——以韶关学院思想政治教育专业学生为例　赖井洋

234 / 关于地方院校思政专业学生考研的思考
　　　——广东省韶关学院思政专业分析　杨华山

243 / 地方院校思政师范生实践能力培养的导向与途径
　　　——以韶关学院思政专业为例　洪克强

254 / 探索与实践：信息化背景下的思政专业社会学课程改革　席丹丹

263 / 基于应用型人才培养目标的思政专业课程教学改革
　　　——以"社会学概论"为例　席丹丹

272 / 马克思主义劳动观融入高校思想政治理论课程研究
　　　——以韶关学院为例　王　鹂

285 / 后　记

上　编

· · · · · ·

主体性教学探索

新时代提高思想政治理论课教学有效性的探讨[*]

罗　韬

摘　要：我国高校是研究和传播马克思主义以及培养中国特色社会主义事业合格建设者和可靠接班人的主阵地，而思想政治理论课则是落实立德树人根本任务的主渠道。为此，提高思想政治理论课的有效性有着重大意义。对有效教学的追求已成为全世界关注的话题，人们越来越关注大学教师在课堂上的教学有效性和如何进行有效教学。为改变目前思想政治理论课教育教学中常常出现的教学效果不理想的状况，从教师主体因素和教学改革角度来看，良好的教师素质是提高教学有效性的关键；而深化教学改革，则是提高教学有效性的重要途径。

关键词：思想政治理论课；教师素质；教学改革；有效性

党和国家一直非常重视大学生思想政治教育工作。思想政治理论课是对大学生进行系统思想理论教育的主渠道和主阵地，在培养他们成为社会主义事业的建设者和接班人方面具有不可替代的作用。党的十八大以来，党中央把高校思想政治工作摆在突出位置，采取得力措施，深入推进中国特色社会主义理论体系进教材进课堂进头脑，高校意识形态领域主流积极健康向上。习近平总书记高度重视高校思想政治理论课建设，并强调思想政治理论课"今后只能加强不能削弱，而且必须提高水平"[1]。因此，提

＊ 本文为教育部人文社科项目 2022 年高校思政课教师研究专项"伟大建党精神融入高校思政课教学的实现路径研究"（项目编号：22JDSZK076）成果之一。原载于《韶关学院学报》2010年第 7 期，收入本书时有修改。

高思想政治理论课的有效性有着重大意义。多年来，高校在加强和改进思想政治理论课方面进行了积极的探索，也取得了很大的成绩，在引导大学生坚定对马克思主义的信仰、对社会主义的信念，增强对改革开放和现代化建设的信心方面发挥了重要的作用。但是在思想政治理论课教育教学中常常出现学生学习兴趣不高、出勤率低、上课不认真、期末考试应付了事的现象，教学陷入了一个低效的窘境。导致当前高校思想政治理论课有效教学不足的原因是多方面的，其中包括社会消极因素的影响、教学自身存在不足及大学生自身接受主体意识不强等因素。下面从教师主体因素和教学改革角度探讨提高思想政治理论课教学的有效性。

一、良好的教师素质是提高教学有效性的关键

英国学者基里亚科在《学校有效教学》指出："有效教学主要关心由某种教育活动怎样最好地促进了学生的理想学习。"[2]事实上，任何教学活动都要实现一定的教学目标，都要产生一定的教学效果，都要追求有效。否则，教学便失去了其应有的意义。思想政治理论课有效教学，是指教师通过教学过程的有效性，引发学生的学习兴趣，相对有效地让大学生了解和掌握马克思主义理论，形成以马克思主义理论为指导的科学的世界观、人生观、价值观以及思维方法，是具有较高的理论素质和道德素养的教学。列宁曾经指出："在任何学校里，最重要的是课程的思想政治方向。这个方向由什么来决定呢？完全而且只能由教学人员来决定。"[3]教师作为思想政治理论课教学的主体，其素质的高低成为影响思想政治理论课教学效果好坏的关键。

（一）加强师德建设

高校思想政治理论课教师的师德状况，不仅反映思想政治理论课教师

队伍素质的高低，而且影响学校教风、学风、校风建设及思想政治理论课的教学质量和水平。因为"高等学校思想政治理论课教师是马克思主义理论和党的路线、方针、政策的宣讲者，社会主义意识形态和精神文明的传播者"[4]。思想政治理论课教师的师德状况和水平不仅关系到教师自身人格的完善，而且具有强烈的示范性，对青年学生的成长起着直接的、潜移默化的影响。思想政治理论课教师不仅要向大学生传授马克思主义理论，提高他们的理论水平，更为重要的是引导和帮助他们树立科学的世界观、人生观和价值观，把他们培养成具有谦逊好学的精神，掌握为人民服务的本领，具备"关心他人，尊老爱幼，诚实守信，热爱劳动"的高尚品格的人，以适应社会的发展。要把学生培养成具有高尚品格的人，思想政治理论课教师本身就必须具有较高的思想道德素质，具有正确的世界观，这样才能有效地对学生进行基本理论的教育，才能以自己崇高的人格去感染学生。因此，加强思想政治理论课教师的师德建设，提高思想政治理论课教师的整体素质和水平是十分迫切的。

加强高校思想政治理论课教师职业道德建设，一条根本的途径就是思想政治理论课教师要不断加强自身学习，使自己成为具有扎实的马克思主义理论水平和坚定共产主义信仰的忠诚卫士。同时，高校要重视源头治理，从根本上采取措施，力求做到标本兼治，收到实效。

（二）提高教学科研能力

在知识经济时代，知识创新和更新的速度越来越快。思想政治理论课是科学性与政治性的统一。一位优秀的思想政治理论课教师仅仅具有高尚的道德品质是不够的，同时还应具有广泛深厚的文化科学基础知识，系统的专业学科知识、教育科学知识和心理科学知识。教师作为思想政治理论课的承担者，要有较高的理论思维能力、语言表达能力、现代教育技术能力、教学组织能力等。

· · · · · ·

思想政治理论课教师应该把教学和科研有机结合起来，既要以提高教学质量为己任，又要以科研为依托，有针对性地开展科学研究。忽视科学研究，甚至认为思想政治理论课教学不需要科学研究，都是偏颇的。这是因为马克思主义理论是博大精深的理论体系，不重视对这一理论的研究不行，不重视对教学中涉及的一些重点、难点、疑点问题的研究不行。为了增强思想政治理论课教学的有效性，教师应该关心时事变化，了解学术前沿，关注社会生活中的新事物。深入研究马克思主义理论在当代发展的最新研究成果，不断丰富和充实思想政治理论课内容。这就需要教师不断提高科研能力，努力成为马克思主义理论的践行者。教师在科研实践中，可以接触到最新科技成果，了解本专业和相应专业的学术发展情况，从而改善知识结构，淘汰、更新过时的知识点，提高自身素质，并将最新科研成果直接、迅速地反映在教学活动中，增强思想政治理论课说服力，培养适应当今时代所需要的创新人才。

所以我们要"着力打造一支信仰坚定、理论功底扎实、数量充足、结构优化的高素质教师队伍，切实增强使命感、认同感、获得感。提高专业人才培养质量，源源不断培养马克思主义理论后备人才"[5]。

二、深化教学改革是提高教学有效性的重要途径

当前，高校思想政治理论课教学存在课程内容重复，教学的实效性、针对性不强等问题，教师必须对教学进行改革，才能提高教学的有效性。

（一）优化教学内容

现阶段的教学内容，普遍存在偏多、偏全、重复的问题。2020 年中共中央宣传部、教育部发布《新时代学校思想政治理论课改革创新实施方案》，新课程方案明确规定，高校开设《思想道德与法治》《中国近现代

史纲要》《马克思主义基本原理》《毛泽东思想和中国特色社会主义理论体系概论》《习近平新时代中国特色社会主义思想概论》《形势与政策》等课程[6]，与"05 方案"相比，避免一些课程重复的问题。但新方案的 6 门课程在内容上也还存在重复的问题。如"思想道德与法治"课的爱国主义、社会主义核心价值体系等内容会和"毛泽东思想和中国特色社会主义理论体系概论"课程中的中国特色社会主义文化建设的部分内容重复；"中国近现代史纲要"和"毛泽东思想和中国特色社会主义理论体系概论"课程的重复内容较多。作为教师，只有认真钻研、分析教材，转教材体系为教学体系，优化教学内容，才能提高教学的有效性。

一是要充分领会教材的精神实质和内部结构，搞清每一章、每一节中的基本观点及这些基本观点产生的实践基础、对实践的指导意义。"教师的课堂教授应该与教材在基本体例和基本观点上保持一致，但是在入题的方式以及讨论问题的重点上又应该有所不同，绝不能照本宣科。"[7]二是应注重以基本知识和基本技能为核心的知识传授，增强学生对思想政治理论课程中的基本理论和学习方法的掌握。课堂讲授中，教师应精讲本门课程的重点、难点问题，而对学生阅读教材就能理解的内容则略讲，同时对同类知识采取科学有效的排列组合。三是教师要深入到社会实践中去，结合教材内容，按照充分体现当代马克思主义最新成果的要求，注意吸收与教学内容有关的富有时代气息的最新资料，并对它们进行加工整理，为所要讲述的理论服务，以解决教学内容实效性不强的问题。四是"围绕新时代的伟大实践，充分挖掘地方红色文化、校史资源，将伟大建党精神和抗疫精神、科学家精神、载人航天精神等伟大精神，生动鲜活的实践成就，以及英雄模范的先进事迹等引入课堂，推动党的创新理论和历史融入各学段各门思政课"[8]。例如，在《中国近现代史纲要》第四章"中国共产党成立和中国革命新局面"可以进行伟大建党精神的专题教学。伟大建党精神是在中国共产党寻求救国救民真理的道路上形成的，在马列主义同我国工人运动相结合的历史过程中成长，在中国共产党领导中国人民进行革命与

· · · · · ·

建设的伟大实践中发展成熟，在中国特色社会主义进入新时代的进程中焕发出时代光芒。伟大建党精神是立党强党的精神基石，也是中国共产党的安身立命之本。大力弘扬伟大建党精神，内化于心、外化于行，是我们奋进新时代的强大的精神动力。

（二）创新教学方法

思想政治理论课教学的方法直接影响课程的有效性，因此，教师要注重创新教学手段，增强课程的吸引力、感染力，采用大学生乐于接受的教学方法，提升思想政治理论课的教学有效性。

教师应根据教学内容，灵活采用多种教学方法：①课堂讨论。教师在讲授每一章节内容之前，就教学内容的重点、热点问题以思考题形式布置给学生，并提出自学的基本要求；让学生在自学基础上，进行课堂交流，讲出自己的观点、看法；教师结合学生交流情况进行解答。在研讨过程中，师生的思想得以交流，观点得以碰撞，激发了学生的学习兴趣，锻炼了学生的口头表达能力和逻辑思维能力。②专题讲授。教师根据各专题的内容，结合社会的热点进行专题讲授。专题授课既突破了章节限制，又避免教材内容重复，深入研究有关问题，增强教学效果。③运用多媒体教学手段。通过制作多媒体课件，借助现代化教学手段，增加课堂的信息量，课堂教学知识量骤增，改变传统的粉笔加黑板的教学模式，这样丰富多彩的课堂符合现代教学要求，优化教学效果。④实践式教学。传统思想政治理论课教学仅仅是从书本到书本、从理论到理论，容易造成知行脱节，因此，学生容易失去兴趣。实际上，高校思想政治理论课具有很强的实践性，理论的目的是实践。因此，为实现教学目标，教师应将理论教学与实践教学有机结合起来，创造实践教学的条件，引导学生走出课堂、走向社会，积极进行实践教学。

（三）改革考评手段

"考核的意义不单在于检查和分析评定学业成绩本身，而且，它对学与教的双方都还有深刻的指导和调节作用。"[9]目前，思想政治理论课考试还未挣脱传统考试的旧轨，存在一些弊端，主要表现在：一是考试内容不合理。考试内容局限于教材，缺乏对学生能力和素质的综合考查。二是考试方式单一。重终结性考核，轻过程性考核。闭卷多，开卷少；理论考试多，实践能力考查少。

根据思想政治理论课的教学目的和要求，教师应摆脱旧的考试制度的束缚，改革考试模式，建立符合实际、有效引导学生学习积极性的特色考核体系。①改革考试内容，注重考核学生综合素质。考试内容除了课堂讲授的基本理论知识，也要包括课外应该阅读的相关内容，既要包括教材方面的内容，也要包括对现实问题的看法，注重考核学生理论和实际相结合的能力。②改革考试形式，建立科学的考评方式。考试方式有口试、答辩、开卷、闭卷等，可以在课堂测验、期中考试、期末考试中灵活运用。闭卷、笔试等形式可以检查学生对课本理论知识的了解和掌握程度，督促学生牢固掌握基本理论知识，学会运用理论知识分析问题。口试不仅可以考查学生的语言表达能力，还能考查学生灵活运用知识分析和解决问题的能力，而且这种考核方式学生不能作弊，对学生学习的督促作用很大。③改革成绩评定方式，制定科学的成绩评定方法。要革除传统的"一卷定终身"的成绩评定方式，加大平时学习成绩比重，调整期末成绩的过大比重。平时成绩应包括到课率、课堂表现、作业完成情况、小测验等，对部分平时成绩特别优秀的学生期末可考虑免除笔试，以调动学生平时的学习积极性。学生只有在较好掌握基本理论、基本知识，具有一定的分析、解决问题能力和初步的创新能力的前提下，方可给予优秀成绩。

总之，育人为本，德育为先。作为高等学校思想理论教育工作的主渠道、主阵地，思想政治理论课教育教学整体质量和实际效果的好坏，直接

· · · · · ·

关系我国社会主义现代化建设人才培养的质量。搞好思想政治理论课教学，不断提高教学的效果，是党和国家赋予每一位思想政治理论课教师的责任。作为思想政治理论课教师，对于现实中存在的问题，不能回避，而是要用改革的精神，按照邓小平同志所说的"学马列要精，要管用的"的原则，更新观念，提高自身业务水平和素质，改变教学方法，增强授课的吸引力、感染力，让大学生了解和掌握马克思主义理论，具备较高的理论素质和道德素养，发挥思想政治理论课应有的教育功能和作用。

参考文献

［1］一堂特殊而难忘的思政课：习近平总书记主持召开学校思想政治理论课教师座谈会侧记［N］.人民日报，2019-03-19（4）.

［2］姚利民.有效教学涵义初探［J］.现代大学教育，2004（5）：10-13.

［3］中共中央马克思恩格斯列宁斯大林著作编译局.列宁全集：第45卷［M］.北京：人民出版社，1990：249.

［4］中华人民共和国教育部.中共中央宣传部、教育部关于进一步加强和改进高等学校思想政治理论课的意见［EB/OL］.（2005-02-07）.http：//www. moe. gov. cn/srcsite/A13/moe_772/200502/t20050207_80415. html.

［5］中华人民共和国教育部.中共中央办公厅印发《关于加强新时代马克思主义学院建设的意见》［EB/OL］.（2021-09-21）. http：//www. moe. gov. cn/jyb_xwfb/s6052/moe_838/202109/t20210922_565443. html.

［6］中华人民共和国教育部.中共中央宣传部、教育部关于印发《新时代学校思想政治理课改革创新实施方案》［EB/OL］.（2020-12-22）.http：//www. moe. gov. cn/srcsite/A26/jcj_kcjcgh/202012/t20201231_508361. html.

［7］高校思想政治理论课教学改革的思路与探索：访北京大学马克思主义学院院长陈占安教授［J］.思想理论教育导刊，2004（12）：4-6.

［8］中华人民共和国教育部.教育部等十部门关于印发《全面推进"大

思政课"建设的工作方案》的通知 [EB/OL]．（2022 - 08 - 10）. http：//
www. moe. gov. cn/srcsite/A13/moe_772/202208/t20220818_653672. html.

[9] 潘懋元. 高等学校教学原理与方法 [M]. 北京：人民教育出版
社，1995：307.

主体性教学视域下的社会主义
核心价值观内化途径探讨

周小玲

摘 要：要解决社会主义核心价值观的内化动力不足的问题，应调动大学生对社会主义核心价值观的主体意识，拓展大学生的自主学习能力。主体意识的调动有助于消除社会主义核心价值观内化的障碍，学习能力的拓展有助于搭建社会主义核心价值观内化的桥梁。前者要求将学生视为其自身发展的积极能动的主体，并使社会主义核心价值观从理论认知与情感体验两个层次进入学生内心。后者要求找准交流话题、拓展对话功能和允许学习效果上的差别存在。

关键词：主体意识；学习能力；社会主义核心价值观；内化

大学生作为未来社会主义建设的中坚力量，他们对社会主义核心价值观的理解、认同、践行的情况，直接决定了未来国家与社会的价值取向和价值实现。然而，任何知识与价值若没有通过主体的内在建构是很难扎根和不断发展的。所以，要提高大学生对社会主义核心价值观的认同与践行程度，就必须实现社会主义核心价值观在大学生身上的内化。内化是指从内心真正接纳并转化为自己观察、分析、处理问题的基本立场和方法。社会主义核心价值观的内化意味着社会主义核心价值观成为个体思想的有机组成部分，意味着社会主义核心价值观成为被个体自觉接受和自愿遵循的律令。这个过程是主体不断丰富价值目标并通过实践检验和强化价值内容，进而通过价值辨识和价值取舍来指导或约束自身行为的过程。内化是借助主体的逻辑思维完成的。当大学生个体的正当诉求受关注和被肯定的时候，他们的主体性才会活跃起来，而只有当学生的主体意识处于活跃和稳定状态的时候，他们才会主动学习社会主义核心价值观的内容，甚至对照社会主义核心价值观的科学性，自觉反观自身价值取向及行为表现，[1]打破和改进自身原有不科学的价值观，最终将社会主义核心价值观作为自己的价值追求。可见，要解决社会主义核心价值观内化动力不足的问题，要从调动大学生对社会主义核心价值观的主体意识和拓展大学生的自主学习能力入手。

一、主体意识的调动：消除社会主义核心价值观内化的障碍

大学生本身就具有主体意识，只是这种主体意识不够成熟、不够强大。就思政课而言，绝大多数学生都能够从感性层面上把握社会主义核心价值观的字面意思，也认可其语言表达方式及其对社会持续稳定发展的重要意义。但是，受知识结构、自身经历、信息来源等限制，能够较好地从理性层面上理解社会主义核心价值观的理论渊源、时代背景、科学内涵、逻辑思路等的大学生并不多。即便感性层面的认知也常常是碎片化、短暂性的。正是因为大学生关于主流意识形态的主体意识没有真正确立或不够完善，知行不统一的情况就成了常态。这在很大程度上影响了社会主义核心价值观的内化。针对此类障碍，应破除把学生看作"被动接受改造的客体"的传统观念，真正将学生视为其自身发展的积极能动的主体，引导其成为自己社会化的主人。教师可以使用通俗易懂、感同身受的事例进行讲解和说明，使社会主义核心价值观日常化、具体化、形象化；树立符合时代特征的、易效仿的楷模；加大课堂与课外实践的力度，让学生在自主践行社会主义核心价值观的过程中展示自己的主体性。"课堂提倡＋课后实践"是比较容易操作的方式：比方说在课堂上展示学校所在城市的红色思想政治教育资源，以及社会主义核心价值观与当地政治、经济、文化发展

的紧密联系，例如《思想道德修养与法律基础》的"道德"章节对韶关创建文明卫生城市的作用等；鼓励学生利用节假日进行走访调研并撰写调研报告，有条件的还可以将此类调研与学生大创项目联系起来，提升实践的含金量，这样的方式有助于解决思政课实践的普及性和持续的长效性问题，对经费紧张的地方高校有较好的借鉴作用；也可以与学生分享做义工、支援当地落后区域教育文化建设等实例，鼓励学生调动主体意识去亲身实践与体验高尚德行的真实价值，在服务他人、奉献社会中升华对社会主义核心价值观的情感体验和理论认知。

受社会、家庭、学校中某些不良环境的误导，部分学生仅仅看到专业知识是通往未来职业道路的重要砝码，在没有领会社会主义核心价值观对个人健康成长成才的引导功能时就拒绝对这种价值观的学习、认可。要调动这部分学生的主体性，最好的办法是进行持续正面的评价与强化，因为，"行为习惯的养成依赖于反复的实践和环境的影响"[2]。应创造更多让这部分学生接触社会主义核心价值观的机会，例如向其推荐阅读一些既通俗易懂又积极上进乃至振奋精神的文献、视频，课堂讲授观点时也应从枯燥烦琐的学理灌输转向情理并重的智慧唤醒，与其互动时则加大对言语中常识性错误和偏执性论调的及时纠偏力度，耐心引导他们多看主流、多看本质、多看正面，同时借助优秀学生骨干的朋辈影响力，使他们在了解中转变对社会主义核心价值观的刻板印象，从而降低受不良思潮、观念影响的概率。此外，要让他们从理性层面认知社会主义核心价值观的科学性、先进性，增强他们对社会主义核心价值观的理论自信。自信心增强了，自觉性也跟着提高，践行就容易多了。

当代大学生因为远离战争，又生活在物质相对富足、社会迅速发展的年代，物质富足与精神弱化的双重力道使得他们价值体系的建构面临前所未有的挑战；大学生心智尚未完全成熟，难以完全通过自我实践，科学而全面地认知社会主义核心价值观。要实现大学生正确认识和合理践行社会主义核心价值观甚至达到"日用而不觉"的境界，就应将培育和践行社会主义核心价值观融会贯通在他们的学习和生活中，从理论认知与情感体验两个层次进入学生内心；将社会主义核心价值观问题以不同的形式和不同的方面融入整个思政课教学的各个部分与各个章节之中，在各门思政课教学内容和形式上也要注意避免重复建设，让学生体会不同思政课对社会主义核心价值观的解读是各具特色和角度不同的，从而增强他们对社会主义核心价值观的亲近感和信任感。

在媒体发达和强调学生主体性的今天，之所以还要在教师引导下实现对社会主义核心价值观的认同，是因为价值观的认同不应该是盲目的或被迫的，它离不开主体在深刻认知基础上的自觉自律，并且，这种自觉自律不能以牺牲学生思维的个体性、差异性、特殊性、创造性等为代价。唯其如此，社会主义核心价值观才真正获得旺盛而持久的生命力。可是大学生"在认知理论学说、接受理论体系、应用理论指导的过程中无可避免地具有局限性"[3]，最明显的就是学生的主体性并不稳定。要让他们自愿、自主地进行自我教育是不容易的，尤其是政治色彩浓厚、思想性强的学科。因此，教师的集中宣讲还是学生建构思政教育学科知识体系的主要形式。在主体性教学模式上，教师对学生自由发挥和表演的度也应进行适时掌控，才能更好地为教学主旨服务。但说教、宣讲不等于"一言堂"和"满堂灌"，注重理论说教并不意味着一定会轻视实践育人或抹杀学生主体。理论是从变化着的实践中提炼出来的，其先进性、概括性决定了它视角更高远并能够囊括和解释更多的实际情况。所以，即便当前年轻人呼吁、向往那种浅白直观的工作、学习和生活，即便各类教学改革都以寓教于乐、寓教于例等能够更好调动学生主体性的方法进行授课，但没有寓教于议、寓教于理的支撑，教的效果还是相对单薄的、浅层的。马克思说过："理论只要说服人，就能掌握群众；而理论只要彻底，就能说服人。所谓彻底，就是抓住事物的根本。"[4]换言之，只要理论本身先进科学并在影响重大和深远的话题上得到正确运用，让学生听得明白又富有美感，理论说教和宣讲的实效就不会落空。

二、学习能力的拓展：搭建社会主义核心价值观内化的桥梁

尽管大学生对是否认同以及认同什么样的价值观有自己的选择权和决定权，但教师在注重发挥学生践行社会主义核心价值观的主体作用的同时，必须正确提炼和传播社会主义核心价值观的话语权，以确保与学生互动的正确方向；同时，理论自身的科学性与逻辑严密性不能等同于理论在实践者心中的必要性和紧迫性，所以，"有了说服的理论基础还得要有科学的传播方法"[5]。这意味着进行社会主义核心价值观教育，既要遵循价值认同的规律，又要遵循青少年身心发展的规律，还包括遵循教育教学的客观规律。"学生的发展本质上是通过对人类历史经验的占有以及人与人的交往关系得以实现的，这就决定了教学本身就是一种特殊的对话，即师与生的对话、历史与现实的对话，是人类文明进程经验与学生个体成长经验的交融汇合。"[6]对话是教学的重要属性和特征，对话也是开展主体性教学的必备环节和形式。教学上预设好的话题在交流中往往引发新的话题，客观上促进了话题所涵盖的知识的发展更新。对话的方式可以是提问与答疑、质疑与反驳，也可以是肯定、赞许或否定、批评，还可以是补充、争论等。作为教与学的统一，对话通过师生交流互动完成。但思政课教学上的对话双方有些不对接甚至脱节：

其一是对话的前提被架空。进行师生现场对话之前首先要就某个话题完成师生各自与文本之间的对话，教师与文本的对话需要教师客观而富有创意地解读，学生与文本的对话则需要学生认真仔细地阅读。但是，年轻人受"短、平、快"网络信息轰炸，专注力日渐弱化，他们对教师提供的话题及其承载的文本内容常常不屑一顾；即便面对同一文本，教师与学生各自关注的侧重点不同，理解文本的深浅程度也不同，甚至师生的交流内容也可能不存在交集，这些不确定性使得开展交流的难度变大。

其二是对对话的功能、目的或形式理解的简单化。在实际操作中，对话的功能往往被缩小，在开展主体性教学时就常常表现为只有照本宣科、按部就班地演示预设好的互动场景，没有临场发挥的快意和具体问题具体分析的睿智，学生的学习能力、创新能力得不到重视和培养。此外，师生将对话教学误以为是"你方唱罢我登场"、互不干扰的观念秀。这样进行主体性教学的实质还是追求单方的独白式宣讲或无条件地听从，而不是深入内心的交流，其结果会造成对那些具有表现欲望或特别擅长表现的个体的主体性的过分强调，但绝大多数个体的主体性依旧沉睡或缺席。

其三是无视学生个体差异性的社会根源，对社会主义核心价值观内化采取一刀切的做法。社会转型带来的社会经济成分、组织形式、利益关系、生活方式等的多样化已成既定事实，反映在大学生的精神领域就是不同层次和不同内容的价值取向，这使得大学生感受、理解、接纳社会主义核心价值观的程度有层次性、阶段性、地域性差异。另外，社会现实的各种压力一直伴随在学生成长的左右，想轻易化解并不容易，而过度的忧虑意识与责任意识也会导致压力倍增并引发心理问题，即便有统一系统的宣传教育，对主流意识形态的理解和认同程度仍有很强的个体差异性。然而，在进行主体性教学时，这种个体差异性并没有引起足够的重视和妥善的解决。

以上问题的解决不能靠停留在刺激和调动学生主体意识这个层面，而是要在此基础上突出学生的自主学习能力，实现从"要我学"向"我要学""我爱学""我会学"的飞跃。

1. 探寻共同的契合点

尽可能寻找师生都能够也愿意畅谈的主题作为契合点，但是要确保这些主题是关注度较高又最需要社会主义核心价值观引导的知识点或事件：①需要预习的、难度较大的知识点（例如你有时间观念吗，历史虚无主义离我们有多远，大学生精神生活物化现象，改革开放以来民众生活方式改变的隐忧等理论性强且比较重要的知识点）；②需要提前了解的社会热点（例如明星梦真的那么美吗，警惕娱乐至死等变动性大且影响面广、能够

· · · · · ·

反映社情民意的公众话题）；③需要学生自主思考与提供相关数据或意见的主题（例如低头族，恋爱观，就业、择业与创业，数字化阅读 PK 传统经典阅读，迟到党因何泛滥，替课、替考：你敢吗，学霸与学渣如何转化等与学生学习生活密切相关又容易产生困惑的问题）；④需要学生知晓的积极健康的话题（例如法治观念、人身修养、心理健康、知识分子精神等）。需要注意的是，各类话题其实并没有严格的界限，在教学上也不是被单列开来使用的，它们往往交织在一起并表现为复杂多变的社会现象，作为思想相对单纯、社会阅历不够丰富的群体，大学生很难透过这些社会现象直接抓住本质；相反，学历与阅历均有优势的教师则能够从新角度、新层面解读某一事件或问题，表述也更科学、更到位、更风趣，学生就这些话题与教师交流时，能够直观地感受到思政课对社会现实所起的扬帆掌舵的作用，从而增强抵制错误思潮的政治敏锐性和鉴别力。运用这些主题开展主体性教学时，务必以提高学生的学习能力（以最快和正确的方式获取自己所不知道的知识的能力）为出发点和落脚点。这就要求教师转变自身身份，从知识、价值的提供者化身为学生建构自己知识和价值体系的启迪者，鼓励和引导学生在获取知识的过程中善于发现、善于思考、善于创新，达到自愿、自由的境界。

2. 拓展对话功能

不能将对话仅仅看作矫正以往"满堂灌""一言堂""注入式"教学弊端的灵丹妙药，而应将对话融入教学体系和知识体系之中，挖掘对话传递知识、增强能力和提升精神境界的作用，通过对话启发学生建构属于自己又不失科学正确的知识体系，同时发展学生的学习能力和完善学生的人格。长此以往，学生在独自面对复杂社会环境时才能做出合理评判和找到正确答案。尽管知识型、技能型学科（或课程）本身也少不了情感、意志等非智力因素的投入，但这些学科解决的往往是认知上的问题，较少涉及情感、行为上的问题，而后者常常交织在一起，形成复杂性问题，这是惯用化繁为简的知识型、技能型学科所难以应对的。思政课本身是集理论、实践于一体的综合性课程，它能够锻炼学生的综合性视角和具体问题具体分析（尤其是结合时政）的能力，使他们能够更理智地应对潜在的危机、现实的挑战以及不同文化的碰撞，更科学地做出符合自身发展要求的政治判断和价值选择。这对优化学生心理素质和积聚学生的心理资本有十分重要的作用，特别是在克服思想和言行中的消极因素方面，效果是立竿见影的。思政课教师可以将一些国际化问题，例如反恐、转基因食品安全、能源枯竭与争夺、国外重大社会格局变动等问题，纳入社会主义核心价值观的理论体系中进行全面、深入、高远的解读、研究，让学生明白正确看待国内外时势的重要性，懂得个人理想和自我完善只有在与民众利益、国家发展趋势以及社会规律相一致的时候才能最终实现。这种情浓理也透的课堂教学效果，理论说教与社会实践共存、政治教化与心理关怀同在，完全可以不用借助学生自己组织的"花哨"的形式（比方说学生自己做小老师或者辩论等）就调动起学生的主体性，也就完全能够培养学生正视理论研讨和探究的高标准以及将学理内化为自己"三观"和外化为自己行动的严要求。在这个过程中，学生的主体性没有依赖外部形式的刺激，而是直接和纯粹地被理论所感染与折服，是追求自我发展必然要求的自觉自愿的学习境界，学习劲头会更足。

3. 允许学习效果的差别存在

在进行思想政治教育时，采取优秀示范、整体推进和个别辅导相结合的原则，不求整齐划一，不图一蹴而就。"当前对大学生进行社会主义核心价值观教育的首要任务不是造就品德高尚的奉献者，而是要使他们的言行普遍性地符合社会规范、道德准则与行为要求，进而层层递进，直至生成崇高的人生信仰。"[7] 在进行教学目标定位时也应体现这一规律，让大学生从小处着手，在遵循蕴含社会主义核心价值观的制度基础上，逐渐认可社会主义核心价值观的文化逻辑并最终成为继承和宣传社会主义核心价值观的主力军；既相信学生在全面、深刻获取信息知识后的理性判断和选择的能力，又恰逢其时地对他们进行宣传教育、启发引导，尤其是以下两个

· · · · · ·

群体需要进行积极帮扶：其一是家庭经济负担重、学习成绩不稳定、适应环境能力差、近期遭受挫折大（比方说失恋、家中突遭变故）的学生，其二是持观望态度的学生。就前者来说，教师可帮其分析压力的性质、压力产生的根源、承受压力的不可避免性以及缓解压力的方法，使其能够培养积极的心理品质，以应对复杂多变的社会环境并更好地实现自我。对那些持观望态度的学生则应尽力争取，不求立刻让他们接纳社会主义核心价值观，而是鼓励和提醒他们，年轻人对社会、人生的认识必然是不够完整、不够深刻和容易被表象所迷惑的，只有用先进理论武装的大脑才能站得高、看得远，才能预知和规避成长的风险并树立正确人生观，从而增强善待人生的能力。但方式必须十分灵活和委婉，注重学生不乐意被区别对待的心态。

参考文献

［1］周双双，苑雨露．论社会主义核心价值观教育中大学生主体性表现［J］．广西青年干部学院学报，2015（1）：8－11.

［2］汪立夏，李曦．当代大学生社会主义核心价值观内化机制的创新［J］．思想教育研究，2012（12）：15－18.

［3］王洋，许赞．交往视域下大学生社会主义核心价值观的培育［J］．思想政治教育研究，2015（6）：10－13.

［4］中共中央马克思恩格斯列宁斯大林著作编译局．马克思恩格斯选集：第1卷［M］．北京：人民出版社，1995：9.

［5］吴珍平，王连芳，杨玉凤．大学生社会主义核心价值观内化机制构建：兼论《思想道德修养与法律基础》课实践教学创新［J］．绥化学院学报，2015（5）：126－129.

［6］陈菊，熊宜勤．论对话教学的交往性特征［J］．广西师范大学学报（哲学社会科学版），2007（1）：110－113.

［7］高建华．微时代大学生社会主义核心价值观认同机制研究［J］．中国轻工教育，2015（4）：42－45.

提升主体性教学实效应处理好"四大关系"

——以韶关学院思政课为例*

王秀美

摘　要：主体性教学模式在高校思想政治理论课的应用实践中涉及诸多复杂的矛盾关系。能否科学处理这些矛盾关系直接关系到主体性教学能否收到实效。如主体性教学的师生关系、内容设置上专业性与生活世界的关系、模式和方法上的传承与创新的关系、评价上过程与结果的关系，等等。为此，要提升主体性教学实效，必须在科学处理这些关系的基础上确立"四种意识"，即在师生关系上应确立教师主导、学生主体的意识；在主体性教学内容设置上应确立生活世界意识；在主体性教学模式创新上应确立课内实践方式意识；在主体性教学评价上应确立重视过程意识。

关键词：主体性教学；生活世界；课内实践方式；过程

　　所谓主体性教学，是指通过构建和谐的师生关系，借助一定的教育教学方法将思想政治理论课的"知识体系"转化为学生的"信仰体系"，并进而激发学生自主性、主动性和创造性的教学实践活动。主体性教学模式与传统的教学模式相比，在凸显学生主体地位、激发学生主体意识方面具有无法替代的优点，因此受到全国诸多高校师生的欢迎。但在具体的教学实践中，主体性教学涉及许多复杂的矛盾关系，其能否取得实效，往往取决于是否科学解决这些矛盾关系。从韶关学院思想政治理论课实施主体性教学的实践来看，这些矛盾关系及其存在的问题集中在四个方面，即在师

---

*　本文原载于《韶关学院学报》2017 年第 5 期，收入本书时有修改。

生关系上凸显一方而遮蔽或忽视另一方；在主体性教学内容设置上或凸显专业性而远离师生生活世界，或关注师生生活世界而忽视专业性；在主体性教学模式的传承和创新关系上教条化；在主体性教学评价上重结果轻过程。为此，要提升主体性教学实效，必须在科学处理这些关系的基础上确立"四种意识"，即在师生关系上树立教师主导、学生主体的意识；在主体性教学内容设置上树立关注生活世界意识；在主体性教学模式创新上树立课内实践方式意识；在主体性教学评价上树立重视过程意识。

一、主体性教学实践中的"四大"矛盾关系及存在问题

（一）师生关系——凸显一方而遮蔽或忽视另一方

师生关系是开展主体性教学活动要处理好的首要关系，构建良性和谐的师生关系是主体性教学取得实效的前提。在主体性教学实践中，教师在构建师生关系上往往会出现凸显　方而遮蔽或忽视另一方。第一，为了凸显教师主体而忽视学生主体。如有的教师认为思想政治理论课的课程理论性、思想性强，较为抽象难懂，大多数专业的学生缺乏相应的知识背景，要学生掌握这样的知识主要靠教师"灌输"，因此在主体性教学中应凸显教师的主体作用。这种情形从韶关学院思想政治理论课主体性教学实践看，主要表现在主体性教学的所有教学环节和教学形式都是教师根据教学事先设计的，如选题的内容、展示的方式等，学生只需要按照教师事先设计好的相关环节实施即可。第二，为了凸显学生主体而忽视教师主体。有的教师认为，主体性教学就是为了凸显学生的主体性，纠正以往忽视学生主体的教学模式。从韶关学院思想政治理论课主体性教学实践来看，持此看法的教师把主体性教学完全交给学生去操作，从选题内容到展示方式，教师只对学生的主体性教学结果做最后评价。从这两种处理师生关系的情

形来看，主体性教学都没有达到最初的预想实效。在前一种以凸显教师主体的主体性教学中，学生的主体性无从体现和生成，这无疑违背了主体性教学设置的初衷，即激发学生学习的自主性、主动性和创造性，以促使学生主体性的生成；而在后一种情形中看似学生有极大的自主性，但这无疑是放羊式的主体性教学，教师在主体性教学中实际上是缺席的、不在场的，教师可以很轻松，但学生在整个过程中遇到困惑和难题时得不到教师的及时指导，这样的主体性教学实难收到实效。

（二）教学内容设置——凸显专业性而远离师生生活世界或关注师生生活世界而忽视专业性

教学内容的设置和选择是主体性教学能否受到学生欢迎和取得实效的关键性环节。在此问题上，如何处理好教学内容的专业性和生活世界的关系成为其设置恰当与否的核心问题。从韶关学院思想政治理论课的主体性教学实践来看，处理好教学内容的专业性和师生生活世界的关系问题往往容易出现两种情形。一种是凸显专业性而远离生活世界。主要表现在有的教师把公共基础课当作专业课，教学内容设置求纯、求深、求专，强调主体性教学的专业性和学科性，忽视或回避现实生活世界中的相关问题。如在韶关学院思想政治理论课的主体性教学观摩和交流中，有的教师认为主体性教学内容的选择与设置只能和课本中的一致，教师应从课本出发，根据自己的思考来确定与课本内容一致的相关问题，以确保主体性教学内容的专业性。而关注生活世界中的理论困惑、思想问题和现实问题，甚至是现实生活中的歪风邪气与假丑恶等问题，会使教学脱离课本内容，从而难以保证专业性与学科性。与此相反，另一种情形是关注生活世界而忽视专业性。如有的教师在主体性教学内容设置上完全抛开课本，只设置教师和学生感兴趣的问题。这两种情形在"传道、授业、解惑"上是分家的，都很难收到好的教学实效。前一种情形虽在"传道""授业"，但由于没有关注和回应"现实生活世界"的"解惑",其"传道""授业"很难"入脑""入心""入行";后一种情形虽然在"解惑",在关注和回应"现实生活世界",但由于没有"传道""授业"的理论底气支撑,这种"解惑"当然是隔靴搔痒,实难满足学生的学习诉求。

(三) 教学模式的传承和创新关系——教条化

恰当的主体性教学内容需要建构恰当的主体性教学模式。在此问题上,解决好已有模式的传承与创造新模式之间的关系是该问题的核心。从韶关学院思想政治理论课主体性教学实践看,在教师的主体性教学实践中,较为成熟的模式有学生主讲型、问题引导型、新闻播报型、课堂演讲型、读书笔记型、经典阅读型、师生合作型、课堂讨论型、专题讲授型等。这些模式都是教师在教学实践中摸索出来的,也在实践运用中取得一定的教学实效。但在运用这些主体性教学模式的教学实践中,教师往往会在处理模式的传承与创新关系问题上出现如下情形:即把已有模式标准化、教条化。如学生主讲型教学模式是多数教师认同并普遍采用的教学模式,具体做法是先把学生分组,再确定相应的选题,选题经过学生小组的分工合作及调研、阅读相关文献、思考、讨论等,做成 PPT 后由学生走上讲台展示和主讲。由于如何凸显学生的主体性是建构主体性教学模式时要考虑的首要问题,而该模式在凸显学生的主体性方面甚为明晰,因而许多教师在自己的教学实践中一直沿用该模式进行主体性教学,也在实践中得到了学生的认同,这是应该肯定的。但问题是内容决定形式,也就是说并不是所有的选题都适用于学生主讲型教学模式,一味地采用学生主讲型教学模式,既容易将其教条化,忽视对已有模式的继续探索,又丧失了创新教学模式的机会。

（四）教学评价——重结果轻过程

对主体性教学进行科学评价是提升主体性教学实效的助推器。教学评价涉及许多因素和问题，其中关键是把过程与结果统一起来。主体性教学实效是在具体的教学过程中由多种因素共同影响和相互作用的结果，如教师的素质、能力、积极性和创新精神，主体性教学在内容和模式上的选择，学生所在班级的班风、学风，学生的学习态度、学习能力、参与程度和创新精神，在主体性教学过程中教师对主体性教学的主导作用和驾驭能力，学生与教师之间的互动程度，等等。但在具体的教学实践中，对主体性教学的评价往往是重结果轻过程。即重在主体性教学最后一个环节——成果的展示和期末考试。如韶关学院思想政治理论课主体性教学实施以来，许多教师对主体性教学的评价往往是把重点放在主体性教学的展示部分，根据展示结果和期末考试对学生的学习效果进行评价；而院系对教师主体性教学实效的考核主要是依据学生的总结和教师本人的总结，也是偏重于结果的评价。诚然，结果是主体性教学过程中诸因素相互作用发展的必然逻辑，从结果（如教学总结等）也可以部分地了解主体性教学的开展情况。但问题是这样的评价方式对学生来说不够全面，如有的小组在主体性教学中积极参与，在遇到困惑时主动积极地与教师沟通交流，并根据教师反馈的信息和建议及时弥补不足，但如果展示环节不理想，如恰好上台的学生普通话不标准、表达不到位、问题没展开阐述等，则会使前面过程中小组成员的积极性和学习自主性难以体现。

二、提升主体性教学实效应确立"四种意识"

（一）在师生关系上树立教师主导、学生主体的意识

科学处理主体性教学中的师生关系应确立教师主导、学生主体的意

识。在主体性教学中，教师主导中的"导"应体现在：一是教师对整个主体性教学目标、过程和实施环节的驾驭和掌控，以确保主体性教学中教师的"在场"和其顺利进行；二是教师在主体性教学中应发挥正确政治方向的导向作用，即应时时用中国社会主义意识形态的观点、立场和方法去解答、纠正、引导学生，以筑牢思想政治理论课宣传主流意识形态的主阵地地位；三是在主体性教学过程中要了解学生的专业背景、学习态度、思想困惑和理论困惑，以确保有效地对学生进行针对性的沟通和指导；四是引导学生在主体性教学中通过一定的教学活动把"知识体系"内化为学生的"信仰体系"，并进而指导学生的实践。

教师主导和学生主体是统一的，两者统一于具体的主体性教学实践。或者说，只有在具体的主体性教学实践中，教师主导作用的"导"才能通过学生主体性的生成体现出来。即通过主体性教学活动调动学生作为学习主体、思维主体和实践主体的积极性，激发学生对思想政治理论课学习的主动力、自主力和创新力，从而促使其主体性的生成。显然，学生主体性的生成和彰显与教师主导作用的达成是同一过程的两个方面。

（二）在主体性教学内容设置上树立关注生活世界意识

什么样的主体性教学内容才能让学生感兴趣呢？为此，教师应确立生活世界意识，以生活世界为根基，把尊重专业性和关注生活世界统一起来设置主体性教学内容。这样的主体性教学内容才是学生感兴趣的。这里的生活世界是指马克思主义所理解的生活世界，在马克思主义看来，"社会生活本质上是实践的"[1]，"我们的出发点是从事实际活动的现实的人"[2]，"整个所谓世界历史不外是人通过人的劳动诞生的过程，是自然界对人来说的生成过程"[3]。这些论述表明：现实的人、现实的人的感性活动以及由人的实践活动的对象和条件所创造的有意义的生活是马克思主义对生活世界的科学界定。这样的生活世界是以人类实践活动为基础的日常生活和非日常生活，物质生活与精神生活，政治生活、经济生活、文化生活与社会生活相统一的世界。从思想政治理论课的特殊性来看，主要包括三个层次：一是全球化视野中人类实践活动的生活世界；二是民族国家视野中当代中国改革开放和中国特色社会主义伟大实践的生活世界；三是微观个体生存视野中教师和学生的生活世界。

以这样的生活世界为根基，把尊重专业性和关注生活世界统一起来设置主体性教学内容时，要做到以下几个结合：一是将思想政治理论课的专业知识和学生专业背景相结合，以学生的专业背景为工具，以生活世界为提出和设置问题的源泉，以课程相关知识为解读问题的立场、观点和方法，让学生用自己的专业语言来解读相关主题；二是将思想政治理论课的专业知识和生活世界中的全球性问题和民族国家问题相结合；三是将思想政治理论课的专业知识和师生个体生存中的相关问题相结合。这样设置的主体性教学内容，或因结合学生专业背景，或因结合当代学生的使命和担当，或因契合学生的学习诉求，促使主体性教学内容成为学生能驾驭并乐于去学习、思考、参与的对象。

（三）在主体性教学模式创新上树立课内实践方式意识

以"生活世界"为根基的主体性教学在模式创新上应确立课内实践方式意识。所谓课内实践方式，是相对课外实践方式而言的，也就是说实践活动的场所是发生在课堂内，实践活动的主体是学生，实践活动的客体是基于生活世界的主体性教学选题。即在主体性教学活动中，在教师的引导下，根据主体性教学的相关内容和主题，学生主体自主选择和创新主体性教学主题的展示方式。社会生活在本质上是实践的，通过课内实践方式来界定主体性教学的展示方式。一是可以充分激发学生主体的自主性和创造性，把学生熟悉和喜欢的活动方式都纳入课内实践方式中来，如笔者的学生在主体性教学实践中采用过小品、戏剧、角色扮演、情景模拟、动漫、自拍视频或时事沙龙、读书沙龙、QQ论坛讨论等方式来展示自己小组的主题。只要能合理地引导和组织学生，学生对主体性教学主题展示方式的创新能力往往会让教师吃惊。学生往往会根据不同的选题，采用灵活多样的展示方式，以凸显选题为最佳方式，可以采用一种，也可以综合采用。二是课内实践方式是学生主体性生成的重要途径，也是把思想政治理论课的"知识体系"转化为学生"信仰体系"的重要环节。因为课内实践方式"使学生的自我实践活动能够直接与课堂理论知识相对接，让学生在特定问题情境中增强自我感受，在探讨争论中体验理论的真谛，在亲力亲为中接受思想引导，真正实现了情感的认同和观念的内化"[4]。

（四）在主体性教学评价上树立重视过程意识

科学的主体性教学评价应确立过程意识。具体做法是明确并加大主体性教学成绩在学期总评中的比重。一是为了调动学生参与主体性教学的积极性，激发学生的参与热情、学习热情和创新热情，这是保证主体性教学实效的重头戏。如主体性教学成绩占学期总评的20%，并且在开学第一节课上就把考核办法告知学生，让学生明白主体性教学的重要性。二是把开卷考试改为闭卷考试，现韶关学院思想政治理论课开卷考试在监考、组织等方面和闭卷是一样的，但效果不同。学生知道该课程是开卷考试，首先在思想认识上就没有学习压力，影响平时的学习积极性，也影响学生对主体性教学活动的参与度。三是加大平时成绩在期末总评中的比重，也就是把学生在整个课程学习过程和实际生活中的表现纳入教学评价，以达到对学生进行全面的评价，如学习态度（有些学习态度不好的学生也能考高分，而有些平时学习态度端正的学生不一定能有好成绩）、理论素养（是否在实际的生活世界中把马克思主义作为观察当代世界和当代中国的基本立场、观点和方法）、思想信仰（是否认同和信仰马克思主义）、价值追求（是否在实际的生活世界中认同和践行社会主义核心价值观），等等。以韶关学院思想政治理论课为例，自 2010 年以来，学校把学生平时成绩在期末总评中所占比例从原来的30%提高到50%。学生平时成绩比重的上升促使教师积极探索凸显学生主体性的教育教学改革。这样做既调动了学生的学习积极性，增强了教育教学实效，同时又能合理全面地进行教学评价。

参考文献

［1］［2］［3］ 中共中央马克思恩格斯列宁斯大林著作编译局. 马克思恩格斯选集：第 1 卷 ［M］.北京：人民出版社，2012：139，15，196.

［4］ 林清明. 高校思想政治理论课课内实践方式的合理性探析 ［J］.中南林业科技大学学报（哲社版），2010（6）：136 – 138.

主体性教学理念与实践研究[*]

陈文林

摘　要： 主体性教学是在积极发挥教师主导性和充分调动学生主体性有机统一基础上，有效推进教与学良性互动的一种全新教学模式。它树立了以人为本的教育理念，积极运用多样化教学方法与手段，充分展现多元化的教学形式，是教与学和谐共进的活动统一体，是素质教育全面实施的必然要求，也是教育教学改革发展的大势所趋。

关键词： 主体性教学；主导；主体；良性互动

主体性教学是在充分发挥教师主导性和积极调动学生主体性有机统一基础上，促进实现教与学良性互动的一种全新教学模式。主体性教学由我校思想政治理论课教学部率先提出并积极实施，教学成效得到全校师生的充分肯定，进而在我校如火如荼地全面实施。在主体性教学评比中，笔者连续两年荣获思政部"主体性教学优秀教师"称号，教学效果受到领导、同事和学生的一致好评。诚惶诚恐之余，笔者对主体性教学改革进行了认真思考和深刻反思，归结形成本文，以期为主体性教学改革的深入开展提供些许借鉴与启发。

---

* 本文原载于《韶关学院学报》2015 年第 3 期，收入本书时有修改。

一、主体性教学，是教师主导性与学生主体性和谐共进的活动统一体

主体性教学，是教与学和谐共进的活动统一体。这种全新的教学模式，集中体现在积极发挥教师主导性与充分调动学生主体性两方面。二者的有机结合，无疑能有效推动教与学良性互动的实现。

（一）教师主导性的积极发挥，是主体性教学的引擎与关键

主体性教学中，教师的主导性主要体现在两个方面：

第一，教学理念的转变。主体性教学要求教师改变以往"一言堂""满堂灌"的教学方式，但也不能走另一极端——教师讲得很少甚至一言不发。教学活动没有教师"教"，势必会造成学生的茫然与无助。教师相对学生而言，拥有丰富的专业知识与经验，"传道、授业、解惑"的传统角色与地位是无法摒弃。为此，教师必须转变教学理念、转换角色定位，做学生学习活动的引导者和组织者，做学生学习的伙伴，做学生发展的推动者。

第二，教学过程的启发与诱导。德国教育家第斯多惠强调："一个坏的教师奉送真理，一个好的教师则教人发现真理。"[1]可见教师在教学活动中的引导作用是非常重要的。教学活动，包括教学内容的构思、教学环节的设计、教学情境的创设、教学氛围的营造等内容。在这诸多环节中，处处少不了教师的积极主动，时时离不开教师主导性的发挥。例如厘清知识点的过程，是教师发挥主导作用的过程。教师引导学生把握知识的内在结构，了解知识的产生过程，掌握重点与难点知识。又如教学情境的设计，需要教师积极主动地根据不同的教学内容、学生、教学氛围去选择和设计不同的切入方式，这样才能有效实现教学的良性互动。

主体性教学中教师主导性作用，既展示于教学形式的多元化，又展现于教学手段与教学方法的多样化；既表现在教学氛围的营造，又表现在教学

内容的构思；既表现在教学理念的更新与变革，又体现在学生主体性的积极培养与充分调动；既凸显在教学活动的组织与引导，又表现在教学效果的成败得失——种种情形都无不说明了教师主导性是主体性教学的引擎与关键。

（二）学生主体性的充分调动，是主体性教学的主角与核心

主体性教学中，学生的主体性主要体现在两个方面：

第一，主体角色与本位意识：教学本源的回归。教学就是教师"教"和学生"学"，"教"是手段与途径，"学"是目的与归宿。"教"不仅是"是什么"，更是"为什么"；不仅是"学会"，更是"会学"，"教"归根结底还是为了更好地"学"。教学，究其本源就是"学"。主体性教学，就是摒弃"填鸭式"传统观念，回归学生主体性的人本理念。在教学活动中，学生不再是传统的"白板"，而是具有自我意识和独立的主体人格，是学习的主人。

第二，教学活动的自觉与主动。美国著名教育家杰罗姆·布鲁纳指出："知识的获得是一个主动的过程，学习者不是信息的被动的接受者，而应该是知识获得过程的主动参与者。"主体角色与意识的回归，无疑为教学活动的自觉与主动创造条件、奠定基础。在尊重学生主体的前提下，通过教师的积极引导，势必激发学生学习兴趣，强化学生主体意识，发挥学生能动性，释放学生创造性，促使学生在教学活动过程中不再是消极被动地"靠、等、听"，而是积极主动地"要、追、究"，实现学生从被动接受走向主动探究。

主体性教学，不论教学内容的设计还是教学活动主题的确定，学生都贯穿于全过程中，无不需要学生的积极介入和主动参与；不论教学形式是对话还是辩论，都是学生主动性、能动性、创造性的调动和发挥；不论是时事沙龙还是情景模拟的教学设计，都应该结合学生专业背景知识，衔接理论与现实，从学生的实际出发。

二、主体性教学，是教育教学改革的大势所趋和必然要求

主体性教学作为一种全新的教学模式，是教与学和谐共进的活动统一体，是教育教学改革的大势所趋和必然要求。主体性教学的必要性与重要性，既表现在教学理念的更新，也凸显为教学形式的变革；既体现于教与学良性互动的教学效果，也展现于素质教育全面实施的客观要求。

（一）全面实施素质教育之必然

1994 年，《中共中央关于进一步加强和改进学校德育工作的若干意见》颁布，第一次正式在中央文件中使用素质教育的概念。1996 年国务院副总理李岚清指出："素质教育从本质来说，就是以提高国民素质为目标的教育。"[2] 1997 年，国家教委第一次以文件的形式对"素质教育"作了规范性表述。

素质教育从本质来说，是以提高国民素质为目标的教育，而"应试教育"的目标是"为应试而教，为应试而学"，二者存在明显区别。素质教育的核心是面向全体学生，培养提高学生的创造精神和基本素质，促进学生全面发展、主动发展和终身发展。主体性教学，既积极发挥教师主导性，也充分调动学生主体性；既强调教师发挥创造精神，开展符合实际的教育教学活动，又促进学生在自主活动中将外部教育影响主动内化为自身稳定的身心素质。主体性教学，有助于唤醒学生主体意识，激发学生主体精神，培养学生主体能力，发挥学生主体作用，进而促使学生主动、全面发展。因此，实施主体性教学，既是深化教育教学改革、实施素质教育的必然要求，也为素质教育的全面实施夯实基础。

（二）树立"以人为本"教育理念之必需

以人为本是科学发展观的本质和核心，以人为本是教育的根本价值取向。这无疑为人的科学发展提供了全新的思路与视角，为教育的改革与发展指明了方向。

教育是培养人的社会活动，人既是教育的出发点，也是教育的归宿，以人为本是教育的应有之义。以人为本，在教育教学工作中就是以学生为中心，以学生为本。坚持学生为本，包含两层基本含义："一是教育为了学生，以学生发展为本。二是教育依靠学生，以学生为主体。"[3]主体性教学就是充分调动学生主动性，激发学习兴趣，唤起学生主体意识，发展学生主动精神，发挥学生能动性。教师的种种努力都是为了使学生知道应该怎么学，更是为了使学生愿意学、喜欢学、主动学。主体性教学，通过教师主导性的积极发挥，为学生主体性的充分调动与发挥提供适宜的教学环境，创设良好的教学情境，营造民主和谐的教学氛围，让学生感受到教育的乐趣与力量，促使学生真正成为学习的主人。

（三）实现教与学良性互动之使然

教学，是教师"教"与学生"学"的双向过程。"授人之鱼，不如授人以渔"，教是为了学，是让学生"会学"。教师在教学过程中应与学生积极互动、共同发展，要处理好传授知识与培养能力的关系。可见，在课堂教学过程中，师生之间的互动非常重要，也非常必要。

叶澜教授认为："一个真实的教育过程是一个师生及各种因素间动态的相互作用的推进过程。"[4]这种交往与互动，就是指教师"教"和学生"学"两个过程互相作用的整体性动态过程，即"教"和"学"之间相互联系、相互促进。这种交往与互动，强调的是教学需要师生之间的交流与对话。著名巴西教育家保罗·弗莱雷认为："教育具有对话性，教育即对话。"[5]通过对话调节师生关系及其相互作用，形成良性互动，实现教与学的相互促进。《论语》中对孔子的教学记载，不正是充分展现他作为中国伟大教育家的聪明智慧吗？主体性教学，通过积极发挥教师的主导作用，注重启发诱导，必将激发学生的学习兴趣，调动学生的积极性，创造自由探索的环境，培养学生创新思维品质与思维习惯。构建和谐师生关系，在民主平等的基础上实现二者良好的对话与交流，进而达到教与学的良性互动。

三、主体性教学的实践心得与思考

近三年来，笔者在不同专业、不同班级、不同课程中积极开展了主体性教学活动的探索与尝试。在主体性教学过程中，欢声笑语如一泓清泉沁人心脾，疲惫艰辛似乎早已烟消云散。其中的心得与体会，细细品味，回味无穷。精心、细心、用心，既算作对主体性教学的些许思考与总结，也是对主体性教学再次扬帆起航的一种鞭策与动力。

第一，精心。侧重于前期准备阶段，主要体现在主题的选择和教学形式的设计，这是主体性教学实施的前提基础乃至影响主体性教学成效的关键。既结合各个不同班级的专业知识背景，又与教材大纲和课程内容相衔接；既倡导学生自由选择和发挥个性，又与授课教师的精心设计相符合；既有传统的课堂教学形式，又有发挥不同专业背景学生的特长和不同主题所适合的教学形式。例如针对音乐专业的学生，选择确定了"从中国流行歌曲的演变谈改革开放""从音乐理论发展历史看中国文化的演变"等主题；又如针对法律专业的学生，采用某种对话式或辩论式的教学形式；再如针对新闻专业的学生，提出情景模拟的教学设计——这些无不体现出主体性教学的精心准备。

第二，细心。侧重于中期过程阶段，主要表现在每个学习小组确定主题后 PPT 课件的制作。从主题的思路与结构、内容、PPT 课件的一些基本制作要求及其技巧，甚至包括字词句的准确表述和标点符号的准确使用等方面，通过面对面、电话等途径，运用 QQ、邮件、短信、微信等方式，授课教师对每组发来的 PPT 课件进行反复地详细审阅并提出相关建议或意见，最终形成课件的确定版本。其中的过程环节，无不体现出审阅的细心、沟通交流的细心。

第三，用心。侧重于后期阶段，主要体现在主体性教学活动的点评与总结。既要结合本组成员的点评，也要参照其他小组成员的评价；既要基于相同的主题和不同的教学形式予以总结，也要基于不同的主题和相同的教学形式予以总结；既要对主题的内容及其相关知识进行分析与补充论述，也要对主题的设计包括 PPT 的一些制作技巧等进行分析与总结；既包括对每个班级进行全方位的分析与总结，也要对授课教师下一次的主体性教学改革进行反省、思考及总结。无论哪个方面的总结，都离不开教师的用心对待，也无不体现出主体性教学的用心思考与总结。

主体性教学，树立了以人为本的教育理念，积极运用多元化教学方法与手段，充分展现多样化的教学形式，是教师主导性和学生主体性二者和谐共进的活动统一体。精心、细心、用心，涵盖于教学活动的全过程，既蕴含了主体性教学所必需的教学理念与要求，也是笔者主体性教学实践的粗浅心得与体会。

参考文献

[1] 第斯多惠. 德国教师培养指南 [M]. 袁一安，译. 北京：人民教育出版社，2001：89.

[2] 李岚清. 基础教育的根本任务是提高全民族的素质 [J]. 人民教育，1996 (5)：5 – 9.

[3] 杨银付. 深化教育领域综合改革的若干思考 [J]. 教育研究，2014 (1)：4 – 19.

[4] 叶澜. 新编教育学教程 [M]. 上海：华东师范大学出版社，1991：93.

[5] 弗莱雷. 被压迫者教育学 [M]. 顾建新，赵友华，何曙荣，译. 上海：华东师范大学出版社，2001：115.

论高校思想政治理论课的主体性教学*

吕　莹

摘　要：主体性教学是在主体性哲学基础上形成的教学模式，它以承认学生为主体作为前提，重点培育学生的学习自主性、主动性和创造性。在高校思想政治理论课教学中，在教学上教师受传统教学模式的影响，使用陈旧的教学方法，内容脱离学生，而学生受到功利主义、市场化的影响，导致其主体性缺失。主体性教学满足了思想政治理论课主体性的呼唤。从提高思想政治理论课教师的素质、加强大学生的理想信念教育和构建合理的思想政治理论课教学考核体系三个方面，为顺利实施思想政治理论课主体性教学提供有力保障。

关键词：主体性教学的内涵；高校；思想政治理论课；主体性缺失；实施保障

当前高校思想政治理论课的实效性总体上来看并不强，究其原因，主要是主客二分的传统授课方式，即以教师为中心的教学模式，已经跟不上时代发展的步伐。观念的滞后、方法的僵化成为思想政治理论课教学模式更新的障碍。因此，引入主体性哲学理念，吸收主体性教育思想，实践主体性教学模式，既顺应了时代的发展，又可以提高思想政治理论课的实效性。

＊　本文原载于《韶关学院学报》2012 年第 3 期，收入本书时有修改。

一、主体性教学的内涵

"所谓主体性，也即是能自觉认识、掌握、超越各种现实客体的限定和制约，能在与客体关系中取得支配地位，能按照自主的目的能动地改变现实客体的一种人的特性。"[1]英国哲学家罗素说："要了解一个时代或一个民族，我们必须了解它的哲学。"[2]在原始社会，由于生产力低下，人要生存和发展，必须依靠群体的力量，这个时期群体性尤显重要，个体性没有存在的价值和意义；人类社会进入奴隶社会、封建社会后，由于社会分工和产品交换的存在，人的主体观念萌生，但是最终又淹没在对天子、君主等的人身依附下，人的主体性没有确立起来；进入资本主义社会后，随着自由、平等观念逐渐深入人心，人们摆脱了人身依附的生活方式，人的个性得到了张扬，人的主体性得以确立。近代以来，西方哲学家开始思考存在的根基到底是什么，笛卡尔提出"我思故我在"，使主体成为存在的根基，近代的哲学成为主体性哲学，之后，康德提出"人为自然立法"，真正奠定了主体性哲学的地位。[3]

哲学是一个社会的基石，是其他社会学科的认识基础，哲学思想的变化和发展必然会影响与促进其他社会科学的变化及发展。作为社会科学之一的教育学，也必然受到哲学的影响。

以主体性哲学来考察和观照现代教育，形成主体性教育理论，这是现代的教育哲学，促进中国教育思想和实践由传统向现代转型。主体性教育是指根据社会发展的需要和教育现代化的要求，通过启发、引导受教育者内在的教育需求，创设和谐、宽松、民主的教育环境，有目的、有计划地组织、规范各种教育活动，从而把受教育者培养成为自主地、能动地、创造性地进行认识和实践活动的社会主体的一种教育理念。[4]主体性教育首要关注的依然是教育双方的地位和关系问题。自20世纪80年代以来，以主体性教育为核心的教育改革运动已经持续了三十多年，作为教育思想改革，主体性教育主张人本教育，反对物本教育；主张把人培养成为主体，反对把人培养成为工具。在教育改革实践中，教师的主体地位已经毋庸置疑，而学生在教育中的地位即与教师的关系还处在争论之中，目前对于双方之间的关系学术界有以下四种观点：一是教育者主体说，二是双主体说，三是双向互动说，四是主体际说。[5]其中，第二种和第四种观点都明确了学生的主体地位。

学校教育主要是在课堂上完成的，在传统的课堂教育过程中，教师的职责就是传授知识，以致过分强调知识的系统性、完整性、理论性，使教学活动成为教师唱"独角戏"的知识传授过程，而作为观众和听众的课堂学习主体的学生，在单调乏味的知识灌输中，情感世界被忽视了，成了被遗忘的人。教学过程因缺乏生活意义和生命价值，而使课堂生活失去了原本的生命活力、创造特性。[6]主体性哲学确立了学生在教育过程中的主体地位，一种教育模式——主体性教学应运而生。在教育过程中，学生主体性不仅仅表现为对内在生命价值的全面占有和自由创造，而且表现为对外在教学活动的主动参与和积极奉献。当学生不是被动无奈卷入而是主动参与教育情境时，当学生在教育活动中感受到的不仅是知识的增加、技能的熟练、经验的积累，而且是鲜活的精神丰富而充分地进入审美体验境界时，当学生自由、自觉、自主、创造而愉悦地学习时，也就是学生主体性得到极大张扬、主体性得到高度提升之时。主体性教学主要是指从学生的关注、兴趣出发的学习，培养学生自主发现课题、自主学习、自主思考，提高判断、解决问题的能力，重点培育学生的学习自主性、主动性和创造性，使学生变被动学习为主动学习。

二、思想政治理论课呼唤主体性教学

作为现代教育的一种，思想政治教育同样面临着学生主体性缺乏的问题，思想政治理论课呼唤主体性教育理念，期待进行主体性教学实践。

高校思想政治理论课教学中主体性缺失，可从以下两个方面分析，找

· · · · · ·

出原因。

第一，教学方面。高校思想政治教育理论课的教师存在着一些问题，影响了思想政治理论课的实效性和学生主体性。如有的教师敬业精神不高，奉献精神不够；工作精力不集中，职业满意度下降；学术氛围不浓，心态浮躁明显。[7]作为"言传身教"的教师，如果以这样的面貌出现在学生面前，不能全身心投入教学，没有学术研究为依托，所讲的是人云亦云的知识而没有理论深度，这样的"言传"对于学生是完全没有说服力的，这样的"身教"是没有价值的。

在教育过程中，教师深受传统教学模式影响。在传统的教育中，教育者和受教育者之间截然二分，教师就是"传道授业解惑"，学生应该无条件服从，形成了一种被动接受、强制压服的单向灌输教育模式，其具体表现即我说你听，以观念说教、行为约束、思想灌输为主，导致了教育者与受教育者关系紧张。把教育者作为唯一主体来看待，过分注重教师的主体地位和单方面的主体性，这就是单子式主体，忽视学生在自身品德发展中的主体性；过于强调教育者的主导作用，教育者拥有绝对的权威，把外界刺激归结为内在动力生成的唯一因素。现在有不少教育者依然认为自己是教育的主体，把学生当作教育的客体，是知识的容器，"过分依赖单一的强制性的外部灌输方法，使教育对象始终处于被动接受地位，不利于教育对象自主性、能动性和自由性的培养"[8]。

深受传统教学模式影响的教育者使用的是陈旧的教学方法。这种教学方法首先表现为双方教育信息交流不对称，即传统"满堂灌"的教育模式，部分教师仍沿用传统的"听话式"教育方式，向学生简单说教、灌输理论知识，注重学生掌握多少知识，缺少知识信息的交流和反馈环节。因此，课堂上常常出现这样的景象：教师在讲台上滔滔不绝，学生在座位上昏昏欲睡。其次，大部分思想政治理论课教师仅靠一本书、一支粉笔、一张嘴来工作，教学手段单一、呆板、落后，很难吸引学生的注意力，更不用说使学生进入教学活动中来。

内容脱离学生思想实际。自"05 方案"实施以来，本科生必修的四门思想政治理论课教材虽体系完整、内容丰富，但是这些内容都是预先设定好的，很少关注学生的内在需求和他们成长的渴望，有的内容比较深奥、晦涩难懂，谈何用这些理论解决实际问题。对学生普遍关心的一些热点、难点问题关注少，与学生共同探讨、交流少；给学生讲大道理、说教多，联系社会现实和学生的思想实际少。据调查，当前大学生最关心也最感困惑的问题有学业问题、就业问题、人生问题、经济问题、人际关系协调问题，他们不仅关注思想政治理论课的内容，也关注这门课能帮助他们解决什么实际问题。

第二，学生方面。由于思想政治理论课是要为社会培养符合社会规范的人，重在培养人的德性，追求一个无私、忘私的道德境界，带有一定的理想性。但对大学生而言，思想政治理论课与专业课和实用技术知识在学习边际效益上，呈现两种截然不同的趋势，前者递减、后者递增。[9]后者的学习与大学生日后的求职有直接关系，因而在学习时有热情，有动力，主体性很强。而对于前者，他们认为实用性不强，或者只是为了应付考试，拿到文凭；或者因为思想政治理论课是考研究生和考公务员的必考科目，但是这种学习也带有一定的功利色彩。在这些心态的驱使下，大学生对思想政治理论课缺乏学习的动力，在学习过程中难有主动意识和创新精神，凸现不出主体性。

在市场经济体制下的教育活动中，学生会拿产业化标准来判定思想政治理论课的实用价值，这对思想政治理论课教育造成不可忽视的影响：一方面容易导致大学生产生惰性，造成思考和追问事物本质、意义能力的萎缩；另一方面使思想政治理论课的教学地位和教化功能下降。因此，学生容易在学习中产生消极思想和怀疑心态，主体性学习动力也随之弱化。

三、思想政治理论课主体性教学的实施

"不断完善大学生思想政治教育的保障机制。要建立健全与法律法规相协调、与高等教育全面发展相衔接、与大学生成长成才需要相适应的思想政治教育和管理的制度体系。"[10]提高思想政治理论课教师的素质和构建合理的思想政治理论课学生考核体系，是顺利实施思想政治理论课主体性教学的有力保障。

（一）提高思想政治理论课教师的素质

第一，要从源头抓起。思想政治理论课被人们误认为是任何人都可以上的一门课，不需要很高的文化水平，也不需要太多的专业知识，再加上思想政治理论课教师处于边缘化的地位，部分教师受此影响不能安心工作，导致人员流失严重。因此，要建立一套完整的思想政治理论课教师任职资格的具体标准和测评方式，引进专业化的教师。

第二，要加强师资培训，提高思想政治理论课教师的整体教学水平。"一个优秀的'思政课'教师既要具有教学领域的基础知识，又要具有本研究领域的专门知识，还要有治学方面的知识及满足求知兴趣的知识。因此，要提高'思政课'教学实效，当务之急是抓好教师的培训，提高教师的素质。"[11]思想政治理论课具有时效性强的特点，为此，广大教师应与时俱进，不断深化自己的知识结构，提升政治素养。各种培训班、研讨会、进修班给思想政治理论课教师提供了学习、进修、深造的机会，教师可积极参与，也可以通过在职或脱产学习的方式，提高学历层次，更新知识结构。

第三，要提高思想政治理论课教师的科研水平。有人认为思想政治理论课教师就是"喉舌"，跟党、国家、政府保持一致，宣扬理论政策不出意外就行了，有的教师认为教学与科研无关，但事实上，思想政治理论课

教学的实效都是以教师的科研学术水平为基础的,科研水平反映了个人理论水平,有科研即理论水平支撑的教学才具有深度,才能被学生真心接受,教学成效才显著。

第四,教师要提升自我,改革教学方法,激发学生主体性。作为思想政治理论课教师,除了具备坚实的专业知识和理论外,还要广泛涉猎其他学科的知识,及时更新自己的知识,储备最新理论和学术前沿。实践证明,知识渊博的教师更能获得学生的认同和喜爱,教学效果比较理想。同时,教师还要提升自己的语言表达技能,有口才的教师更能吸引学生。

教师要树立"以学生为本"的教学理念,要关注学生的内在需要,激发学生的学习动力。要关注学生的发展需求、兴趣需求、情感需求,因此,教师在教学活动设计和组织课堂教学过程中,要根据这些需求,积极采用启发式、讨论式、体验式、研究式等教学方式,引发学生的学习兴趣和热情。教学方式要多样化,可以采用网络、录音录像等多媒体教学方式,也可以采用演讲比赛、讨论、情景再现等教学方式,以加强教学的直观性和形象性,让学生在欢乐之中学习。这些都可以使"低头族"变成"抬头族"。

思想政治建设需要经费,使思想政治理论课教师的待遇与其他专业课教师持平,在职称评定上与其他专业教师平等,对外学术交流优于其他专业教师,确保思想政治理论课教师的劳动受到应有的承认和重视,使他们的人格受到应有的尊重。

(二)加强对大学生的理想信念教育

高校应加强对大学生进行理想信念教育。进入大学不是终点,而是一个新的起点,坚定的理想信念是前进的动力、目标。当前加强和改进大学生理想信念教育,必须贴近大学生与社会生活的实际,引导大学生把个人的前途和命运与国家、民族的前途和命运紧紧地联系在一起,把个人的理想追求同建设和发展中国特色社会主义的共同理想紧紧联系在一起，真正把理想信念教育落到实处。关注大学生自我发展和解决实际问题的需要、个人理想和近期目标的确立与实现，以及大学生的思想困惑和社会多样价值并存的现实，把理想信念教育看作一个引导大学生成长成才的过程。

（三）构建合理的思想政治理论课学生考核体系

目前高校思想政治理论课的学生考核由两个部分组成——平时成绩和期末考试成绩；两者所占比重一般是三七开或四六开，以百分制的形式给出分数。期末以教材内容作为考核内容，学生只要考前突击应付，考试就能"过关"，导致许多学生认为平时学与不学一个样。

主体性教学培养学生形成主动探究知识、重视解决实际问题的良好学习行为，运用所学原理和知识解决实际问题的能力，因此思想政治理论课要进一步建立和完善考核指标体系，把理论课考试、日常道德行为实践、能力考核、社会实践等纳入课程成绩当中，合理、全面、科学地反映学生的思想道德和学习情况，尤其须注重学生分析、解决问题能力的考核。

参考文献

[1] 鲁洁. 论教育之适应与超越 [J].教育研究，1996（2）：3 - 6.

[2] 罗素. 西方哲学史：上卷 [M].何兆武，李约瑟，译. 北京：商务印书馆，1991：11.

[3] 张耀灿. 思想政治教育学前沿 [M].北京：人民出版社，2006.

[4] 张天宝. 主体性教育 [M].北京：教育科学出版社，1999：39.

[5] 陈万柏，张耀灿. 思想政治教育学原理 [M].2 版. 北京：高等教育出版社，2007：139.

[6] 程印学. 大学主体性教育模式的顶层设计及实施策略 [J].黑龙江高教研究，2009（9）：12 - 14.

［7］邱兴萍．关于高校思想政治理论课教师队伍建设的思考［J］．学校党建与思想教育，2011（20）：4 – 6.

［8］雷骥．现代思想政治教育的人性基础研究［M］．北京：人民出版社，2008：94.

［9］于莉莉，肖松柏，李丽珍，等．高校学生思想政治理论课学习动力缺失成因探要［J］．广州大学学报（社会科学版），2007（12）：81 – 84.

［10］关于进一步加强和改进大学生思想政治教育的意见［EB/OL］．（2011 – 11 – 15）．http：//baike. baidu. com/view/2931759. htm.

［11］秦宣．提高思想政治理论课教学实效的基本途径［J］．高校理论战线，2006（8）：36 – 41.

高校思想政治理论课主体性
实践教学模式的探讨

周期玉

摘 要：高校思政课主体性实践教学模式是指在教学中通过充分发挥教师主导性地位和学生主体性作用，从而有效提升学生的综合素质，提高思政课教学的实效性的实践活动。它具有开放性、和谐性、创造性等特征。为提升思想政治教育实效性，推行主体性实践教学十分必要。为保证顺利实施，需要把握好调研准备、合作实践、反馈总结等环节和过程。

关键词：思想政治理论；主体性；实践教学

一、高校思政课主体性实践教学模式的内涵和特征

高校思想政治理论课主体性实践教学指在思政课教学中把主体教育理念引入其中，遵循教育主体身心发展规律，根据理论联系实际原则，科学设计教学内容和教学方式，旨在增强参与者主动性、创造性和思政课实效性的教学活动。课堂实践主体包括教师主体和学生主体，教师主体在实践中起主导作用，学生主体则体现在实践中的主动参与和自主创造上。在教学实践中，二者相互促进，教学相长，在教师主体的有机主导下，积极调动学生主体的主动性，而学生主体的主动参与反过来激励教师主体的主导性技能提高。从主体性实践教学模式的内涵可以看出，此种模式具有以下特征：

（一）开放性

开放性和封闭僵化相对立，是指在教师的引导下，创设情境提出问题，学生从不同的角度对问题进行思考探究，形成不同的答案。开放性的课堂充满活力，智慧火花不断生成。要区分的是我们所指的开放性，并不是让学生天马行空、漫无边际地去想，而是要带有一定的目标，具有一定的范围，这就是要与教材有关、与教材相联系的东西，不能为要学生回答而去设计问题。

（二）和谐性

现代教育学理论认为，新型课堂师生关系不应是对立被动，而应是和谐平等。思政课主体性实践教学模式在实践时注重交流对话，主导者和参与者之间建立平等的师生关系，教师尊重学生，启发引导学生思考；学生在和谐民主的氛围中要敢于质疑、探索和提问，发表自己的见解，这大大地激发和调动了学生的主动性，增强了教学实效性。

（三）创造性

传统的注入式思政课堂教学是单向的课堂教学模式，教学过程中大多只有教师的活动，只关注学习结果，忽视学生掌握知识的过程和方法，学生的主动性和创造性得不到体现与提高，教学效果很不理想。思政课主体性实践教学打破这种生硬的形式，注重学生创造性的发挥。在开展教学活动时教师根据课程特点，在教学内容的展开和教学问题的设计上充分考虑学生特点，采用多样的教学形式如"讲""辩""写"等去激发学生兴趣，挖掘学生潜能，有意识地培养和提高学生的创造力。

······

二、高校思政课推行主体性实践教学模式的必要性

在高校思想政治理论课教学中推行主体性实践教学模式的必要性有以下几个方面：

（一）促进思想政治教育"进头脑"的需要

高校思想政治理论课是大学生的必修课，是我国大学生接受思想政治教育的主渠道、主阵地。党中央一直都十分重视思想政治理论课教育教学，要求高校广大教育工作者在思想政治教育教学中贯彻"三进"原则，即思想政治理论教育"进教材、进课堂、进头脑"。传统的教学模式以填入灌输为特点，教育者和受教者缺乏情感和信息交流，学生只能选择被动地接受，对所学知识一知半解，完成不了思想政治教育所要求的理论"进头脑"目标。主体性实践教学要求在教师的引导下学生积极参与课堂教学，在师生之间或生生之间对所学理论进行探讨交流，在切磋中加深对理论的认识和对现实社会的关注，真正实现"进头脑"目标。

（二）培养大学生创新力、增强大学生团队凝聚力的需要

在新一轮科技革命的推动下，21世纪的竞争会比当今更为激烈，创新、合作会成为这个时代的主旋律。大学生作为未来建设的主人，担负着实现民族复兴、国家富强的重任，其团结协作能力、创新意识和创新能力的培养尤其重要。思政课主体性实践教学模式以充分发挥学生的主动性和创造性为前提，促使学生主动探索、主动发现、主动评价成为课堂教学中的常态。这些主动行为的发生在某种程度上有利于大学生创新意识的培养和创新能力的提高。同时，有些课题需要团队协作共同完成，对大学生协作能力提出要求，有利于增强大学生的团队凝聚力。

（三）教学相长的需要

俗话说，教学相长。思政课主体性实践教学模式在提高学生综合素质的同时，也有效提高了教师的理论素养，促进其改变教学方式理念、革新教学手段，推动了师资队伍水平建设。为了有效地开展实践教学，要求教师有非常深厚的理论功底和教学经验，能及时把握学科的前沿进展和社会主义现代化建设中出现的新问题、新情况，对出现的新情况不能回避，要及时做出回应，这在无形中给教师增加了压力。压力必须转化为动力，要解决这一问题，要求教师不断加强自身学习，以深厚的理论功底和丰富的教学经验为学生释疑解惑，引导学生健康成长，这也间接地促进了教师自身的成长。

三、高校思政课主体性实践教学开展的主要环节与过程

高校思政课主体性实践教学的顺利实施，要经历调研准备、合作实践、反馈总结等环节，离不开教师主体和学生主体的共同努力。

（一）前提：做好主体性实践教学动员工作

在上第一堂课时教师应说明主体性实践教学模式的操作规程及其重要意义，让学生明白这样的实践模式对提高团队协作能力、口头表达能力、动手能力的重要作用，同时通过自己的实践，加深对理论的认识和对社会的认识。

（二）基础：了解学生的需求，进行主题布置

思政课主体性教学实践遵循以生为本的原则。解决学生困惑，做好心

灵导师，是思想政治理论课教师的一项基本职责。大学生在成长过程中产生的困惑有三种：一是理论上的难点和重点，二是社会现代化进程中存在的热点和焦点，三是关于自身的发展问题，如就业创业、情感困惑等。教师只有在全面了解学生需求后，才能结合教学内容有针对性地提出问题引导学生交流探讨，并做出回答。实践证明，学生对于社会热点、个人发展问题是十分感兴趣的，一个班级里选择这类主题的人比较多，分析也比较全面。

（三）重要体现：学生对问题以小团队方式交流合作

教师在布置好主题后，学生可以按照自己的兴趣爱好选择主题，自由确定团队成员，并明确各自在主题学习中的任务，着手进行主题研究，形成小组意见，以文稿或者课件的形式在课堂进行汇报。为了更好地呈现学生的研究成果，在课堂展示前，教师要对他们的作品进行指导，主要从内容的完整性、逻辑的条理性、观点的正误方面进行指导，尽量保证小组的作品在内容的呈现上没有瑕疵。

（四）重要环节：师生共同对小组合作的表现进行总结评价

小组主题研究成果展示结束后，学生先从三个方面对小组的表现进行评价：一是主题研究的内容是否完整、逻辑是否严密、观点是否正确；二是主讲者在对内容进行展示时的表达是否清晰、神态是否自然、风格是否独特；三是作品输出形式是单一还是多样，能否用合适的方式对内容进行阐述。这种总结分三个阶段进行：第一阶段是自评，小组成员分享合作中的收获，也指出今后努力的方向；第二阶段是他评，班上其他学生在肯定小组作品及主讲者的优点的同时，指出他们表现不足之处；第三阶段是师评，教师在学生充分讨论的基础上进行归纳总结，提出意见，勉励学生在今后的实践中发扬优点，克服不足，争取更好的表现。

四、不足及努力方向

高校思政课主体性教学实践自实施以来，便得到学生的支持和喜爱，他们一致认为这种实践模式能加强个人的创造力和团队的凝聚力，是一种有趣且有用的教学模式，希望能继续推行下去。同时，其在实践中存在诸多不足，如课题的选择不够丰富，有些学生的主动性、积极性发挥不够，个别学生在教学实践中"搭便车"现象仍存在，学生实践形式还应当针对课程特点变得多样化。另外，教师的知识储备不够，对问题的分析不够全面、深入，也影响实践教学效果。因此，高校思政课教师在主体性教学实践中一方面要加强对学生的考核，另一方面也要努力提高自己的专业技能，与时俱进，共同打造高质量的实践教学课堂，让学生真心喜爱，终身受益。

参考文献

［1］蔡海棠.大专院校思想政治课堂教学中"双主体互动"模式的构建［J］.湖南省社会主义学院学报，2007（2）.

［2］顾晓静，周川燕.高校思想政治理论课教学方法研究综述［J］.安徽工业大学学报（社会科学版），2012（3）.

高校思政课主体性教学模式探讨[*]

李鹏玉

摘　要： 高校思政课的主体性教学模式需要重构教师的主导性作用，突出学生的主体性地位，灵活合理地采用诸如讨论法、案例教学、主题辩论等多种教学方法，加强师生课堂教学互动以真正提升教学实效性。

关键词： 思想政治理论课；主体性；教学模式

高校思政课是对大学生进行思想政治教育的主渠道，其在知识性教学之外所承载的社会主义核心价值观教育功能非常重要。但是当前大学思政课的课堂教学往往重于说教，脱离社会现实和学生实际。加之师生之间缺乏有效的教学互动，"讲"与"学"互不搭界，使得传统的思政课教学内容流于表面、教学过程形式化，在坚定大学生马克思主义理想信仰和教育转化其思想行为习惯方面缺乏实效。中共中央宣传部、教育部《关于进一步加强和改进高等学校思想政治理论课的意见》指出，改进高校思政课教学的途径和方法，就是"要充分发挥教师的主导作用，提高马克思主义理论的说服力和感染力。充分发挥学生学习的主体作用，激发学生学习的积极性和主动性。教学方式和方法要努力贴近学生实际，符合教育教学规律和学生学习特点，提倡启发式、参与式、研究式教学。要研究分析社会热点。要多用通俗易懂的语言、生动鲜活的事例、新颖活泼的形式，活跃教学气氛，启发学生思考，增强教学效果"。因此，改进高校思政课的教学

---

[*] 本文写于 2016 年。

模式，突出学生的主体性，充分发挥教师的主导作用，构建一种师生围绕教学内容和目标要求的互为主体的思政课主体性教学模式，以提高课程教学的实效性，这是改进思政课教学模式的必然要求和现实选择。下面笔者即结合个人在实际的思政课主体性教学中的一些探索谈谈自己的体会。

一、增强思政课主体性教学实效性的原则

1. 充分发挥教师的主导性作用

主体性教学不是简单地让学生代替教师去讲授课程内容、取消教师的主导性作用，而是换一种方式去理解或者以一种更加合理的方式发挥教师的主导性作用，其目的在于通过师生课堂地位的合理置换使学生成为能够自主学习的人。在这个过程中，教师对于知识的整体理解与把握，其问题思维的深刻性与针对性、解决方法的灵活度与熟练度都是学生所暂时无法达到或缺乏的，而这些方面恰好构成了课题教学的主体结构和主要过程。教师完全可以通过合理有效的课堂教学过程设计，使学生在上述几个方面同时得到训练，并有所收获，从而帮助他们完成由教师的帮扶引导式学习向自主独立学习的过渡，成为学习的主人。

2. 尊重学生参与学习的主动性

主体性教学的核心在于对学生学习主体性的尊重和承认。因此，教师应明确教学目标，围绕教学目标设计教学过程，使用合适的主体性教学方法，充分调动师生双方的积极性。教师不是简单地向学生传授和讲解现成的结论，而是让学生参与知识形成的过程，让学生动口、动手、动脑，从而在参与中主动构建并形成自己的认知结构。

3. 营造相互尊重、目标一致的课堂环境

民主和谐的课堂教学环境或氛围是主体性教学取得预期成果的保证。但是课堂教学环境或氛围如何则是师生互相影响和共同创设的结果。只有师生携起手来，互相理解，互相尊重，密切合作，双方的积极性才能充分

调动并统一起来。民主、平等、宽松而不失紧张，严谨而不失活泼的教学氛围本身即是一种教学的目标，体现着教学过程的价值。因此，在这样一种课堂中，教师应多容忍学生在认知或表达方面的错误，多给予学生肯定性的评价，与学生共同商讨问题，引导学生通过自己的努力获得认知和思维及方法上的多重收获。

二、实施思政课主体性教学的主要做法

1. 开展学生主讲型主体性教学活动

在"思想道德修养与法律基础"课程教学中，笔者选取了该课程前四章的部分内容让学生主讲，学生可以按照书本的体系讲，也可以根据内容自己确定主题。全班共分为八个组，各组按自己选定的内容进行充分的讨论，制作成课件PPT，并提前一周发给笔者。笔者对PPT进行认真审阅，一方面督促学生认真对待该活动，另一方面根据学生的课件内容形成自己的教学补充内容。各小组选派一名代表进行讲课。明确学生讲课时间一人不少于15分钟，不超过20分钟。主讲学生讲完后由学生自由提问，主讲学生进行回答，该组成员可予以补充，共同讨论所讲内容。笔者根据学生课件、主讲学生讲课情况和讨论情况进行点评，并针对学生没有讲到的或在主讲、讨论中提出而未解决的问题——详细讲解，以深化学生对该问题的认识和思考。

2. 开展课堂辩论式主体性教学活动

为了活跃课堂气氛，使学生更积极地参与到课堂教学中来，更好地理解本课程的理论知识，在"马克思主义基本原理"课程教学中，笔者在所教的班级开展了辩论式主体性教学活动。

具体做法是：①确定一个跟课本内容相关的辩题，如"科技增进/限制人的自由"。②采取灵活的分组方法。为调动学生的积极性又不影响班级间的团结，一个大班总共分为四个大组，一个小班分为两个小组，分别

为正方和反方，各组要求有一名主辩手（陈述或总结发言）。③辩论程序：正方一主辩做 6 分钟陈述发言；反方一主辩做 6 分钟陈述发言；反方发言，正反方交替发言自由辩论；反方一主辩做 4 分钟总结发言；正方一主辩做 4 分钟总结发言；教师点评及宣布辩论结果。整个过程中正反方自由交替辩论占主要部分，使大多数学生有机会发言，以避免"搭便车"现象。④充分准备，提前一个月将辩论事宜布置下去以及指定了一些阅读书目，第 10 周举行辩论，同时要求每一位同学根据其所在小组所抽取的辩题写一份书面作业，字数不得少于 1 500 字，要求各班的负责人将辩论过程中自由辩论发言的学生名单及发言次数记录好，辩论赛结束后把名单和作业交给老师，将作业的评分及辩论赛场上的发言表现作为本学期平时成绩考核的依据。这个举措有利于调动大多数学生的学习积极性。

3. 开展课堂视频讨论式主体性教学活动

"马克思主义基本原理"课程大多是一些比较抽象的知识点，教师要将这些抽象的东西通过学生易于接受的形式表达出来，使他们更有兴趣接受这些知识。在教学的过程中笔者根据相关内容播放一些视频，在每次播放前先列出一些相关的思考题，让他们带着问题去观看视频和思考，观看后再发言讨论，然后教师再做点评和深入的讲解。例如，在讲到物质与意识这个知识点时，播放了《一虎一席谈"人工智能会否毁灭人类"》视频，并在播放前布置了两道思考题：①人工智能会超越人类的思维吗？②人工智能会毁灭人类吗？让学生思考思维的模拟与人类思维的联系与区别、科技对人类生活的影响，以及让学生对现实问题有一些深刻的认识。

在《毛泽东思想和中国特色社会主义理论体系概论》第九章"建设中国特色社会主义政治"教学中，笔者给学生播放了《请投我一票》的纪录片，要学生就"民主是不是等于投票？民主只有八岁的智商就可以了吗"等问题进行思考，写一篇不少于 1 000 字的观后感。通过这些活动的开展，学生明白了民主是一个好东西，但是民主是需要条件的，也是具体的，并不是只有八岁的智商就行了，同时民主也有可能带来多数人的暴政等一些更深层的问题。

4. 其他形式的主体式教学活动

在教学过程中根据情况灵活开展其他形式的主体式教学活动，抓住最近发生的重大国内外新闻做一些深入分析，比如在 2011 年下半年的"毛泽东思想和中国特色社会主义理论体系概论"教学中，笔者就辛亥革命100 周年纪念、校车安全问题等时事进行分析，帮助学生学会观察国内外发生的一些时事，学会思考问题，培养一种独立思考的思维方式。同时也将一些社会热点问题拿出来进行讨论，引导和启发学生的思考。

三、结语

高校思政课是一门有着特定教学目标和教学任务的课程，由于当代大学生思维方式活跃，获取知识的方式手段多样、便捷，知识涉猎面较广且价值观念多元，故给实际的思政课课堂教学带来诸多的教学挑战与困惑。但同时也应清楚地看到，面对思政课课堂教学实效性的挑战，改进思政课教学模式，积极而有效地实施主体性教学是增强思政课课堂教学实效性的必然选择和有效方法。可以说，采用多样化的、灵活的思政课主体性教学方法及开展相应的主体性教学活动，不仅有助于活跃课堂气氛，使学生更积极地参与到课堂教学中来，更好地理解课程的理论知识，逐步学会运用理论联系实际的方法去观察、思考社会与人生；还有助于进一步培养学生客观、全面思考问题的方式和习惯，提高学生的思想认识水平和社会责任感，收到良好的教学效果。

当然我们也还应认识到，主体性教学不是工具性的，其本身即是教学目标、教学价值的体现。主体性教学不是简单片面地处理师生关系，而是围绕思政课明确的教学目标重新构建新型、灵活、合理的师生关系。总之，通过转变传统思政课单纯注重教师以知识的讲授为中心的教学方式，代之以突出学生主体性地位和充分发挥教师主导性作用的教学模式，把思政课转变为根据特定的教学目标和任务而设计的主体认知活动和实践方式，以真正达到思政课增强实效性的教学设计目标。

参考文献

[1] 王玄武，骆郁廷. 思想教育、政治教育、道德教育比较研究[M].武汉：武汉大学出版社，2002.

[2] 中共中央文献研究室. 江泽民论有中国特色社会主义：专题摘编[M].北京：中央文献出版社，2002.

[3] 王玉珍. 高校主体性思想政治教育模式的探索[D]. 开封：河南大学，2006：9-13.

[4] 秦宣. 提高思想政治理论课教学实效的基本途径[J].高校理论战线，2006（8）：36-41.

[5] 李艳. 高校思想政治理论课主体性教学的践行范式[J].现代教育科学（高教研究），2007（1）：149-151.

[6] 张卫良，彭升，彭平一. 高校思想政治理论课主体性教学研究[J].大学教育科学，2010（3）：26-28，44.

[7] 李颖川. 高校思想政治理论课实现主体性教学的思考[J].安徽工业大学学报（社会科学版），2011（1）：157-159.

[8] 胡忠玲. 全方位全过程高校思想政治教育模式的构建[J].黑龙江高教研究，2013（8）：117-119.

高校思政课有效对话教学的对策探讨[*]

刘 惠

摘 要：比照对话理论理性审视当前高校思政课主体性对话教学，依然存在着形式主义的假对话、精神封闭的伪对话、无价值引导的随意对话等问题和误区，影响了对话教学的有效进行。高校思政课教师应明确对话目标，创设对话情境，精选对话话题，充分发挥自身的教学实践智慧，引导对话有序展开和深入进行，使师生在对话中进行充分的精神交流和价值引导。这是走出高校思政课对话教学误区，实现有效对话教学的取向。

关键词：思政课；误区；有效对话；对策

党和国家高度重视大学生思想政治教育，中共中央宣传部、教育部对高校思政课课程建设作过多次指示，要求加快推进教学改革，努力提高高校思政课教学质量和水平。2012 年《教育部关于全面提高高等教育质量的若干意见》中明确要求："创新教育教学方法，倡导启发式、探究式、讨论式、参与式教学。"2016 年 12 月，中共中央总书记习近平在全国高校思想政治工作会议上强调，高校思想政治工作关系高校培养什么样的人、如何培养人以及为谁培养人这个根本问题。要把思想政治工作贯穿教育教学全过程，努力开创我国高等教育事业发展新局面。2019 年 3 月 18 日，习近平总书记主持召开了学校思想政治理论课教师座谈会，并发表了思政课是落实立德树人根本任务的关键课程的重要讲话。回顾总结近几年国内高

---

* 本文原载于《韶关学院学报》2018 年第 5 期，收入本书时有修改。

校开展的思政课对话教学改革，成果令人鼓舞，但与党中央提出的要求相比，仍然存在差距。

究其原因，源于当前课堂中的对话教学存在着诸多问题和误区，直接或间接地影响了对话教学的有效性。因此，比照对话理论理性审视和分析对话教学实施过程中的一些问题，实施有效对话教学，充分发挥教师与学生的"双主体"作用，把高校思政课建设成为大学生真心喜爱、终身受益、毕生难忘的优秀课程，是值得广大思政课教师关注和研究的现实课题。

一、高校思政课课堂对话教学的误区

（一）形式主义的假对话

有个别教师以为对话教学就是师生问答，将对话教学等同于教学对话。为了创设教学对话情境，备课时，教师刻意预设好了问题的操作思路。教学中，教师往往采用师问生答的形式来了解和掌握学生对知识的学习及对理论的理解情况。教师所问的问题或是书本上已有现成答案，学生常常不需要通过内心的"对话"思考就能立即回答；或是学生的答案与教师预设的答案相异，教师便会立刻否定学生的答案，随即强制或诱使学生接受自己的"标准"答案。这种问答式的对话既没有源自学生内心的体验感受和独立思考，也没有师生之间的精神交流和思想碰撞。师生都只是在形式上"表演"着对话，仅是走过场而已；师生也都只是理论的代言人和传声筒，为对话而对话。这样的对话实质上是预成的、形式主义的、低效的假对话。思政课的有效对话不应是简单的问答，而应是在对话中进行思想的交流与交锋，通过对话培育学生的独立精神和反思能力，学生经由内心的"对白"到反思洞见，再进而自觉坚定理论信仰。

· · · · · ·

（二）精神封闭的伪对话

高校思政课课堂对话教学中，有时会出现冷场或无法开展的情况。对话教学冷场的原因如下：一是学生担心回答的内容与教师观点或主流意识形态不一致，犯政治性的错误。二是学生害怕回答问题时表达欠佳，或因逻辑混乱被老师、同学嘲笑。这些担心和害怕使学生封闭了自己的精神世界，不敢参与对话。三是学生不愿表露自己的真实想法，不愿公开与大家讨论自己内心真实的感受，只按照教师和教材的观点言说。这种缺乏真实交流的对话达不到相互交流、共同进步与成长的目的。四是教师不敢展开"对话"。对话没有固定的模式，对话者之间的交互活动随着对话的情景和双方精神的变化而生成。对话所具有的生成性、创造性、建设性的特征，使部分教师担心控制不了学生的讨论，不敢展开"对话"。封闭精神世界或言不由衷的对话，是无效的伪对话。真正的师生对话，是师生彼此敞开自己的精神世界，相互交流与探讨，相互倾听与欣赏，从而获得蕴含教育性的精神交流和价值分享。

（三）无价值引导的随意对话

对话是精神性的，对话指向人自身存在的价值与意义。高校思政课教学作为贯彻社会主流意识形态的重要教育教学活动，必须有正确的政治方向和价值引导。这就要求教师要时刻关注学生的情感、态度和价值需求，使思政课的教学内容，特别是社会主义核心价值观的教育与学生的精神发展相联系，促使学生进行价值建构。部分教师和学生在一些毫无意义的问题上瞎扯，漫无目的地"热烈讨论"，使对话教学娱乐化、碎片化，缺少了对话教学的理论性和探究性。这种为生成而生成的随意性对话，远离教学目标，忽视了高校思政课教学对话中教师教育的责任，实质上是无价值引导和意义生成的零对话，达不到思想政治教育培养学生"四个自信"的目的。

二、高校思政课有效对话教学的对策

走出对话教学的上述误区，实施真正意义上的对话教学，高校思政课教师应当在教学过程中把握好以下几方面的要求：

（一）创设对话情境，实现充分的精神交流和价值分享

情境是引导学生进入和展开对话的前奏与氛围。"对话情境是教学对话产生和维持的基本依托。创设一个理想的对话情境，教学对话也就成功了一半。正是对话情境把教师与学生的心灵沟通起来，把学生的既有经验与要探究、解决的新问题关联起来，把学生的理智与情感结合起来。因此，要开展理想的教学对话，就应善于创设对话情境。"[1]弗莱雷认为："只有建立在平等、爱、谦恭、相信他人的基础上，对话才是一种双方平行的关系，如果缺失爱、缺少谦恭、不相信人就不会产生信任。如果没有信任，也就失去了对话的条件，信任会使对话双方更加感到在讨论世界的问题中他们是同伴。"[2]

高校思政课担负着对学生进行思想政治教育的重任。做学生的思想工作，首先要打开学生的心灵之门。作为思政课教师，要善于营造立足于信赖与支持关系的支持性氛围，构建起以真诚心和平等谦逊态度为支撑的亲和性氛围。在这种情景中，师生关系亲密，大家相互尊重、相互信任，没有讥讽、指责。在这种平等开放和充满安全感的课堂对话情境中，学生产生欢快愉悦的情绪。愉悦的心情使学生打开心扉和精神世界，进行自由的思考、真实的倾诉、理性的分析、合理的言说，在对话中进行充分的精神交流和价值分享。

（二）明确对话目标，实施必要的价值引导

任何教学都有预设性目标，高校思政课对话教学更不例外。布鲁克菲

．．．．．．

尔德认为，对话目的主要包含四个方面："（1）帮助参与者对正在思考的
论题形成更具批判性的理解；（2）提高参与者自我意识和自我批判的能
力；（3）当有人率直而真诚地提出了不同的观点时，培养参与者对不断出
现的不同的观点正确评判的能力；（4）扮演催化剂的角色来帮助人们通晓
外面世界的变化。"[3]布鲁克菲尔德的这些观点，实质上强调的是课堂教学
中教师的引导角色，体现了儒家"道而弗牵，强而弗抑"的教育文化
传统。

　　高校思政课"是集中体现统治阶级意志的课程，体现了社会主义大学
的本质特征，因此，思想政治理论课程的开设和课程内容带有某种强制
性。课程内容必须反映马克思主义意识形态要求，以马克思主义意识形态
作为标尺"[4]。思想政治教育肩负着对学生进行思想政治引领和价值引导
的任务，高校思政课要在陶冶学生思想情操、激励学生奋发向上、促进学
生全面发展方面有所作为。教师不能仅仅关注课堂学生对话的形式、追求
课堂对话的数量和热烈的气氛而忽视目标和价值引导。教师应努力用好高
校思政课课堂教育主渠道，守好阵地，将对话教学预设的目标和生成的目
标相结合，将对话的问题导向与目标导向相统一，围绕思想政治教育育人
的目的，通过讨论、演讲、辩论等各种有效对话教学活动，帮助学生树立
科学的世界观、人生观和价值观，为学生成长、成才、成人点灯引路。

（三）精选话题，激发对话的"生成"

　　有效对话教学必须精心选取对话话题，激发对话的"生成"。

　　首先，教师应围绕教学内容提出科学问题、真命题，避免虚假问题、
伪命题。科学问题、真命题是有效对话的前提。如果提出的问题是虚假问
题、伪命题，既使对话非常热烈，也是无效对话，只有求真的对话才是有
效对话。因此，教师必须提出经得起推敲、逻辑严密的真命题，师生才能
运用充分的、可靠的证据，合理地推理论证，对问题进行清晰的陈述。

　　其次，对话话题应精选能激发学生兴趣和探索意识的理论问题、现实热点。如通过"长征故事·长征情""实现中国梦，青春勇担当""诠释信仰与担当"等贴近学生实际的主题，极大地调动学生参与的热情。学生在与历史、伟人和信仰的积极对话中，已将革命的精神深深地融入自身的血脉和灵魂中，薪火相传，并在实现中华民族伟大复兴的中国梦的新长征路上，勇于担当，奋勇前进。在对"'一带一路'与中国的发展战略"话题的交流与言说中，中国倡导形成人类命运共同体和利益共同体的主张逐渐清晰地呈现出来。在对"从严治党、正风反腐""不忘初心　继续前行""学'习'平台——习近平治国理政思想"等话题的共同对话探讨中，学生对党的十八大以来我们党全面从严治党、惩治腐败的决心和成就有了更深刻的认识，理解了中国政府面对当代中国现实，破解改革发展稳定的实践难题，协调推进"四个全面"的战略布局的意义，认知了中国特色社会主义道路、理论和制度来之不易，从而更加坚定道路自信、理论自信、制度自信、文化自信。

　　最后，指导学生阅读经典文本。高校思政课有相当丰富的经典文本作为学生课外阅读的素材，教师应引导学生与文本进行有效对话。学生融合自身前见及当下的情境，循着文本的意义与文本对话时，阅读过程就成了学生与文本之间的有效对话，学生与文本达到视域融合，并赋予文本全新的意义和阐释。如在新民主主义革命时期关于中国革命道路的探索中，可指导学生阅读毛泽东的重要文章——《中国的红色政权为什么能够存在》《星星之火，可以燎原》《井冈山的斗争》和《反对本本主义》等，学生在阅读文本的过程中，重温中国共产党结合中国国情开创革命道路的历史，与历史人物和历史事件对话，从历史到现实、从文本进入学生内心，学生将已有的知识与文本的意义融合，理解了为什么中国共产党探索中国革命新道路，必须使马克思主义中国化，以及这一道路的开辟对今天中国特色社会主义建设的独特价值。

（四）提升教师教学实践智慧，引导对话有序展开

《教育大辞典》把教学实践智慧（教学机智）定义为："教师面临复杂教学情境所表现的一种敏感、迅速、准确的判断能力。如在处理事前难以预料、必须特殊对待的问题时，以及对待一时处于激情状态的学生时，教师所表现的能力。"[5]在对话过程中，教师要成为有心人，注意积累和丰富自己的教学实践智慧，能够从学生的手势、神态、表情和体态语言中，读懂他们的思想、情感和愿望，并以亲切的话语、鼓励的眼神激励学生对话的勇气，引导对话有序展开。当学生观点不一致时，教师必须礼貌地提醒每一个学生。当学生的对话偏离主题或出现错误时，教师必须巧妙地将其引导到讨论的主题和正轨上。当学生提出新观点时，教师必须尊重并鼓励他们大胆清晰地表达。如果突发重要意义的事件，教师必须合理调整教学计划，并借此事件进行更有意义的对话活动。

教师只有努力提升自身的教学实践智慧，成为一个富有机智的人，才能在对话教学中有良好的分寸和尺度，采取恰当的行为，对学生正确、积极的思想观点给了肯定，对不成熟和错误的思想，通过不断地追问，激发学生探索纠错，将对话情境引入合适的深度，最终达成教育教学的目标。

总之，有效对话教学是高校思政课教师改进教学方法的有益尝试，对提高高校思政课的教学质量和水平有特殊的意义，在当前灌输学习仍主导思政课教学的大背景下，显得尤为重要。通过师生课堂有效对话，思政课的内容从文本进入学生内心，才能更加坚定学生对中国特色社会主义的道路自信、理论自信、制度自信和文化自信。

参考文献

[1] 张华.课程与教学论［M］.上海：上海教育出版社，2001：222.

[2] 黄志成，王俊.弗莱雷的"对话式教学"评述［J］.全球教育展望，2001（6）.

[3] 布鲁克菲尔德,普瑞斯基尔.讨论式教学法:实现民主课堂的方法与技巧 [M].罗静,褚保堂,译.北京:中国轻工业出版社,2002:8.

[4] 佘双好.加强思想政治理论课程建设,提升思想政治理论课程主导性 [J].学校党建与思想教育,2005 (6).

[5] 顾明远.教育大辞典:第 1 卷 [M].上海:上海教育出版社,1990:181.

关于思政课主体性教学的一点体会

韩爱芬

摘 要：主体性教学作为一种教学手段，应以培养学生的主体意识、增强学生的主体能力为首要目标，这既是学生成长成才的必然要求，也是建设和发展中国特色社会主义事业的必然要求。要实现这一目标，就需要我们教师做好角色转换，确立"教"服务于"学"的意识，融正确的世界观、人生观、价值观于教学的全过程，增强学生的主体意识，培养学生的自主能力，并把重点放在培养学生发现问题、解决问题的能力上。

关键词：主体性教学；教学目标；教学手段

思政课是加强和改进高校思想政治工作，落实立德树人根本任务的关键课程。办好思政课关键在教师，重点在课堂。坚持主导性和主体性相统一，发挥学生主体性作用，是推动思政课改革创新，增强思政课思想性、理论性、针对性、亲和力，提升思政课实效性的重要手段。

在课堂教学中，存在教和学两个方面，教是为学而服务的，所以有因材施教之说。不能混淆教与学的关系，教是手段，学是目的。不管教师的理论水平有多高，讲的课如果没有学生听或者学生根本听不懂，就不能称为一个好的教育工作者。教师的知识、思想、理论需要借助合适的手段才能转化成学生的知识、思想和理论。如果认为教师只是知识的传授者，而忽视了育人的目标，那也不是一名合格的教师，教师的职责不光是教书，还要育人。我国著名教育家陶行知说："先生不应该专教书，他的责任是教人做人；学生不应该专读书，他的责任是学习人生之道。"育人和教书同等重要。古人云："供人以鱼，只解一餐；授人以渔，终身受用。"教给人知识固然重要，但教会人如何获取知识更为重要。如果认为教师只是知识的提供者，而忽视对学生独立人格、独立思想的培育，那也不是一名称职的教师。爱因斯坦说："学校的目标应当是培养有独立行动和独立思考的个人，不过他们要把为社会服务看作是自己人生的最高目标。"习近平同志指出："创新是一个民族进步的灵魂，是一个国家兴旺发达的不竭源泉，也是中华民族最鲜明的民族禀赋。"创新人才的培养离不开对学生独立人格、独立思想的培养。

因此，主体性教学作为一种教学手段，是要服务于主体性教学的教学目标的。主体性教学不仅要注重教书，还要注重育人；不仅要教会学生知识，还要教会学生如何获取知识；不仅要注重知识的传授，还要注重对学生独立人格、独立思想的培养。总之，主体性教学应以培养学生的主体意识、增强学生的主体能力为首要目标，这既是学生成长成才的必然要求，也是建设和发展中国特色社会主义事业的必然要求。在这里，主体意识就是指学生的学习意识、创新意识，主体能力就是指学生的学习能力、创新能力。

传统教学模式是一种填鸭式的教学，教师搞"一言堂"。在这种情形下，教师是整个教学舞台的主角，学生仅能充当配角。没有学生的积极参与，整个课堂要么鸦雀无声、死气沉沉，要么千奇百怪、五花八门，干啥的都有。这种教学模式忽略了学生在教学中的主体地位，忘却了学生本身是一个个有生命的个体，没有意识到学生的情感因素对整个教学效果的影响。更为严重的是，这种没有学生积极参与的教学模式严重束缚了学生学习的积极性、主动性和创造性。北宋思想家、教育家张载说过："教之而不受，虽强告之无益。譬之以水投石，必不纳也，今夫石田虽水润沃，其干可立待者，以其不纳故也。"主体性教学突出教学过程中学生的主角性、参与性，强调教学过程中教师的配角性、引导性，这有利于调动学生的积极性、活跃课堂气氛，对于培养学生的学习意识、创新意识，增强学生的

· · · · · ·

学习能力和创新能力具有重要意义。但在实际操作的过程中，也存在着滑向形式主义的危险。我们不能为了气氛而气氛，为了兴趣而兴趣，教师要扮演好引导者的角色，毕竟学生的知识是有限的，能力也是有所欠缺的。在教学过程中，不论你采取何种具体的教学手段，都不能偏离主体性教学的首要目标——培养学生的学习意识、创新意识，增强学生的学习能力、创新能力。

　　学习意识、创新意识在人类的活动中具有重要的作用，它是指主体的自我意识。它是人对于自身的主体地位、主体能力和主体价值的一种自觉意识，是人之所以具有学习能动性和创新能动性的重要根据。爱因斯坦有句名言："兴趣是最好的老师。"心理学家的研究也表明：人们对自己感兴趣的事物总是力求探索它，认识它；兴趣是一个人力求认识并趋向某种事物特有的意向，是个体主观能动性的一种体现。正如哈佛大学校长陆登庭在"世界著名大学校长论坛"上所说："如果没有好奇心和纯粹的求知欲为动力，就不可能产生那些对人类和社会具有巨大价值的发明创造。"试想当学生根本就不想学、不愿学，无论教师在三尺讲台上如何口若悬河，恐怕也是枉然。所以主体性教学的第一任务就是要培养学生的学习意识，调动学生的学习兴趣。

　　那么在主体性教学中如何培养学生的学习意识，调动学生的学习兴趣呢？有的教师认为只要让学生自己备课，自己上台讲课，就可以调动学生的学习兴趣了。结果是有相当一部分学生懒得备课，干脆直接从网上下载一个课件，等他自己上台讲课时，就照本宣科地念一通。讲的是什么，连他自己都不清楚，更别提能吸引听课的同学了。这样的主体性教学，背离了主体性教学的目标，表面看起来学生的积极性很高，课堂气氛很活跃，但没有什么实际意义，学生备课讲课纯粹是为了应付教师交给的任务。那么怎样才能真正地培养学生的学习意识、调动学生的学习兴趣呢？首先，它要求教师要学识丰富，真知真懂，从而对自己所任教的学科产生一种不人云亦云的学科自信。试想一个对所教的学科都抱有各种怀疑态度的人，怎么可能会让学生去相信它呢？其次，理论来源于实践，脱离实践的理论不是真正的理论，这需要教师会活学活用，在教学过程中，让看似"高大上"、与普通人的生活毫不相干的政治回归普通人的生活。教师要通过引导，让学生真真正正地体会到，政治也是来源于人类生活实践的需要的，是有真理性可言的，不是说教。学习政治课，只要学会活学活用，是有助于解决他们在生活中所遇到的困惑、矛盾和问题的，学习政治课是非常有价值的。再次，需要教师向学生阐明各种对于思政课的片面理解所产生的时代背景和根源。只有当学生觉得教师讲的东西是真理、具有价值性的时候，他们才愿意把身心交给课堂。最后，至于理论性强、学起来比较枯燥的问题，教师要通过引导让学生知道，枯燥不是思政课独有的特点。那么怎么样才能让课程变得不枯燥呢？要解决这个问题就需要教师学会理论联系实际，并不断提高语言艺术，在教学中能够做到把抽象的理论具体化，把复杂的问题简单化，把高深的道理生活化。总之，针对上述问题，教师需要在主体性教学中切实发挥好主导性，坚持价值性和知识性相统一，寓价值观引导于知识传授之中；坚持政治性和学理性相统一，以透彻的学理分析回应学生，以彻底的思想理论说服学生，以真理的强大力量引导学生。只有想办法消除学生头脑中对思政课的错误认识，端正他们的学习态度，才能真正培养起他们的学习意识，增强他们的学习兴趣，解决主体性教学的首要问题。

主体性教学不仅要注意培养学生的学习意识和学习兴趣，还要适应社会发展需要，注重培养学生的创新意识。爱因斯坦说："提出一个问题，往往比解决一个问题更重要。"求异思维不是人生来就有的，而是需要后天的培养。传统教学模式习惯于教师提问题，学生回答，而学生回答又习惯于照本宣科。其直接后果就是学生考试能力强，发现问题、解决问题的能力差，这些都是缺乏创新意识的表现。在主体性教学过程中，告诉学生要学会创新，学会灵活运用，无论再好的理论，都不可能教会我们生活所需要的全部知识，无论再好的经验，都不可能完全复制，需要运用创新这座桥梁将他人的理论经验或者自己的理论经验同千变万化的社会现实连接起来。培养学生的创新思维，就要鼓励他们在学习中多提问、多思考、多探讨。明代学者陈献章说："学源于思，思源于疑。小疑则小进，大疑则大进。"杨振宁说："中国留学生学习成绩往往比一起学习的美国学生好得多，然而十年以后，科研成果却比人家少得多，原因就在于美国学生思维活跃，动手能力和创造精神强。"但也有教师在强调创新的同时，却滑向了另一个极端，忽视了学习的重要性。人类文明就是一部在学习继承中不断发展的历史，没有学习、模仿也不会有人类文明的今天。我们需要将学习和创新有机地结合起来，在学习中大胆质疑，大胆实践。因此在主体性教学过程中，一定要引导学生先吃透教材，在弄明白教材到底讲什么的基础上，再去多问几个"为什么"。引导学生既不要盲目崇拜，也不要轻易否定，学会独立思考。要经常组织一些小组讨论，让学生自己给自己提问题，自己帮自己想办法，通过在讨论中互相切磋、互相启发来培养他们的创新意识。

调动学生的学习兴趣，培养学生的学习意识、创新意识，最终是为提高学生的学习能力和创新能力服务的。现代教育理论认为：教学的真正含义是变"学会"为"会学"。20世纪70年代，联合国教科文组织的报告《学会生存——教育世界的今天和明天》中明确指出："未来社会的文盲，将不是没有掌握一定知识的人，而是那些不会学习的人。"传统教学模式在课堂教学中往往只注重知识的灌输，却很少关注学习方法、学习能力的培养，使得学生一离开学校、一离开老师就变得束手无策，学生自主学习的能力很差，很难适应未来社会的发展。大学期间，学生自由支配的时间增多。在主体性教学过程中，教师要注意引导学生学会如何制定学习目标，如何安排学习时间，如何制订学习计划，并掌握科学的学习方法。教师要引导学生懂得如何利用图书馆、互联网收集资料和信息。要引导学生如何处理好专业课和公共课、必修课和选修课、课堂和课外等的关系问题，让学生学会自己学习。韩愈说："师者，所以传道受业解惑也。"大学阶段，学生都有了一定的学习能力。学生可以自己学会的东西，教师就没必要花费太多的时间，教师应该把关注点放在学生靠自身能力无法解决的问题上。思政课教师平时要多读书、多看报、多上网，多关注社会热点问题，在课堂上可以通过让学生提出问题，和学生一起讨论的方法来学习。通过讨论来发挥集体智慧，有助于让思想的火花在交流碰撞中得到升华，有助于提高学生理论联系实际、分析问题、解决问题的创新能力。除此之外，学校还要适当开展一些校外实践课，通过让学生亲身实践、体验，来培养他们理论联系实际、分析问题、解决问题的创新能力。

总之，要真正达到主体性教学的上述目标，需要教师做好角色转换，确立"教"服务于"学"的意识，把世界观、人生观、价值观融入主体性教学的全过程，在放手让学生自己动手学习、提高学生自学能力的同时，把关注点放在培养学生发现问题和解决问题的能力上。

参考文献

[1] 习近平. 习近平谈治国理政 [M]. 北京：外文出版社，2020.

[2] 学校教育名言警句 [EB/OL]. (2016 – 09 – 27). http：//www.chddh.com/wenzi/5680.html.

[3]《思想道德修养与法律基础》编写组. 思想道德修养与法律基础：2015 年修订版 [M].北京：高等教育出版社，2015.

思想政治理论课"5P"教学模式探索*

康雁冰

摘　要：思想政治理论课"5P"教学是围绕重点、难点、疑点、热点、亮点进行教学设计，针对学生疑点和社会热点，师生之间进行"指导式"教学，生生之间进行"讨论式"学习，旨在消除疑虑，启迪人生，点亮理想，以发挥学生主动性、培养学生"提出问题、分析问题、解决问题"为核心的教学模式。思想政治理论课"5P"教学遵循政治性、主导性、主体性、问题性、实践性等原则。在组织实施中，我们需要注意教师教学能力，教学效果评价，管理部门的支持、配合等问题。

关键词：思想政治理论课；"5P"教学；含义；原则；问题

习近平总书记在思想政治理论课教师座谈会上指出，办好思想政治理论课，最根本的是要全面贯彻党的教育方针，解决好培养什么人、怎样培养人、为谁培养人这个根本问题。解决根本问题，必须提高思想政治理论课的实效性。在传统思想政治理论课教学难以解决根本问题的情况下，其改革创新势在必行。中共中央办公厅、国务院办公厅印发《关于深化新时代学校思想政治理论课改革创新的若干意见》，以及中共教育部党组印发《"新时代高校思想政治理论课创优行动"工作方案》都针对性提出了指导意见。其中，以"八个统一""六个坚持"为基本遵循，集"思想政治理论课教学改革创新成果"之长的"5P"教学模式，不失为一种有益尝试。

＊　本文原载于《南方论刊》2022 年第 8 期，收入本书时有修改。

一、思想政治理论课"5P"教学的含义

思想政治理论课"5P"教学，以生为本，师生平等，教师主导，围绕重点（key point）、难点（difficult point）、疑点（doubtful point）、热点（hot point）、亮点（bright point）即"5P"进行教学设计，根据学生自主学习教材内容后提出的疑点、难点、堵点，结合社会热点，师生之间进行"指导式"教学，生生之间进行"讨论式"学习，旨在消除疑虑、启迪人生、点亮理想，以发挥学生主动性，培养学生"提出问题、分析问题、解决问题"的能力。其中，重点、难点部分主要通过学生自主线上学习，在线完成作业，思考并提交自己困惑或理解不透的问题；教师对学生提交问题进行归纳、分类，根据教学目标，结合近期发生的社会热点，设计具有典型性、代表性的问题，组织学生进行"分组讨论"，由小组长或小组代表展示小组成员观点和结论，最后由教师结合重点、疑点、热点，针对小组讨论进行点评，释疑解惑，让学生在思考、争论、探索中深化认识、升华思想，树立理想信念。

从上述教学过程可以看出，思想政治理论课"5P"教学可以概括成"引""学""授""论""评"五个环节。"引"即引导、激发、培养、提高学习兴趣，激发好奇心、求知欲，变"要我学"为"我要学"；"学"即学习能力的培养，发挥主体性，教学围绕目标，抓住重点、难点，精心设计问题，让学生带着目的和问题学；"授"即依据学的情况，针对性讲授，重点性解疑释惑；"论"即理论与实践结合的强化，组织学生开展小组讨论、辩论等灵活多样的方式，重在以理论分析问题、解决问题，促进理论内化；"评"即对小组讨论结果进行点评、点拨，小结课程内容，进一步巩固提高学习效果。思想政治理论课"5P"教学，同时又是"五步"（five steps）教学，亦可称为双"5P"教学。

二、思想政治理论课"5P"教学的原则

在现实教学中，人们总是希冀有一种"完美"万能的教学方法。事实上，"教学有法"与"教无定法"同样重要。内容决定形式，形式反映内容。教学内容决定教学方法，而非教学方法决定教学内容。以内容定方法，而不是方法"万能"。最佳的匹配是找到与所授内容最贴切的教学方法。实现这一目标的前提，需要教师关注教学内容及与之相关的对象、载体等因素，尽可能地掌握适配的教学方法。因此，教学内容的不同或变化，教学方法也要发生变化。试图寻找一种完美的教学方法，"以不变应万变"并不可取。对教学方法的探索，要重视教学内容、对象、情境等因素，以动态和优势组合的视角，打出一套教学方法的"组合拳"。办好思想政治理论课，动力在改革创新。思想政治理论课"5P"教学改革创新，需遵循以下原则：

第一，政治性原则。政治性是思想政治理论课最本质的特征，也是其独特价值的体现，更是上好思想政治理论课的根本要求。"我们办中国特色社会主义教育，就是要理直气壮开好思政课，用新时代中国特色社会主义思想铸魂育人，引导学生增强中国特色社会主义道路自信、理论自信、制度自信、文化自信，厚植爱国主义情怀，把爱国情、强国志、报国行自觉融入坚持和发展中国特色社会主义事业、建设社会主义现代化强国、实现中华民族伟大复兴的奋斗之中。思政课作用不可替代，思政课教师队伍责任重大。"[1]上好思想政治理论课，关键在教师，关键在教师"政治要强，让有信仰的人讲信仰，善于从政治上看问题，在大是大非面前保持政治清醒"[2]；关键在教师"人格要正，有人格，才有吸引力。亲其师，才能信其道。要有堂堂正正的人格，用高尚的人格感染学生、赢得学生"[3]，让有理想的人讲理想，善于从道德上看问题，在思想道德上引导学生知行合一；关键在教师发挥主导作用，善于从"三观"上引导学生，充分调动学生的主动性，发挥学生的主体性，让"我要学"成为思想政治理论课的

"新常态"。

第二，主导性原则。习近平总书记强调，"青少年是祖国的未来、民族的希望。我们党立志于中华民族千秋伟业，必须培养一代又一代拥护中国共产党领导和我国社会主义制度、立志为中国特色社会主义事业奋斗终身的有用人才。在这个根本问题上，必须旗帜鲜明、毫不含糊"[4]。作为立德树人、铸魂育人的关键课程，思想政治理论课必须为解决"培养什么人"以及"为谁培养人"这个根本问题把准方向。因此，在价值导向和政治信仰上，思想政治理论课教师务必坚定主导地位，发挥主导作用。思想政治理论课无论如何改革创新，这一根本原则必须旗帜鲜明，始终如一。没有主导，难免迷失方向。没有引导，学生"囿于人生经历的简单、心智的不成熟就可能被各种错误的思潮所引导，误入歧途"[5]。在思想政治理论课"5P"教学中，主导性是为"立德树人""铸魂育人"服务，检验主导性的成效，也要以此为标准。教师主导性与学生主体性，两者并不矛盾，统一于思想政治理论课"5P"教学之中。在这个过程中，教师是关键，"六要"和"问题"是着力点。

第三，主体性原则。主体性原则的核心是以人为本，尊重并发挥人的主体性。人的主体性主要由能动性、自主性、实践性和创造性构成。在本质上，它主要体现在三个方面：其一，人的主体性体现在人是活动的发动者、组织者和承担者，人的实践活动是一种自由自觉的活动。它主要表现为人的主动性和自主性等。其二，人的主体性体现在主体交互关系上，又称"主体间性（inter-subjectivity）"或"交互主体性"，这是一种建立在对主体性扬弃基础上的主体性，因为在"主体间性"中，主体是社会性与个体性的统一者，身兼主、客双重身份。其三，主体是具有实践能动性的主体，必须从实践中去把握。因此，实践能动性是主体性原则的重要组成部分，实践是人成为主体并使客体主体化的基础，人的主体性在其实践过程中得到充分体现，尤其是人的创造性在创新实践中体现出独特价值。传统思想政治理论课为人诟病的重要原因，就是忽视学生的主体性，没有充分尊重学生的学习主体地位，或者没有充分发挥学生的主体作用。"5P"教学倡导主体教育观，充分调动学生的能动性，提升学生参与教学过程的能力，以学生需求和问题为导向，促进其从"喂养型"向"觅食型"转变，从"被动学"向"自主学"转变，"把所学知识转化为能力、内化为信念、形成为德性，让学生学有所获、学有所成"[6]。

第四，问题性原则。思想政治理论课旨在立德树人，解决学生思想问题，纠正行为偏差。解决实际问题，是思想政治理论课改革的初心，决定了思想政治理论课教学坚持问题导向的改革方向，"将问题贯穿于'思政课'教学全过程，以问题为中心的教学理念是出发点，基于问题逻辑的问题教学内容体系是关键点，教学方法则是落脚点"[7]。前提是准确了解学生存在的问题，特别是理论认知、理论运用和立场问题。发现问题，是解决问题的基础。解决问题，是发现问题的目的。问题要素，是"5P"教学的核心要素，贯穿教学始终。问题性原则，关键在于能否实现教学目标，这也是衡量问题好坏的标准。"5P"教学问题设计，要求"真""深""高"。"真"，就是真问题，不是假问题，是客观存在的问题，也就是要坚持实事求是，一切从实际出发。"深"，就是问题本质深刻，而不是只看到问题的表面。"高"，就是问题立意高远，"推动价值引领，强化立场导向，发挥精神塑造作用"[8]。通过"问""讲""学""论""评"等教学环节，实现从提出问题到分析问题，最终解决问题的预设目标。其中，"评"是中心环节，也是实现知识体系向价值、信仰和信念转变的关键。

第五，实践性原则。"理论与实际脱节或理论与实际结合不够紧密是造成思想政治理论课教学实效不尽如人意的重要原因。"[9]针对这一弊端，思想政治理论课"5P"教学，突出理论与实践的交互渗透，促进知行转化与知行合一。思想品德养成，"既是由不知到知的过程，也是由知向行转化的过程，需要经过知、情、意、信等心理要素的矛盾运动才能完成"[10]。重理论，轻实践，或者是重实践，轻理论，抑或是两者都轻，都不得要领。思想政治理论课"5P"教学，强调两者并重，在教学中实现两者融会贯通。不仅要求实践贯穿理论教学全过程，而且要求理论教学贯穿于实践全过程。一方面，"5P"教学要求理论与实际紧密结合，让抽象理论转化成现实观照，照进学生的现实生活；另一方面，"5P"教学要求尽可能以学生实际参与的方式传达理论，让学生在参与中学，在实践中悟，使理论与实践相互促进，在理论与实践统一中实现知行合一。

三、思想政治理论课"5P"教学需要注意的问题

针对传统思想政治理论课教学的劣势和弊端，思想政治理论课"5P"教学进行了诸多有益的探索和改进，并汲取了诸多改革创新成果的经验，博采众长，取长补短，力争有所突破。但是，思想政治理论课"5P"教学并不成熟，其在组织、实施和评价等方面，仍然面临许多挑战。

第一，教师教学能力问题。在思想政治理论课"5P"教学模式下，教学内容、教学流程将发生颠覆性改变。教学内容按照重点、难点、疑点分解成若干部分，按照内容本身的特点，结合学生实际需要进行精心设计，精美包装，精湛呈现。既要关注学生兴趣，又要引发思考，为下一步教学打下基础，导致备课难度陡升，备课时间陡增，对教师备课能力、教学能力提出了严峻挑战。一则，思想政治理论课"5P"教学方式教无定法，主张依据教学内容本身特征，结合授课对象的特质，灵活掌握，自主安排。教师教学的自主性和自由度提升了，但是对教学驾驭能力的要求更高了。二则，教学内容的重组，教学安排的改变，授课方式的转变，教学理念也将随之改变。线上＋线下，虚拟＋现实，新技术的应用，多种教学方式的转换，对教师教学组织、实施、评价等能力提出了极高的要求。在教学组织、实施、评价过程中，如何避免主体形式化、技术主体化以及教学目标片面化等，都是值得注意的问题，而所有问题的迎刃而解主要依靠教师的应对和解决。如果教师的能力和素质满足不了要求，那么思想政治理论课"5P"教学改革成效堪忧。

· · · · · ·

第二，教学效果评价问题。思想政治理论课"5P"教学，倡导根据教学内容和授课对象的特质，有针对性选择合适的教学方法，追求最佳匹配的教学模式。事实上，在实际教学中，教师对教学内容和授课对象的特质评价个体差异显著，评价标准也是因人而异。因此，教学对象的差异和对教学内容评价的差异，导致教师个体选择教学方式的差异，给教学效果评价带来了更大的困扰。教学效果评价，既包括教师教学评价，又包括学生学习效果评价。思想政治理论课"5P"教学，是一个多种教学方式灵活搭配运用的教学模式，对教学效果评价也需要构建一个相对应的综合评价体系。否则，教学评价效果可能与事实大相径庭。

第三，管理部门的支持、配合问题。相对传统教学模式或者单一教学模式，思想政治理论课"5P"教学模式集多种教学模式于一身，针对教学内容和授课对象灵活搭配，是综合运用的"混搭模式"。设想固然美好，实施过程中还需要诸多管理部门的支持和配合才能顺利完成。如何协调管理部门的支持、配合，是思想政治理论课教师面临的重要问题。其中一些部门甚至是上级管理部门的支持和配合，涉及资金、技术、管理，以及财力、物力、人力等多方面，一旦某个环节出现问题，可能会前功尽弃，所有前期努力都将化为泡影。从"5P"教学模式本身而言，仅仅依靠单个教师或少数教师，显然只能"牛刀小试"。倘若，思想政治理论课"5P"教学模式要进行大规模应用，将需要学校多个部门、学校上级管理部门的大力支持和配合才能实现与推广。

参考文献

［1］［2］［3］［4］用新时代中国特色社会主义思想铸魂育人　贯彻党的教育方针落实立德树人根本任务［N］.人民日报，2019－03－19（2）.

［5］何洪兵.论高校思想政治理论课坚持主导性和主体性相统一［J］.学校党建与思想教育，2019（13）：35－38.

［6］王洪波．坚持"八个统一"推动思政课改革创新（之三）：坚持主导性和主体性相统一是思政课改革创新发展的关键［J］．中国高等教育，2019（11）：4－6.

［7］王雪婷，张云，王金洲．基于问题意识导向的思想政治理论课教学改革研究［J］．学校党建与思想教育，2016（24）：51－53.

［8］谭顺，丁乃顺，刘芳．六问法：思想政治理论课教学突出问题导向的探索［J］．思想教育研究，2017（10）：78－81.

［9］冯刚，张欣．深刻把握思想政治理论课理论性与实践性相统一的价值意蕴［J］．新疆师范大学学报（哲学社会科学版），2019（5）：78－84，2.

［10］《思想政治教育学原理》编写组．思想政治教育学原理［M］．北京：高等教育出版社，2016：157.

短视频在思政课实践教学中的价值与应用研究

王海龙

摘 要：在新时代发展背景下，短视频作为一种新兴的网络媒介快速地崛起，这种媒介以视频时间较短且内容创作能够精准地博取眼球而不断地加速发展，习近平总书记在全国高校思想政治工作会议上指出："要运用新媒体新技术使工作活起来，推动思想政治工作传统优势同信息技术高度融合，增强时代感和吸引力。"[1]短视频的出现不仅符合了大众的需求，而且也促进了思政课在实践教学中新颖模式的产生，同时也为高校思政课实践教学拓宽新的教育渠道，这也逐渐成为高校培养德智体美劳全面发展人才的阵地。

关键词：短视频；思政课；实践教学；价值；应用

中共中央、国务院和中共中央办公厅、国务院办公厅同步印发的《中国教育现代化 2035》和《加快推进教育现代化实施方案（2018—2022 年)》两份文件中提到，要"丰富并利用现代信息技术，创新课程呈现形式"[2]。上面这两份文件均提到了教师要紧跟时代的步伐，不仅要打破传统的教育手段和形式，也要不断学习新的现代技术为教育教学增添不同的色彩，通过现代技术创新课堂教学的呈现形式，使教师以教为中心，使学生以学为中心，并且在这个过程中能够提升学生对于思政课程的兴趣，更加丰富课堂教学的时代氛围感，以此促进学生的全面发展。

一、短视频的发展现状及其主要特点

（一）短视频的概念界定

短视频从流行开始，并没有一个标准的概念定义，通常是指在互联网各平台上传的 15 秒至 5 分钟的随即传播视频短片。短视频在上传前可以通过剪辑和拼接图片、视频等来丰富内容，在新时代的发展中，它已经成为一种新型的传播方式。同时，短视频的传播价值在于以时间短、内容丰富吸引了各个年龄段的群体，它并不具备像电视剧或者电影一样的时间长度，这种时间的控制更加符合短视频观看群体的需求。此外，短视频还会根据用户的爱好选择推出相应的视频供人们在各种环境下观看，满足不同年龄群体、不同行业群体以及不同爱好群体的各种观看需求，其内容包含多种元素，例如社会热点、公益教育、时尚潮流、幽默故事、角色扮演等。总之，短视频可以用来记录人们的日常生活，也可以成为传播思政教育、促进学习者接受知识的重要载体。

（二）短视频的发展现状及其主要特点

中国互联网络信息中心（CNNIC）第 48 次《中国互联网络发展状况统计报告》显示，2018 年至 2021 年，我国短视频用户规模持续增长，2020 年第一季度新冠疫情的发生使得短视频用户规模强势增长，截至 2021 年 6 月，我国网络视频（包含短视频）用户规模达到 9.44 亿人，较 2020 年 12 月增长 1 707 万人，占网民整体 93.4%。其中短视频用户规模为 8.88 亿人，较 2020 年 12 月增长 1 440 万人，占网民整体 87.8%。在短视频的用户中，学生已经成为当前的主要受众群体。在短视频 App 的使用下载中，主要以抖音、快手、哔哩哔哩等软件为代表，随着各类短视频的冲击，各大应用平台也紧跟其后，开始着手开发短视频，并使短视频能够与中视频、长视频相结合，促进其共同发展。此外，短视频除了符合人们的需求外，自身还有即时性、直观性以及有效性这三大特点。

1. 即时性

随着通信技术的快速发展，目前网络已经升级到了 5G 使用模式，人们可以随时随地获取信息，更便捷地使用网络去学习、娱乐以及通信等。对于当代的学生来说，这无疑是最好的上网方式，只要教室中、寝室中、餐厅中有网络覆盖或者多媒体设备就可以随时播放短视频，这也是短视频较为流行的其中一个原因。同时，在短视频的播放中，公益教育也能够潜移默化地使学生进行德育的学习，在这种氛围下去提升当代大学生爱国爱民的家国情怀和个人责任感。

2. 直观性

短视频在传播的过程中，其内容的制作是较为重要的。我们的日常生活中有很多的短视频素材，这些日常的内容更能够使学生接受，学生不需要自己去想象画面，可以直接观看视频中最贴合日常生活的场景，从生活中感受教材陈述的真实事件，以及更直观地去看待和了解历史事件，体会学习内容的真实性。

3. 有效性

随着技术的不断发展，网络以及多媒体设备已经成为教师在课堂上的主要教学辅助工具，相比以往传统的手写板书，现代的教学方式更好地具有效性。短视频在课堂上的呈现使学生能够更好地理解知识，播放短视频还能够缩短课堂上使用口述或者书写占用的时间，甚至在几十秒内就可以直接奔入一堂课的教学主题，通过短视频的声音、字幕、动画等展现教学内容，以简洁有效的方式表达出教学者想要教授的知识点。

二、短视频在思政课实践教学中的价值

美国著名未来学家阿尔文·托夫勒提出："谁掌握了信息，控制了网

络，谁就拥有整个世界。"从以上这句话能够得知在思政课实践教学上也要不断地与时俱进，不断地创新教学模式，不仅要在教学内容上推陈出新，而且也要在教学方法上更新观念。短视频已经作为思政课实践教学网络传播的新载体，同时这也是前所未有的教学新方式，对于顺应时代发展也是有益的尝试。

（一）有利于提升学生对于思政课程的积极参与度

思政学科作为学生必修的一门课程，教师不仅要在课堂上让学生去接受知识，更为重要的是要使学生从内心体会到思政课程的乐趣以及对于家国情怀的热烈情感，同时能够明白作为当代大学生所应该担负的责任和使命。在传统的授课过程中，思政课实践教学有一定的枯燥性，并且教材的内容也具有理论性强且抽象的特点，学生在课堂上并没有真正地去接受理解知识，也没有去建构自己的框架体系，这使得学生对于这门课的学习动机和求知欲逐渐下降。推行"专业思政"，就要努力解决大学生思政课的学习动力问题。大学生思政课学习动力是个老难题，解决老难题，需要新思路。[3]随着目前短视频的流行，授课教师若将思政课教学的资料做成短视频，以真实画面的呈现、声音图像的冲击、鲜活事例的引入与课堂教学融合，将使课堂变得真实直观，教育内容也更直接地展现在学生眼前，拉近学生与思政学科的距离，使学生感受到教学方式的不同，提高学生对思政课实践教学的参与度。

（二）有利于拓宽思政课教学资源获取渠道，丰富教学内容

在教学资源上，思政课的教学内容是较为丰富的，不论是国家层面还是民族层面都拥有较多的德育素材。相对于思政教材上的固定知识，短视频的资源更为丰富直观，通过短视频的传播，可以使学生及时地了解国内外发生的大事，近距离感受到国家的力量，潜移默化地增强家国情怀。此

外，短视频的搜集以及整合能够为学生提供更好的学习资源，使学生能够在学习的过程中感受到时事以及历史的变化，缩短教学时长，减少重复陈旧的教学内容，通过短视频的渠道丰富教学资源，增加课堂信息量，强化学生理解记忆知识。

（三）有利于改变思政课教学模式，拉近师生距离

在传统的思政课实践教学中，授课教师在教学的全过程中主要是以讲授法为主，这种灌输式和填鸭式的教学方法不仅会使学生产生厌学心理，而且还会使学生机械式、重复性地去记忆知识，没能形成自己的知识框架，也没有通过学习去构建自己的知识体系。而短视频的融入能够更新以往的思政课教学模式，使枯燥变为有趣。过去，教师在教学形式上拥有过高的权威，这在无形之中使师生关系逐渐变得不平等，而当短视频呈现在课堂上时，教师减少自己的绝对话语权，学生也更加积极地感受新颖的教学模式，使授课教师在教学中和学生处于平等的地位，使双方都能够参与同一个话题，并且覆盖教育教学的全过程，这也能够促进师生平等交流，拉近师生的心灵距离，更好地创建和谐的师生情感。

（四）有利于更新思政课实践教学方法，保证教育有效性

思政课程的教学并不像数学和物理等课程那样具有学习的思路与技巧，思政课程是一门德育课程，是一种塑造人的内心的活动，它存在着一定的规范和约束人的行为的作用，使人们潜移默化地去遵守规则。想要把这门课程讲好，采取的教学方法极为重要，既不能全盘托出授课内容，也不能一点一滴地向学生透露内容，掌握好教学方法才能使学生减少对此门课程的抵触情绪，要使教学方法和教学艺术相结合，把短视频中较为流行的语言艺术渗透进学生的课堂中，结合日常短视频中富有教育意义的内容，让学生充分感受这门课程的新奇之处，提高学生的学习动机，打造思

政课实践教学的新颖性，使线上线下共同发挥思政课实践教学的本质，有效利用短视频这个与时俱进的新阵地，使学习效果事半功倍。

总之，短视频应用在思政课实践教学中蕴藏着一定的价值，能够使学生更灵活地去学习知识，清楚学习内容的背景、框架、体系等，丰富学生学习的有效资源，增加其他的教学途径，提高思想政治教育的质量。

三、短视频在思政课实践教学中的应用

随着各类短视频平台的发展，构建良好的短视频文化成为目前大众关注的热点，短视频的优点不仅体现在网络平台上，而且日益渗透到学校、教师、学生甚至是课堂教学中，把短视频文化和思政课实践教学的内容相结合，这无疑是多元文化的碰撞，也是教育教学新的发展路径。

（一）围绕思政学科特性和课程内容，择取富有教育意义的思政短视频素材

《普通高中思想政治课程标准（2017年版2020年修订）》中提到，要培养学生良好的政治素养、道德品质和健全人格。[4]因此，思政教师在择取短视频的素材时，首先，要与时俱进，在每堂课的授课前以及授课后，整合社会热点事件，尤其是时政热点事件，加入思政教学内容制作成短视频。其次，根据学生对于目前现象的了解，以常见且直观的方式呈现给他们，使学生可以及时地了解国内外的时政，并且形成自己的判断和思考，这从教育教学上看，也解决了传统的思政课实践教学内容与最新最热的时事政治脱离的情况。最后，针对学生的感受以及体会引发师生的共鸣，不仅使教师成为学生学习的榜样，学生也能够耳濡目染，在同样的氛围下形成坚定的政治立场。

（二）结合短视频自身灵活性的特点，更新课堂教学的教学方法和教学模式

在课堂教学过程中，讲授法可谓课堂上最主要的教学方法，但是随着时代的发展，再加上思政学科理论复杂抽象，在课堂上一味地使用一种方法，不仅会使课堂单调如一，而且学生也未能很好地吸收课堂知识，反而形成了无意义学习的现象。在全国思政课教师座谈会讲话中，习近平总书记提到，要坚持政治性和学理性相统一，以透彻的学理分析回应学生，以彻底的思想理论说服学生，用真理的强大力量引导学生。[5]因此，要不断提升教学中的理论性，避免空洞的政治说教。短视频的融合应用，不仅能呈现出教材中的画面，使学生直观地感受到思政课程的情怀，还能让学生更好地吸收理论知识，增强思政课的学理性。首先，在短视频播放结束时，教师以提炼总结的方式概括短视频的主要内容，趁热打铁地引出本节课需要讨论的议题，使学生回忆观看过的短视频并思考教师提出的问题，加深对于知识的理解。其次，在开展讨论议题时，教师可以适度加入一些与题目相关的短视频，使学生能够联想起之前观看的视频内容，同时也为学生的进一步思考和交流增添了素材，拓展思考和交流的想法，让学生能够举一反三，灵活地去应对每一个议题。最后，教师选择一至两个不同的教学方法加入课堂教学中，例如角色扮演法，使学生能够切身体会到思政这门课程的乐趣所在，真正达到"课程内容活动化，活动设计内容化"的课程标准要求。

（三）贴合学生实际，增强学生在思政课堂上的主体意识

短视频正处于紧跟时代发展的过程中，其多种元素也贴合了当代学生追求自由且真实的特点。在传统的思政课实践教学中，往往以教师为课堂的主导，形成教师"一言堂"的局面，在授课过程中往往是采用集体授课

的方式，学生的数量较多，大部分学生从课程开始到课程结束都没和教师进行过交流，这并没有真正做到关注学生的学习状态以及听课效果，仅有的互动也都处于授课过程中的提问环节以及课下询问教师题目时，这显然违背了学生的身心发展规律。这种安静的课堂对于学生全面发展德智体美劳并不是最优的，也逐渐显现出学生对于课堂的真正需求，短视频的互动功能便能很好地符合学生需求。在以短视频为教学资源的思政课授课过程中，需要不断提升学生对于短视频知识的吸收度。学生对文字材料的解析需要一定的推理判断技巧，对图文漫画的解读需要一定的视觉感知技巧，同样，学生对视听兼备的短视频的学习也需要悉心倾听、认真观看、锁定信息、联想判断、深入评析等技巧。[6]首先，学生要不断地在日常生活中关注国内外的热点事件以及社会现象，形成对时事政治的高度关注和关心。其次，学生对于事件的发生要能够形成自己的判断和思考，善于运用所学的真理去分析、解决问题，透过现象看本质并内化于自己的理解，提高他们对短视频教学的参与度及对知识的吸收程度。最后，教师在播放短视频后，可以组织学生形成小组，开展思政问题辩论赛，由本节课的知识点作为辩论的结果，让学生在比赛中接受知识，使学生能够以不同方式去理解思政课程的抽象理论，从而感知思政理论的合理性以及真实性。

（四）把握好分寸，坚持教师的主导地位

2016 年教师节前，习近平总书记在北京市八一学校提出了教师要做"四个引路人"，即做学生锤炼品格的引路人，学习知识的引路人，创新思维的引路人，奉献祖国的引路人。[7]思政教师要想在短视频的教学中坚持教师的主导地位，就必须在短视频教学过程中把握好分寸。在思政课实践教学中，播放短视频要在恰当的时机，选择适当的时长，并且播放的视频要适量。首先，在恰当的时机，教师要根据本节课的课堂情况以及学生表现去决断是否需要播放短视频，例如在本节课上课前几分钟可以导入新课

· · · · · ·

或者回顾知识的方式播放短视频，在讲解知识的重难点以及需要创设课堂情境时播放短视频，好的播放时机能够有效地引导学生集中注意力，发挥更好的课堂效果。其次，选择适当的时长，在播放短视频时，时间过长或过短都会影响到学生观看画面的效果，时间过长容易导致学生疲惫，时间过短则导致学生未能够全面了解内容。最后，播放的视频要适量，在一节课中，播放两至三个视频较为合适，若过多地播放视频只会让课堂变成学生娱乐的场所，学生虽然观看了视频，但并未真正收获知识，反而收效甚微。

综上所述，将短视频应用在思政课实践教学中具有一定的价值，在现实教学中也具有可行性，不仅拓宽了思政课实践教学的渠道，也有利于学生充分理解抽象复杂的理论，同时思政教育者应持续加强对短视频的关注和研究，注重对短视频的价值引导工作，充分运用短视频做好学生的思政教育工作。

参考文献

［1］把思想政治工作贯穿教育教学全过程　开创我国高等教育事业发展新局面［N］.人民日报，2016 - 12 - 09（1）.

［2］中办国办印发《加快推进教育现代化实施方案（2018—2022年）》［N］.人民日报，2019 - 02 - 24（7）.

［3］在纪念五四运动100周年大会上的讲话［N］.人民日报，2019 - 05 - 01（2）.

［4］中华人民共和国教育部.普通高中思想政治课程标准（2017年版2020年修订）［M］.北京：人民教育出版社，2020：2.

［5］在学校思想政治理论课教师座谈会上的讲话［N］.人民日报，2019 - 03 - 19（1）.

［6］姚薇.视频资源在思想政治课堂教学中的运用研究［D］.南京：南京师范大学，2014.

［7］大我好老师　大美引路人［N］.光明日报，2017 - 09 - 10（1）.

主体性思想政治教育与大学生公民意识的培养

何正付

摘　要：加强大学生公民意识的培养是高校思想政治教育的重要内容。培养大学生公民意识不但要重视对大学生进行公民文化理论知识的教育，更要重视大学生公民意识的养成。把主体性思想政治教育改革与大学生公民意识培养相结合，既丰富了主体性思想政治教育改革的内容，又拓宽了大学生公民意识培养的渠道，更重要的是纠正了以往大学生公民意识培养过程中只重视理论知识灌输而忽视公民意识养成的不好倾向，有利于培养大学生知行统一的良好品质。

关键词：主体性；思想政治教育；公民意识

一、主体性思想政治教育与大学生公民意识养成相结合的意义

中共十七大报告明确提出："加强公民意识教育，树立社会主义法治、自由平等、公平正义理念。"[1]作为社会主义现代化建设中坚力量的大学生理应具有较强的公民意识，因此，加强大学生公民意识的培养是高校思想政治教育的重要内容。培养大学生公民意识不但要重视对大学生进行公民文化理论知识的教育，更要重视大学生公民意识的养成。现实生活中，不少人公民理论知识很是渊博，但他们在为人处世时体现出来的公民意识却非常稀薄，明显属于严重的知、行分裂。因此，大学生公民意识的养成较之公民文化理论知识的教育更重要，而且难度也更大。

主体性思想政治教育是韶关学院马克思主义学院近几年正在进行和推广的一项重要教育教学改革活动，其核心思想是充分发挥学生在教学中的主体地位，激发学生学习兴趣和培养学生自主学习能力。这种教学模式的运行要求学生必须具有主体意识、参与意识、责任意识、团队意识等，而这些精神要求与大学生公民意识培养具有很强的内在契合性。因此，把主体性思想政治教育与培养大学生公民意识结合起来是一项很有理论意义和现实意义的研究课题。它既可以丰富主体性思想政治教育改革的内容，又能拓宽大学生公民意识培养的渠道，更重要的是纠正了以往大学生公民意识培养过程中只重视理论知识灌输而忽视公民意识养成的不好倾向，有利于培养大学生知行统一的良好品质。

二、在主体性思想政治教育过程中培养大学生公民意识应该注意的关键问题

我国各级学校的思想政治教育往往存在一个通病，即重视教育形式研究和理论灌输，但对学生良好价值观的实践养成方面相对不够重视。因此，我们在主体性思想政治教育过程中，固然要重视教育教学形式的研究，探寻有效的教学模式，但是，更重要的是在此过程中帮助学生通过日常的反复实践将公民意识逐渐内化于心，使其成为一个知行统一的自觉公民，避免出现学生公民文化理论知识收获颇丰但公民意识养成收效甚微的尴尬局面。

在主体性思想政治教育活动的组织实施过程中，我们要引导学生组建学习团队、共同商议作业选题、共同协商分工并明确各自职责（不但包括个人对自己小团队的职责，而且包括小团队对全班同学的职责，即为大家准备一个高质量的专题汇报，而不是敷衍了事、浪费大家宝贵的时间）、共同合作解决活动中遇到的问题，使学生的参与意识、责任意识、权利意识、规则意识、协作意识等在教改活动中得到很好的锻炼，从而促进大学

生公民意识的养成。由于中学阶段的应试教育模式使不少学生养成了被动型的学习习惯，对教师依赖性较强，因此，在主体性思想政治教育活动的各个环节，教师要坚持只给学生提供指导性意见，不替代学生做决定和下结论，让学生自己去寻找问题、思考问题和解决问题。

有的时候，教师挖空心思希望教学活动能取得预期效果，但学生往往表面配合，实际上却敷衍了事。为了避免出现这种尴尬局面和使主体性教育活动取得相应的效果，我们在作业课件制作、专题汇报、活动总结等环节制定了相关的具体考核措施，督促学生积极参与活动并使其公民意识得到有效的锻炼。

三、主体性思想政治教育项目的具体实施过程

第一，主体性教学改革项目介绍。

首先，向学生介绍主体性教学改革的目的和意义，让学生理解为什么要进行此项教学改革，同时也借此调动学生参与主体性教学改革的积极性。要求全体学生参与此次教改活动，并且将学生在活动中的表现与课程考核的平时成绩挂钩。

其次，向学生介绍主体性教学改革的具体操作方式和考核要求，使学生知道该怎样去做。考核贯穿课件制作、汇报、讲评和总结四个环节，以激励为主，对各环节中表现优秀的小组或个人评定为 A 级，每获得一次 A 级都给予平时成绩奖励。

第二，提供作业参考选题。

教师要精心选择参考选题，尽量设计一些现实意义较强而且学生又比较感兴趣的题目，这样既有利于提高学生参与的兴趣，又方便学生查找相关资料。当然，学生也可以自选题目，只要与课程内容相关即可，不必局限于教师提供的选题范围，但是要提醒学生自选题目时要考虑资料收集的难易。

第三，分组制作课件。

学生以 4～8 人自愿组成一个小组。每个小组自己协商选择一个专题，小组成员分工合作完成专题课件制作。为了强化学生的责任意识和团队意识，每个小组必须在课件首页标明每个成员负责的项目，并且在最后撰写活动总结时结合自己承担的职责来写。作为一个团队，小组成员各司其职，但是又要共同为课件质量负责，小组课件被评定的等级就是小组成员应得的等级。课件制作好后交任课教师审查，教师提出修改参考意见。学生根据任课教师意见修改后，再交任课教师审查，如合格，即安排时间汇报。如果一个教学班小组较多，允许几个小组选择同一个题目制作课件，然后教师从中挑选课件做得最好的小组登台汇报。

第四，汇报、讲评。

每个小组做 10～20 分钟的专题汇报并接受其他同学的质询。一个小组汇报时，要求其他小组必须认真听，听完汇报后教师采取点名和自由发言的形式组织学生讲评。教师不但要给汇报的学生评分，而且要给每个讲评的学生评分，也就是说，评论质量的高低与学生的平时成绩挂钩。最后教师做总结，指出学生汇报、评论的成功之处和存在的问题。

第五，撰写活动总结。

每个学生根据自己在活动中承担的职责、表现以及收获撰写一份总结。之所以要求每人写一份总结而不是每个小组写一份总结，主要有两点考虑：一是强化学生在团队中的责任意识。因为只有在团队中做了某项具体的工作，才能写出具有个人独特内容的总结。二是总结其实也是一个学习反思的过程，有利于学生提升学习能力。

四、主体性思想政治教育项目效果问卷调查与统计分析

1. 问卷调查的安排

为了解项目实施效果和改进今后的教学，我们会在每个教学班的教改

活动结束后对学生进行问卷调查。调查主要内容就是此次活动对学生主体意识、参与意识、团队意识、责任意识和规则意识的影响，同时也欢迎学生对项目活动和课程教学改革提出建议。问卷调查涉及笔者任教的"思想道德修养与法律基础"和"中国近现代史纲要"两门课程，故分两次进行，第一次在"基础课"结束时进行，第二次在"纲要课"结束时进行。每次发放200份问卷，合计400份，全部收回，有效答卷400份。

2. 调查数据统计与分析

表1　项目活动对学生公民意识的影响

	影响很小	影响较小	影响较大	影响很大	不能确定
主体意识	11.8%	14.4%	42.8%	16.4%	14.6%
参与意识	18.7%	15.6%	38.2%	16.3%	11.2%
团队意识	15.4%	16.8%	42.8%	10.6%	14.4%
责任意识	16.1%	19.4%	32.7%	18.6%	13.2%
规则意识	15.5%	20.9%	33.6%	16.2%	13.8%

　　从表1统计数据可以看出此次教改活动对学生公民意识的影响差异较大：11%～15%的学生不能确定是否有影响。"不能确定"本身就反映了这部分学生对此次教改活动的消极性和被动性。26%～36%的学生认为影响较小或很小。"影响较小或很小"说明还是产生了影响，表明这部分学生正在由被动型学习转向主动型学习，但还需努力。50%～60%的学生认为影响较大或很大。这部分学生大体上已经完成了从高中生意识到大学生意识的转变，基本养成了主动型学习习惯。总体来说，此次主体性思想政治教育活动对学生公民意识的养成确有帮助，考虑到项目实施涉及的课程少而且时间短，其效果更应值得肯定，如果项目扩展到更多课程而且持续时间再拉长，相信对学生的影响会更大。

五、改进项目实施和提高思政课教学效果的几点建议

综合近几年教改活动经验、课程教学体会以及学生反馈意见，笔者对改进主体性思想政治教育项目实施和提高思政课教学效果有几点想法：

第一，注意大学思政课与高中政治、历史课程的衔接。大学思政课部分内容与高中政治、历史课程内容重叠，从教材编写的角度来说这种情况也难以避免。教师要对这部分内容做恰当处理，否则会给学生老调重弹的感觉，降低学生学习的兴趣。

第二，重视实践教学，注重学生优良品质的养成。思政课是思想性、理论性和实践性并重的课程，但在实际的教学中思政课基本上变成了单纯的理论课，实践环节往往被忽视，而社会实践恰恰是学生良好品质形成的重要因素。因此，在重视理论教育的同时，也必须重视实践教学，让学生在行动中养成良好的品质。

第三，创新考核制度，重视知行统一。思政课不仅要让学生知道该怎样做，更重要的是知道怎样做后能付诸行动，即我们通常说的知行统一。因此，思政课考核应该把理论知识考核、社会实践、品行表现综合起来，而不是目前单纯的理论知识考核。

第四，主体性教改活动小组人数不宜过多，避免少数学生只署名不干活的"搭便车"现象。以往考虑到教学班学生人数较多，如果小组数量太多汇报时间不好安排，故规定一个小组人数为4~8人。但实际上一般3个人就把全组的任务做完了，结果其他学生乐得偷懒，只署名不干活，这就与教改项目的初衷背道而驰了。因此，为了让每个成员都有事做，都能得到锻炼，每小组3~4人比较合适。

第五，丰富主体性思想政治教育的形式。目前主体性思想政治教育的形式就是学生做专题汇报，比较单一，因而略显枯燥。为了更好地激发学生参与的积极性，形式可以更多样化，比如采用调查报告、专题视频、辩论赛等。

第六，增设小组互评环节，强化学生的参与感。在各小组任务完成后，让学生自己互相评价，并选出班级优秀小组。学生互评既锻炼了学生的比较学习能力，又强化了学生的参与感。

参考文献

［1］胡锦涛. 高举中国特色社会主义伟大旗帜　为夺取全面建设小康社会新胜利而奋斗：在中国共产党第十七次全国代表大会上的报告［M］.北京：人民出版社，2009：30.

青年思政课教师上好思政课的路径探析

汪东瑶　黄　键

摘　要：党的十八大以来，依据党中央对高校思想政治教育工作发展的新要求，各高校思政课教师队伍不断壮大，一大批青年博士、硕士研究生走上了高校思政课教学岗位，成为更好开展高校思想政治教育工作的新鲜血液和强大新生力量。作为青年思政课教师，要深刻意识到肩上的育人之责，要以成长为一名政治强、情怀深、思维新、视野广、人格正、业务精的优秀思政课教师为目标，坚持"八个相统一"，以高度的理论自觉、实践自觉筑牢思想理论根基、练就教学实践本领，以德立身，以理育人，以情动人，以课服人，下真功夫、苦功夫，真正上好思政课。

关键词：青年思政课教师；思政课；教学能力

上好思政课、站稳讲台、站好讲台是青年思政课教师的立身之本、发展之基。对于青年思政课教师来说，做好新工作的积极性、良好的专业知识素养、开放包容的思维视野、网络技术的熟练运用以及因与学生年龄差距小而带来的天然亲和力等都是他们上好思政课的优势所在。而对思政课教学缺乏系统认识、教学专业知识与能力匮乏、教学实践经验不足等则是青年思政课教师上好思政课所普遍存在的问题与困境。因此本文试图在阐明思政课教师上好思政课的重要意义的基础上，回答什么是好的思政课这一关键问题，而后基于青年思政课教师上好思政课的问题与困境，从外部环境与自身发展两个角度探索构建青年思政课教师提升教学能力、上好思政课的路径，从而助力新手思政课教师的成长发展。

一、上好思政课的重要意义

本文所探讨的青年思政课教师主要是指毕业后直接到高校从事思想政治教育工作、担任专职思政课教师，且缺乏高校教育工作与思想政治育人经验的硕博士研究生，他们是高校思想政治教育工作的新鲜血液和强大新生力量，也是开展思想政治教育工作的"新手"。面对从高校学习者到高校教育者的身份转变，面对专业知识运用与教育教学能力提高相结合的崭新课题，新手思政课教师既需要快速调整心理行为模式以适应新环境和工作要求，更需要以对高校思想政治教育工作高度的价值认同、情感认同和责任意识全身心投入"如何上好思政课"这一核心问题的解决中。

新手思政课教师要充分认识上好思政课的重要意义，从国家发展之宏观视角与学生发展、自身发展之微观视角深刻认识肩上的育人职责，并能够将高度的教育责任意识转化为不断追求发展进步的强大内生动力以及不断提高教学能力、磨砺教学本领的实际行动。

新手思政课教师上好思政课是真正落实好立德树人根本任务，真正做到为党育人、为国育才的基础和关键。习近平总书记在 2019 年思政课教师座谈会上强调，"思想政治理论课是落实立德树人根本任务的关键课程"，"思政课作用不可替代，思政课教师队伍责任重大"。在意识形态斗争愈发激烈的新时代，教育领域作为党加强意识形态工作的前沿阵地，一代代青年成为错误意识形态攻击侵蚀的主要对象，高度重视并做好高校思想政治理论课教学工作是确保马克思主义以及党的最新思想理论在教育领域的意识形态中居于指导地位、把握主动权的题中应有之义和重要基石。而在建设社会主义现代化强国、实现中华民族伟大复兴的新时代征程上，需要一代又一代爱党爱国的优秀人才前仆后继，即需要每一位思政课教师能够通过上好思政课真正落实好立德树人根本任务，教育引导一代代青年学生将爱党爱国之志转化为爱党报国之行。这也就对新时代的思政课教师提出了更高要求，要求他们从一开始就明确自身的工作定位与教育责任，

· · · · · ·

即以高度的政治站位强化价值引领，以深刻的理论思想解疑释惑、启智润心，以鲜活的案例故事把道理讲透讲活，而要真正达到这一目标，则需要新手思政课教师在教学实践中身体力行，下真功夫、苦功夫。

新手思政课教师上好思政课能够有效推动高校思政课教学改革的创新发展。在新时代背景下，高校思政课所面对的时代环境、教育对象、教育手段等都在因时而变，这也就必然要求高校思政课教学要因势而新、因人而异，以不断深入的教学改革创新来适应现实需求。而在这一过程中，新手思政课教师一方面能够以其优秀的学习能力不断掌握新思想、新技能，更新教学思维，创新丰富教学手段与教学方式，不断优化创新思想政治教学实践；另一方面则能够因其年轻化、时代化的思维视野、生活经历、网络经验等与新时代的大学生建立起良好的沟通互动关系，从而在理解和把握新时代大学生思想动态变化的基础上，做到尊重学生并最大限度调动学生学习的积极主动性，以新时代大学生喜闻乐见的方式方法达到思想引领、理论育人的最终目的。从这一角度来看，新手思政课教师是推动高校思政课教学改革创新发展的催化剂，而新手思政课教师因时而变、因势而新、因人而异不断更新教学理念、创新教学手段以上好思政课的过程，就是不断推动高校思政课教学改革创新发展、不断释放思政课教学改革活力的过程。

新手思政课教师上好思政课是更好落实以生为本教育理念，助力学生成长成才的重要力量。"思想政治教育的工作对象是'人'，目的是如何尊重并发挥人这一根本的属性和价值。""在思政课教学中，人更应作为尺度而存在。"因此，新手思政课教师在教学工作开始之初就要准确把握"人"在思想政治教育工作和思政课教学中的本质与主体地位。在思政课教学中应以教师与学生的良好互动为基础，依据学生主体的时代特点、实际需求和发展需要展开教学，并将学生的获得感作为评价思政课教学效果的重要指标。对于大学生来说，大学不仅是学习专业理论知识、掌握一技之长的学术殿堂，也是进一步明确理想信念与目标、提高人文素养、完善独立人格、探索人生道路方向的人生修养大学堂，而思政课是其中不可或缺的重要组成部分，好的思政课能够让大学生心中理想信念的种子生根发芽，能够成为大学生提高综合素质、成长成才的重要思想动力。因此，新手思政课教师必须坚持以生为本，真正上好思政课，真正使思政课发挥好、承担起新时代育人育心育才的使命，助力大学生成长成才。

新手思政课教师上好思政课是满足学生需要、对学生负责的必然要求，也是熔铸立身之本、发展之基，谋求自身长远发展的关键。"教师作为履行教学职责的专业人员，其本职工作要以教学和培养人才为中心。"那么对于高校新手思政课教师来说，对学生负责就意味着要在教学上下真功夫、苦功夫，通过教学研究创新融合专业知识与教育教学实践，通过理念方法创新优化教学实效，从而提高思政课教学质量及其思想渗透力、影响力、引领力，真正把思政课上好，把思想理论讲深讲活，让思政课能够满足学生的精神需要并成为学生成长发展的思想引领和精神动力。而这一过程既是新手思政课教师通过广泛而深入的学习实践提高教学能力、专业素养、知识技能进而成长为一名优秀思政课教师的必经之路，也是新手思政课教师筑牢专业与职业发展基石，行稳致远追求个人长远发展的关键。

二、什么是好的思政课

新手思政课教师要想上好思政课，就要对思政课的本质以及什么是好的思政课等基础性问题有清晰准确的理论认识和把握，然后才能够在思政课教学实践中坚持目标导向，找准着力点和努力方向，并以理论规律指导教学实践，实现理论与实践的良性互动，从而达到上好思政课的最终目标。

习近平总书记在中国人民大学观摩思政课智慧教室现场教学时指出："思政课的本质是讲道理，要注重方式方法，把道理讲深、讲透、讲活，老师要用心教，学生要用心悟，达到沟通心灵、启智润心、激扬斗志。"结合这一科学论断提出的特定语境来理解其深刻内涵，其中"思政课的本质是讲道理，意在强调思政课教学过程的本质是讲道理"，则在整体上强

······

调了新时代思政课教学过程的理论性、思想性、浸润性和亲和力。也就是说思政课教学过程要围绕立德树人根本任务，深刻把握"讲道理"这一本质，把"马克思主义为什么行、中国共产党为什么能、中国特色社会主义为什么好"的中国道理讲清楚；把"世界怎么了、人类向何处去"的时代道理讲清楚，还要把"坚定什么样的理想信念、成为什么样的时代新人"的人生道理讲清楚。那么，思政课教师作为思政课教学过程的组织者和实施者，要在思政课教学过程中把这些道理讲好、讲深、讲活，保证教学过程的理论性、思想性、浸润性和亲和力，真正把思政课上好，就必须在筑牢专业理论根基、深化时代问题研究的基础上，不断强化教育教学理论知识和实践技能，以巧妙有序的教学设计依托深入浅出、简明深刻的理论讲解，并以生活化、时代化、年轻化的教学语言赋予思政课堂生机和活力，进一步增强其趣味性、吸引力。习近平总书记的这一论断既是对新时代思政课本质规律的深刻阐明，对新时代思政课教师上好思政课的明确要求，也清晰指明了新时代思政课教学实践应该达到的目标，更成为新时代上好思政课、实现思政课教学创新式发展的根本遵循。

"办好思政课关键在教师，关键在发挥教师的积极性、主动性和创造性。"首先，好的思政课是教师能够把政治强、情怀深融入扎实学识，在教学过程中做到政治性与学理性相统一，把中国道理讲清楚。"政治引导是思政课的基本功能。"思政课教师的一切教学实践首先是为了厚植新时代青年爱党爱国的信念情怀，要引导青年学生坚定正确的政治立场，始终拥护党的领导并立志为中国特色社会主义事业奋斗终身。而"中国共产党人的理想信念是建立在马克思主义科学真理揭示的人类社会发展规律之上的"，历史和人民选择中国共产党更有其深刻的历史必然性，是以思政课教师讲爱党爱国便不能干巴巴地只讲爱党爱国，而要以透彻深入的理论分析和事实讲解为支撑，以理论的科学性、历史选择的必然性来说服学生、引导学生。这也就要求思政课教师不仅自身要具备坚定的政治立场信仰，过硬的政治素质，扎实的理论基础、学识见解，更要透析理论，挖掘事实

······

讲解，把"马克思主义为什么行、中国共产党为什么能、中国特色社会主义为什么好"的中国道理讲清楚，使青年学生知其然亦知其所以然，自觉坚定政治立场并践行爱国之实。其次，好的思政课是教师能够把思维新、视野广融入扎实研究，在教学过程中做到建设性与批判性相统一，把时代道理讲清楚。在新时代背景下，面对世界百年未有之大变局，面对中国战略发展格局的深层调整，面对社会中层出不穷的热点问题和事件，思政课与思政课教师作为广大青年学习认识世界发展格局、正确理解我国方针政策调整的深层内涵以及正确对待社会各种现象的主渠道，思政课教师必须做到思维新、视野广，与时代共进步，并以回应现实问题为目标积极投入教学研究，进而以扎实研究回应时代关切，丰富教学理论支撑，把时代道理讲清楚。最后，好的思政课是教师能够把自律严、人格正融入教学实践，在教学过程中做到显性教育和隐性教育相统一，把人生道理讲清楚。培养新时代青年明大德守公德严私德的道德情操、教育引导新时代青年走好成长成才的人生道路，既需要思政教师以极具启发性和教育意义的优秀道德模范作为案例进行显性教育，把为人处世的道理准则讲清楚，也需要教师自身为人正、德行高，在日常教学中潜移默化地影响和教育学生。

好的思政课以教师过硬的教育教学能力为依托。首先，好的思政课离不开教师高度的教学责任意识。对学生负责、对教学负责、对工作负责的高度责任意识是思政课教师为上好思政课不断取长补短、坚持学习、追求进步的重要内在动力，也是好的思政课不可或缺的重要基石。其次，好的思政课离不开教师严谨扎实的备课过程。一方面，好的思政课必然是思政课教师备课充分的结果，从学情分析到教学内容、教学思路、教学重难点、教学组织形式的确定，再到教学方式手段的选择，既需要思政课教师反复斟酌、仔细思考每一个环节，也需要宏观把控教学逻辑、教学效果，这也对新时代思政课教师充分利用网络资源和新媒体手段创新组织教学能力提出了较高要求。另一方面，好的思政课需要思政课教师不断反思，在教学实践中不断总结经验，并进行教学研究，只有这样才能够更有针对性地提升教学能力和课堂实效，真正把思政课上好。最后，好的思政课离不开教师简洁精准而又生动的教学语言。面对 00 后大学生，思政课教学的话语体系也要因时而进、因势而新，简洁精准而又生动的教学语言是增强思政课教学趣味性、亲和力、吸引力和实效性的重要方面，也是好的思政课的灵魂所在。

三、上好思政课的路径构建

基于对思政课本质的认识和"什么是好的思政课"这一关键问题的回答，当前新手思政课教师在上好思政课的过程中普遍存在以下几个方面的问题。一是政治站位不高，对上好思政课的重要意义认识不足。近年来虽然党和国家高度重视高校思政课的发展，高度强调办好思政课的重要意义，但思政课是"水课"的"共识"仍然普遍存在，部分新手思政课教师也因受到这一思想的影响而不重视思政课教学，虽然理论上清楚上好思政课的重要意义，但在实际的思政课教学中却存在敷衍了事的态度，教学责任意识明显不足，自主教学发展意识不强。二是理论基础不扎实，知识储备有限，综合素质有待进一步提高。思政课的本质是讲道理，要把道理讲清楚，思政课教师必须以扎实的专业理论功底为根基，以渊博丰富的科学人文知识为补充，才能够有原则、有方法而又游刃有余、有新意地以理服人。但是对于新手思政课教师来说，虽然专业理论知识掌握较好，但科学人文知识较为匮乏，且仍面临着如何把专业理论知识较好转化为教学知识的难题，因此对于新手思政课教师来说，要把思政课中的道理讲清楚还需要在提高自身的知识储备和综合素质能力上狠下功夫。三是缺乏系统的教育教学理论知识，组织实施教学能力弱。不谋全局者，不足以谋一域。对于新手思政课教师来说，系统掌握教育教学理论知识、完整践行教学全过程从而形成对思政课教学的宏观思维是其今后能够在思政课教学过程中有的放矢的重要基石。一方面由于新手思政课教师大部分没有系统接受过相关培训，另一方面由于其自身主动学习相关理论知识的自觉意识不强，往往导致教育教学理论知识的严重不足，对于日常教学中遇到的问题难以从理论高度认识解决，在课前进行教学设计、课中组织教学和课后进行教学反思的过程中存在较强的盲目性和自发性，教学能力亟待提升。四是情怀不深、人格魅力不强。正所谓亲其师才能信其道，思政课教师的人格魅力、亲和力和感染力来自其深沉的信仰情怀、对学生的仁爱之心和渊博丰富的知识储备，是增强课堂实效、让理想信念入脑入心的重要影响因素。对于新手思政课教师来说，这是从"新师"到"经师"再到"人师"的跨越，是努力的方向和目标。

基于新手思政课教师上好思政课的问题与困境，本文试图从外部环境与自身发展两个角度来探索构建新手思政课教师提升教学能力、上好思政课的路径，助力其成长发展。

高度重视并加强高校新手思政课教师培养工作是新时代推进思政课教师队伍建设高质量发展的一项系统工程，是切实提高高校思政课实效性的重点工作，高校党委与马克思主义学院要系统规划、统筹推进，切实承担起新手思政课教师培养的主体责任，多措并举提高新手思政课教师的教学能力、综合素质。首先，学校党委和马克思主义学院要从思想上高度认识加强新手思政课教师培养工作的重要意义，高度重视思政课教学工作，要求新手思政课教师的工作重点首先是上好思政课，增强其教学责任意识，从而使其将更多精力集中于教学和提高教学能力上。其次，系统构建培训机制，明确新手思政课教师培训目标，基于新手思政课教师在教学过程中面临的实际难题和困境，通过专题培训有针对性地系统提高新手思政课教师的教育教学理论知识和实践技能。一方面可以通过为新手思政课教师一对一配备教学能力强、经验丰富的教学导师来帮助其快速提高教学能力，另一方面还可以通过完善思政课教学激励制度，如把教学能力、优秀教学奖项作为新手思政课教师职称晋升、提高薪酬、评优评先的重要依据来激发新手思政课教师教学教研的积极性、主动性，使之成为新手思政课教师提高教育教学能力的重要动力。再次，要为新手思政课教师提高教学教研能力提供多样化的渠道和平台，可以通过定期进行思政课集体备课、优秀思政课评选、新手思政课教师交流会等活动来为新手思政课教师提供教学实践展示的平台，为新教师与经验丰富的前辈研究探讨教学心得提供畅通渠道。最后，要高度重视新手思政课教师政治素养的提升，要求新手思政课教师能够不断深入学习领会党和国家最新的理论知识并将其有效融入课堂教学，立足时代，以教学研究和理论研究回应时代关切，并做到关爱学生，修身养德，以个人魅力影响人、教育人。

新手思政课教师自身是其提高教育教学能力、上好思政课的第一责任人。作为新手思政课教师，首先，要通过深入的政治理论学习做到政治强、情怀深，通过不断学习领会新时代上好思政课的重要意义，摒弃对于思政课的错误认识，端正教学态度，高度重视上好思政课的作用和影响力，并将其视为催人奋进的精神动力。其次，要深刻意识到肩上的育人之责，形成不断提高教学能力、发展教学技能的自觉意识，以成长为一名政治强、情怀深、思维新、视野广、人格正、业务精的优秀思政课教师为目标，坚持"八个相统一"，以高度的理论自觉、实践自觉筑牢思想理论根基、练就教学实践本领，以德立身，以理育人，以情动人，以课服人，下真功夫、苦功夫，真正上好思政课。再次，新手思政课教师要以教学实际需求为导向。一方面，要通过反复阅读马克思主义经典文献、学习党的最新思想理论创新成果来夯实专业理论根基。通过联系实际深入思考研究理论是通过怎样的过程实现转化与创新发展的，不断深化理论功底，做到课下把理论研究透彻，课上把道理表达清楚。另一方面，要在"深究"的基础上，广泛阅读以不断拓展丰富自身的科学人文知识，关切社会时代以保持开阔创新视野，从而做到广征博引丰富思政课堂，追随时代创新思政课堂，使思政课堂丰富生动而充满时代气息，既能吸引人更能教育人。最后，新手思政课教师要在系统学习掌握教育教学理论知识的基础上，实现教学实践与教学理论的良好互动，练就过硬教学本领。新手思政课教师首先要以严谨踏实的态度进行备课，基于深入的学情分析和教学内容分析，明确教学目标和重难点，依据课程内容特点和学生互动情况设计教学组织形式，考虑如何在充分发挥教师主导作用的同时尊重学生学习的主体性和积极能动性，教学设计要做到严谨周密；课堂教学过程中要高度重视教学语言的简洁性、准确性和生动性，能够巧妙处理教学设计之外的突发情况，对于学生的困惑或出现的模糊思想要及时给予正向引导，合理把控教学节奏；课堂结束后要及时反思，就课程中出现的不足及时处理解决，并能够结合教育教学理论知识进行教学研究和反思，实现教学实践与教学理论研究创新的良性互动。新手思政课教师不仅要自学，更要能够通过参加相关培训、与经验丰富的教师进行交流、参加教学比赛等拓宽视野，锻炼能力，学习借鉴优秀经验，助力自身的成长发展。

参考文献

[1]《习近平总书记教育重要论述讲义》编写组.习近平总书记教育重要论述讲义［M］.北京：高等教育出版社，2020.

[2] 刘建荣，冀景.主体间性视角下大学生思政课教育教学改革探索［J］.重庆科技学院学报（社会科学版），2019（5）：98 – 101，112.

[3] 万成.以人为本："大思政课"理念的人学省思［J］.中国矿业大学学报（社会科学版），2022，24（2）：104 – 115.

[4] 姚利民.论大学教育以人为本［J］.现代大学教育，2005（6）：67 – 70.

[5] 习近平在中国人民大学考察时强调　坚持党的领导传承红色基因扎根中国大地　走出一条建设中国特色世界一流大学新路　王沪宁陪同考察［J］.思想政治工作研究，2022，458（5）：4 – 6.

[6] 兰美荣，卢黎歌.论"思政课的本质是讲道理"［J］.北京工业大学学报（社会科学版），2023（3）：46 – 53.

[7] 办好思政课关键在教师［N］.人民日报，2019 – 03 – 20（1）.

[8] 田心铭.谈谈我对怎样上好思政课的认识［J］.思想理论教育导刊，2022（2）：4 – 12.

主体性教学模式在高校思政课
教学中的实践与思考

——以"中国近现代史纲要"课程为例*

严兴文

摘　要：主体性教学模式是在特定的教学环境下以教师和学生为主体的双向对象化活动的教学模式，是对传统教学理论的继承和超越的一种教学模式。在高校"中国近现代史纲要"课程教学过程中运用这种模式进行教学具有充分调动主体的积极性、体现教学民主氛围和培养学生的创造性思维等优势，但也存在因教学内容多、班级人数多而使主体性教学功能优势难以发挥等问题，因而本文提出组员相互评价、建立教学交流平台等方式进行改进。

关键词：主体性教学模式；高校；"中国近现代史纲要"课程教学；实践与思考

"推进改革创新，必须按照习近平总书记的要求，遵循思想政治工作规律，遵循教书育人规律，遵循学生成长规律，沿用好办法，改进老办法，探索新办法，使思想政治工作始终贴近青年，润物无声地给学生以人生启迪、智慧光芒、精神力量。"[1]这些年来，我们在高校"中国近现代史纲要"（以下简称"纲要"）课程推进主体性教学改革是落实习近平总书记关于思想政治工作改革创新方法要求的最好解读。

自 2006 年"纲要"课程根据"05 方案"开设以来，我们有个别教师采取教师和学生双主体教育教学这种新的理念和教学模式——主体性教学

＊　本文原载于《韶关学院学报》2017 年第 11 期，收入本书时有修改。

模式,它是"教师和学生通过交往活动而在与课程内容之间发挥和建构双方主体性的双重双向对象化活动"[2]。从 2010 年下半年开始,我们把这种经过实践探索检验普遍受学生欢迎的、能提高思政课教学水平的新的教学模式上升到整个马克思主义学院(原称思政部)进行推广,并投入经费进行理论和实践探索。经过近些年的实施和改革,取得了较大成效,为思政课教学改革注入了生机和活力。现就主体性教学模式在"纲要"课程教学的实践运用中进行思考。

一、主体性教学模式在"纲要"课程教学中的实践体验

根据马克思主义学院工作部署,自 2010 年下半年开始,主体性教学改革在思政课中轰轰烈烈地开展,在全校产生了较大反响。我们以"纲要"课程教学班级为平台、以"纲要"课程内容为载体进行主体性教学改革,具体做法如下:

(1)共同协商,确定选题。爱因斯坦曾说过:"提出一个问题,往往比解决一个问题更重要。"发现问题、提出问题,首要的和最主要的是为了解决问题,解决问题对主体性教学而言就是如何选好选准题目。选好选准题目,决定该课堂主体性教学的价值和效用,规定该课堂主体性教学的方向、角度和规模,保证该课堂主体性教学的顺利实施,从而起到事半功倍的作用。为了更好地确保主体性教学实施,首先,在每年开设"纲要"课程学期的第一周里,我们基本上用一节课时间来讲解主体性教学模式的内涵、特点和类型,目的是让学生对主体性教学改革有一个较为细致的了解;其次,要求每位学生或几位学生根据当今热点或纪念节点以及所学专业的特点,拟写与教材内容有关的自身感兴趣的选题,要求在第二周上交;最后,教师在学生提交的主体性教学选题基础上进行审阅筛选,并与学生共同协商,提炼和确定符合或比较符合学生实际的选题,在第三周或

第四周公布该班的选题。如 2012—2013 学年第二学期"纲要"课程提供 9 个选题，2013—2014 学年第二学期"纲要"课程提供 7 个选题，2016—2017 学年第二学期"纲要"课程提供 5 个选题。

（2）认真修改，把好质量。根据班级大小的实际情况进行分组，如 2012—2013 学年第二学期"纲要"课程班分成 9 个组，组员由各班班长和学习委员根据各班级实际情况确定，一般每组 6～8 人，各自选择喜欢的选题。确定选题后，各小组成员根据组员能力爱好进行具体分工备课，经过一段时间（一般需 4～5 周）的准备后，要求学生把做好的备课内容即课件和教案发给任课教师进行审核，在任课教师提出意见和建议的基础上再进行修改，直至教师认可为止。未经教师审核修改和认可的不得上台讲课。这么做的目的有二：一是严把质量关。学生提交的教案和课件质量因水平、努力程度不同而参差不齐、良莠难辨，因此需严把质量关，防止有的学生马马虎虎、随便应付，同时还要谨防知识性错误。二是严把政治方向关。在鱼龙混杂、价值取向不同的资料面前，在对待大是大非问题上辨别能力有待提高的学生面前，教师紧紧把住政治方向的关口，防止方向性颠覆性错误，是学生主讲型主体性教学模式成功的关键。

（3）登台表演，精彩纷呈。在做好前面工作的基础上，就让学生登台表演，采用的教学模式主要有：一是学生主讲型教学。让学生上台讲述那些为民族伟大复兴做出卓越贡献的历史人物，并通过史实加以展示，让学生真正感受到仁人志士为民族的伟大复兴而做出的不懈努力。二是情景模拟型教学。任课老师在教学中重视还原历史场景，让学生真正触摸和感受中国近现代史的复杂历程。如在课堂上组织学生以小组为单位进行历史情景模拟，穿越时间隧道，回到 1890 年的清朝，扮演那位可怜的光绪皇帝，看看有没有办法在短短几年中扭转乾坤，改变中国在甲午战争 1894—1895 年屈辱的失败命运。通过情景模拟，让学生意识到当时的中国不变法不能图强，不变革就无法探寻复兴路。三是辩论型教学。在任课老师指导下，提出问题，组组之间生生相互辩论。如在 2013 年笔者任教计算机学院信息管理班和政治与公共事业管理学院行政管理班时，曾进行辩论型教学尝试，题目一是"三十多年来的改革开放是一百多年前由洋务运动肇始的民主革命的继续？"题目二是"从社会改革视角看，辛亥革命是成功了还是失败了？"设正反双方，每个选题都按正规辩论赛方式进行。在辩论过程中，双方辩手唇枪舌剑，你来我往，争论激烈，获得同学们阵阵掌声。随后台下同学还与台上辩手进行非常精彩的互相辩论，前后有二十余人参与其中。通过正反双方激烈的交锋与碰撞，不仅满足了学生指点江山、品味历史的愿望，而且使学生在辩论中明辨是非、升华思想，培养正确的历史观和历史意识，认清自己所承担的民族复兴的历史使命。四是演讲型教学模式。这种模式一般是利用重大纪念活动如青年节、建党节前夕来开展以学生为主体的演讲活动，激发学生爱国主义情感，使其树立坚定的理想信念。同时还让学生开展读书笔记座谈会，如当"纲要"课程讲到第五章时，就给学生出了一个题目：谈谈中国共产党在民主革命时期反对教条主义的主要历程，并开列出一批要求学生阅读的经典原著书目，主要包括《反对本本主义》《胡乔木谈中共党史》《中国革命战争的战略问题》《改造我们的学习》等，学生通过阅读这些书目，然后登台谈谈体会，这是主体性教学方式的拓展和延伸。

（4）共同点评，共同评分。在学生授完课后，首先让学生自己总结，互相评述，互相讨论，这样可以让更多学生更好地参与每一主题的教学，否则，有的学生就会只顾自己小组，不顾其他，同时也可让主讲学生知道其优劣所在。在此过程中，教师应参与其中进行讨论并引导。其次是在学生互评的基础上，由教师仔细认真地点评。最后由班级原来选出的评分小组当场评分亮分。

（5）撰写体会，总结升华。每学期开展主体性教学后，都要求学生写心得体会。写心得体会，一是了解学生参与度，看看哪些学生真正参与了主体性教学，哪些学生没有参与；二是了解学生对主体性教学的建议，他们是组织者、参与者，对其中的酸甜苦辣最有发言权。学生通过撰写心得体会，思想得到进一步升华，他们的建议为进一步推进主体性教学改革提供参考。

二、"纲要"课程推进主体性教学改革的作用和优势

"纲要"课程推进主体性教学模式改革，有利于拓宽知识视野，极大地调动学生和教师双向主体的主观能动性，其作用和优势表现如下：

（一）有利于充分调动主体的积极性

在主体性教学中存在着两个主体，即教师和学生。这两个主体既是教学活动的发动者，也是教学活动的承担者，他们只有通过现实的教学活动，才能真正地体现出来，才能发挥自己的主观能动性，达到二者的统一。

一方面，充分调动了学生主体的积极性、创造性。在主体性教学活动中，学生以小组为单位，通过组员分工，有的查资料，有的做教案，有的做课件，然后汇聚小组力量梳理、整合材料，修改教案和课件，最后上台讲演，充分感受到自己辛勤付出的价值，感受到来自同学的掌声，一种成就感、荣誉感和幸福感油然而生。这种感觉使他们由被动学习变为主动学习，从而也更加积极主动地投入学习之中，充分调动学生学习的积极性，使学生成为学习的主体、学习的主人和课堂的主人，同时，也转变他们对思政课的看法和态度，正如有同学说，"从学生的角度看，思政课主体性教学一定程度上激发了同学们学习思政课的积极性，也转变了一些同学对于思政课的态度。"

另一方面，也充分调动了教师的积极性。常言说："要给学生一杯水，老师要有一桶水。"这句话在信息高速发达、社会快速进步的今天仍有它的特殊价值，这就要求教师不但要有丰富的知识和经验，而且还要随着时代发展，通过各种渠道不断学习，更新知识，汲取时代的"源头活水"，

这样，教师才能及时地了解学生在思考什么、需要什么，才能更好地指导学生。因此，指导好学生、修改好学生的教案和课件倒逼教师认真学习，认真查阅各种资料，从而也充分调动了教师的积极性。除此之外，判断教师用功程度的一个重要标准就是点评学生主体性教学时的水平，富有哲理、深刻中肯、鞭辟入里的教师点评，对学生成长帮助极大，可使学生终生难忘，这也必须充分调动教师的积极性。

（二）有利于充分体现教学民主氛围

教学民主或民主教学是指师生之间、生生之间以平等身份在教学过程中就某一问题进行讨论争论、发表不同见解的一种教学方式。在"纲要"课程主体性教学活动中如何营造教学民主氛围呢？

一是做到教师和学生在人格上真正平等。在课堂教学中，教师要充分尊重和信任学生，并以平等、包容的心态与学生一起讨论探究问题，以形成良好的师生合作气氛，促进教学民主。

二是使生生之间做到相互尊重。主体性教学的一个重要特点就是分工协作，互帮互助。这就要求在主体性教学中大家要相互尊重、相互帮助、团结合作，形成团结互助、奋发向上的学习气氛，形成良好的人际关系。

（三）有利于培养学生的创造性思维

任何教学活动，其核心目的都在于培养学生的创造性思维。在"纲要"课程主体性教学中，学生的创造性思维是以探究问题和阐析问题为特征的。问题是推动创新发展的原动力。有问题，才会去思考解决方法。那么，问题从何而来？一是源于对教学内容中的重要问题思考设疑，如2015年修订版的《中国近现代史纲要》第39页中有"中日甲午战争以后，中国人民的民族意识开始普遍觉醒"一句，因而提出疑问：为什么说中日甲午战争以后中国人民的民族意识开始普遍觉醒？并且延伸设疑：中国人民的民族意识初步觉醒和完全觉醒分别是什么时期？为什么会有这样的觉醒？二是结合近现代史中的一些问题，联系当今社会实际设疑。如联系当下党和国家领导人的重要讲话设疑，如联系习近平总书记在建党95周年的讲话内容设疑：为什么中国共产党的产生"深刻改变了近代以后中华民族发展的方向和进程，深刻改变了中国人民和中华民族的前途和命运，深刻改变了世界发展的趋势和格局"[3]，等等。这些历史与现实问题的提出，不仅促进学生进一步理解和掌握有关历史知识的基本内容，而且能够很好地激发他们的思考兴趣，提高他们分析问题、解决问题的能力。特别是对相关问题的激烈争论讨论，不时地碰撞出智慧的火花。这种讨论启发了学生思维，激发了学生探究性的学习兴趣，从而培养了学生的探索精神，使学生的创造性思维能力不断提高。

三、"纲要"课程推进主体性教学改革中存在的问题与思考

"纲要"课程主体性教学虽能调动学生的主动性、创造性，但也给我们常规教学安排带来一些问题，主要有：一是教学内容多。"纲要"课程内容时间跨度大（从1840年至今）、内容多、课时少（按教育部规定只有36学时），这是四门思政课中课时最少的一门，若再安排主体性教学会使教师难以按时完成教学任务。二是教师工作量骤然增大。因学生水平参差不齐，给小组合作以及生生、师生之间交流带来一定困难，教师除常规教学备课外，不但要花时间与学生沟通协调，而且还要不断修改学生的讲稿、教案、课件，这无疑增加了教师的工作量。三是班级大，使主体性教学功能难以发挥。许多高校思政课因各种原因未能按照教育部规定的生师比配置思政课教师，造成思政课教师严重不足。为了完成教学任务，许多高校思政课教学班级普遍偏大，少则上百人，多则两三百人。班级大造成分组不宜过细，这为有的学生在主体性教学中蒙混过关提供可能性，从而

就学生个体而言未能很好发挥主体性教学功能。我们今后需认真思考以下问题：

一是在主体性教学打分时建议组内成员之间互相评价。在主体性教学中，因主体性教学小组长要协调、布置任务等，付出较多的精力和时间，也因主讲学生不但要参与教案和课件制作全过程，而且要登台讲课，付出的劳动有目共睹，因而教师在同等条件下一般会给他们加分，其他同组同学一般予以相同分数。其实，在同一小组中除小组长和主讲学生外其他组员的分工不同，其对教案和课件的贡献率亦不同。在教师很难知道组员贡献率的情况下，可采用组员之间互评的方式，促使小组成员之间互相督促，这样可以让幕后英雄得到重视，让南郭先生式的人物占不到便宜。为此，可采取这样的公式进行计算：某学生主体性教学得分（A）＝教师给整个小组打的总分（B）× 每个学生在其小组中的贡献率（C）（一般以 5% 为一个级差）。

二是增加主体性教学所占成绩和课程比例。自 2010 年下半年主体性教学模式在马克思主义学院推广实施以来，我们对学生成绩考核做了相应的调整，即增加平时考核成绩比重，降低期末考核成绩比重。具体做法为，平时考核成绩所占比重从 2010 年以前的 30% 提高到 2013 年的 40%，到 2014 年时又从原来的 40% 提高到 50%，一直沿用至今。而现行的学生"纲要"课程平时总成绩一般由下面几部分组成：平时上课出勤率占 10%，学生主体性教学成绩占 25%，实践教学论文占 15%。也就是说，期末考试成绩只占 50%。据调查，许多学生认为期末考试并不重要，而且认为考高分也不难，如有的学生说，"思政考试一般为开卷考试，只要知道一下范围，熟悉熟悉课本，考高分也不见得很难。"在这种情况下，提高平时成绩所占比例，加大主体性教学成绩在平时成绩中的比例实有必要，因为在现行的平时成绩结构比例 50% 中，除平时作业、实践教学论文（课堂作业）等外，实际上主体性教学在整个成绩中所占比例只有 25%，这不能很好地体现它对这项改革的重要性，也不能使学生认识到这项改革的重要性。因此，个别教师在征得部门及教务处同意后，在其任课班级中把平时成绩比例提高到60%甚至70%进行实践探讨，从而提高主体性教学成绩，并取得一定实效。

三是建立学生主体性教学交流的平台。在每次主体性教学中，我们可以安排教师或学生将教学过程拍摄或记录下来，这样可挑选一些精彩的主体性教学内容放到相关网站，供学生参考、交流，以实现资源共享，为主体性教学打下更坚实的基础。

参考文献

［1］沿用好办法　改进老办法　探索新办法：三论学习贯彻习近平总书记高校思想政治工作会议讲话［N］.人民日报，2016－12－11（1）.

［2］和学新.主体性教学：内涵与特征［J］.中国地质大学学报（社科版），2001（3）：44－50，59.

［3］在庆祝中国共产党成立95周年大会上的讲话［N］.人民日报，2016－07－02（2）.

主体性教学模式在思政课教学中的应用

——以"中国近现代史纲要"课程为例

薛晓芳

摘　要：主体性教学主要是针对教学中忽视学生的主体性这一弊端提出的，并不是对以往一切教育思想的批判与否定。作为一种新的教育思想，是对传统教育的继承和超越。本文以"中国近现代史纲要"课程为例，通过主体性教学在其中的实施，认识到主体性教学是如何充分发挥各种教学方法的优势，最大限度地发挥教学方法综合效益的教学模式。

关键词：主体性教学；中国近现代史纲要；民主

当今，素质教育是基础教育改革的主旋律。素质教育是一种面向全体学生，提高每个学生的基本素质，使之成为社会有用之才，"以育人为本"的教育；是一种弘扬学生主体性，注重开发学生的智慧潜能，注重形成人的精神力量的教育。近年来提出的"主体性教学"正是推行素质教育的一种先进的教学思想和教学方法。在思政课教学中，只有充分贯彻"教师为主导，学生为主体"的教学原则，不断优化教学结构，才能发挥思政课在素质教育中的作用。

一、主体性教学的诠释

主体性教学一直以来是人们不断探索和实践的热点问题。早在我国春秋时期，伟大的思想家、教育家孔子就认为，理想的教育并非教师把现成的知识传授给学生，而是强调"因材施教"与"循循善诱"等丰富的教育教学原则，这被认为是主体性教学模式的萌芽。在近现代，世界上教育思想流派有很多，在教学论方面，有美国斯金纳的程序教学论、布鲁纳的结构课程论，苏联赞可夫的发展性教学论、巴班斯基的教学过程最优化理论，德国瓦·根舍因的范例教学论，等等。综观之，支撑近现代教学论整个思想体系的核心都集中在如何在教学过程中构建学生的主体地位上。同时，在争论的焦点由"物"移到"人"的当今社会，建立国家创新体系和培养创新型人才已成为当务之急，创新型人才的培养，切入点在哪里呢？笔者认为应在主体性教育上，尤其表现在主体性教学中。然而，在实际工作中，"教师为主导，学生为主体"的教学原则虽已被广大教师所认同，但由于"以教师为中心"的传统教学思想根深蒂固，教师时常越位，从而无法突出学生的主体性。因此，为适应时代要求，完善我们的教学，教师在设计课堂结构、组织课堂教学时，要在突显学生的主体性上下功夫。本文拟就主体性教学的基本内涵，探讨其在思政课中的意义及实施模式。

二、主体性教学特征的诠释

主体性教学主要是针对教学中忽视学生的主体性这一弊端提出的，并不是对以往一切教育思想的批判与否定。作为一种新的教育思想，是对传统教育的继承和超越。其核心是强调承认并尊重受教育者在教育活动中的主体地位，将受教育者真正视为能动的、独立的个体，以教育促进他们主体性的提高与发展。思想政治主体性教学模式正是在主体性教学理念指导下构建的，它是指在教师的激励和组织下，为每位学生提供展现个性和发挥才能的机会，最大限度地激发学生的内在动力，促进学生自主学习、自主求知、自主发展的互动过程。主体性教学应具备以下主要特征：

1. 目的的层次性

主体性教学要求充分尊重学生的差别，因材施教。大学生正处于形象思维已趋成熟，抽象逻辑思维逐步发展的阶段，由于先天因素和所受教育的不同，学生的智力与非智力因素的发展速度有快有慢，表现出来的层次也有高有低。因此，教育者在制定教学目标时，要体现出层次性，兼顾不同发展水平学生的生命成长需求。具体到一堂课中，教育者不仅要制定好认知方面的层次性目标，还要注意思想政治情感、意志锻炼与行为养成方面的培养目标。

2. 过程的参与性

主体性教学要求让学生充分参与课堂教学。实施主体性教学，核心问题是要改革传统的教师主宰课堂的模式，要制定培养学生具有较强的自主学习能力的教学目标，尽量让学生自主学习，培养学生的自主能力，构建教师与学生互动、学生与学生交流、共同参与课堂活动的新模式。我们评价一堂课成功与否，并不是单纯看教师讲授水平的高低，学生的参与度也应是一个重要指标。

3. 氛围的民主性

民主平等的人际关系，是学生主体性发展的前提。营造民主、自由的教学氛围，教师与学生相互尊重，团结协作，不包办、不强制不同情况的学生同向发展；同时坚信每个学生都有发展的潜能，认真研究每个学生的发展长项，努力为每个学生提供均等的学习机会和发展空间，做到"有教无类"。在课堂中，教师既要庄重严肃，又要把微笑带进课堂，多理解学生，尊重学生的人格，宽容他们的一些过失，尤其要允许学生提出不同的见解。这样，学生既尊重老师，又愿意接近老师，在课堂中就自然形成充满信任、尊重、和谐的民主教学氛围。

4. 形式的竞争性

"生动、活泼、主动发展"是素质教育的主题。开发学生潜力，促进素质教育目标的实现是主体性教学的内在要求。竞争性的环境是激发学生潜能的外在要素，在教师的正确引导下，学生在与同伴的比较中寻找差距、正确归因，这是把竞争压力变成学习动力的基础。教师对竞争环境的营造极为关键，在适当的竞争环境中，学生争先恐后地求进步，无疑会极大地调动他们的积极性、主动性。这里我们强调竞争，并非忽视合作，竞争与合作是相辅相成、不可分割的。竞争与合作都不是目的，二者只是达到教学目的的手段，在教学实践中，要使竞争与合作保持合理的张力，服务于学生的生动、活泼与主动发展。

5. 方法的多样性

为真正实现让每个学生参与课堂，实施主体性教学，教师不应局限于讲授这种方法。每种教学方法都有其适用范围、边际界限和长短利弊，没有一种可以"包治百病"。因此，在实际教学中，我们就非常有必要把各种教学方法组合起来，形成一定的教学方法结构和体系，使各种教学方法相互补充、扬长避短。通过这种综合来弥补各种具体教学方法的局限，充分发挥各种教学方法的优势，最大限度地发挥教学方法的综合效益。

三、主体性教学实施模式设计与实施

以"中国近现代史纲要"（以下简称"纲要"）课为例，中国近现代史就是一部先进的中国人以民族的复兴为己任的"逐梦史"。显然，要在"纲要"课堂专题教学中突出民族复兴的主题主线，将"中国梦"融入"纲要"课教学中，还必须依据"纲要"课的特点，加强主体性方法的研究，采取大学生喜闻乐见的方式方法。

1. 主体性教学主题的设计

"纲要"课主要是要认识近现代中国社会发展和革命、建设、改革的历史进程及其内在的规律性，了解国史、国情，深刻领会历史和人民是怎样选择了马克思主义，选择了中国共产党，选择了社会主义道路，选择了改革开放。[1]

课程内容涵盖了自鸦片战争以来的中国近现代史，时间跨度大、内容多、课时量相对较少，且与中学阶段历史课程存在重复的问题。如果泛泛叙事，则内容重复、空洞，缺乏典型性和吸引力。而且主体性主题不能与娱乐历史的花絮式展示相混同，它要通过生动的历史叙事，将重大历史事件、重要历史人物完整而准确地表现出来。所以主体性教学应该抓住历史进程中的重要事件和重要人物，将每课时的内容讲授切分为 3~5 个相对独立而又相互联系的模块。每个模块以连续性的叙事为线，以人物为枢纽，通过讲好中国故事的方式展现人物的性格特点和魅力，调动学生的情感，使学生获得理性的认知。这样一来，"纲要"课与中学近现代史课程内容的重复问题反而会成为一个优势，因为学生对历史史实已经具有了较完整的认识框架，教师只需将鲜活的人物和事件补充进来，即可帮助学生在头脑中形成立体的历史认知。

以"纲要"课第二章第三节主体性教学主题设计为例：

主题	内容	情感价值目标
"实权"如无权——维新支持者光绪皇帝戊戌变法失败的历史宿命	1. 介绍光绪皇帝与慈禧太后的关系 2. 从三个方面讲解光绪皇帝无实权的表现：儿时被控制、婚姻被操纵、亲政被束缚	从光绪帝的悲惨遭遇中认识其历史根源，从而认识到推翻封建主义的必要性
新酒瓶装旧酒——资产阶级维新派领导人（康有为）封建思想痼疾的作孽	1. 康有为尊崇君权 2. 康有为尊崇孔子 3. 康有为剪辫子 4. 组织保皇会 5. 支持张勋复辟 6. 康有为婚姻	以康有为为例，不难发现中国资产阶级的软弱与妥协性决定他们不能担当反封建的历史重任，所以要推翻腐朽落后的封建制度，必须有一个强有力的阶级，才能带领中国人民走向复兴
病入膏肓的顽症——戊戌变法远离人民大众	1. 举例：谭嗣同就义场面之民众的反应 2. 民众看戊戌变法之一二	人民群众的重要性，符合历史唯物主义的观点。深入群众、了解群众、尊重群众、支持群众的群众路线是把我们凝聚到一起而形成巨大合力，推翻三座大山，赢得民族解放，最终扬眉吐气的制胜法宝

· · · · · ·

2. 主体性教学模式的多样性

（1）学生主讲型教学。

任课老师公布章节授课选题，然后交由小组学生代表主讲，选题内容围绕着"复兴梦"展开，如挑选为民族伟大复兴做出卓越贡献的历史人物，让历史人物活跃在课堂的讲述中，并通过史实加以展示，让学生真正感受到这段仁人志士为民族的伟大复兴不懈追逐的"圆梦史"。

（2）历史情景模拟型教学。

任课老师在教学中重视还原历史场景，让学生真正触摸感受中国近现代史的复杂历程。如在课堂上组织学生以小组为单位进行历史情景模拟，穿越时间隧道，回到1890年的清朝，扮演那位可怜的光绪皇帝，看看有没有办法在短短几年中扭转乾坤，转变中国在甲午战争中屈辱的失败命运。通过情景模拟，让学生意识到当时的中国不变法不能图强，不进行变革就无法探寻复兴路。

（3）参与辩论型教学。

在任课老师的指导下，组与组之间围绕某一主题相互辩论。如：没有西方的殖民，东方是否将永远沉落？然后由学生搜集史料、深入分析后辩论。通过相互的交锋与碰撞，不仅满足了学生指点江山、品味历史的愿望，而且使学生在辩论中明辨是非、升华思想，培养正确的历史观和历史意识，认清自己所承担的民族复兴的伟大历史使命。

将"中国梦"融入"纲要"课堂教学中，通过运用巧妙、不僵化、不落窠臼、匠心独具的教学方法，引导学生在课程学习中主动解读"复兴梦"，进而认同"中国梦"，真正将个人梦融入"中国梦"，将个人理想融入社会主义共同理想。

3. 主体性教学结果的分析

（1）主体性教学确实有利于发挥学生的思维参与。

通过几个学期的主体性教学实践，笔者发现这种教学模式确实能够发挥学生思维参与，甚至是超前思维参与。从五个班的主体性教学实践来看，学生的思维参与确实使教师得到很大的启发。学生寻找的资料弥补了教师讲课中的不足，如2012级机制2班的第四小组主讲学生霍信恒，在讲到第三章的一个重点问题"百年话辛亥"时，就谈到辛亥革命中袁世凯的人物分析，这些对于教师以后的教学内容组织有很大的帮助。所以，发挥学生的思维参与注重了形式与内容的有机结合和统一。

（2）发挥学生主体地位，教师的主导作用不能丢。

以学生为主体并不是降低了教师的主导作用，而是对教师提出了更高的要求。发挥学生主体性作用，是强调学生的积极参与，但是不能忽视教师的主导地位。因为学生在教授中，他们的思维是发散的，重点不突出，情感价值上唯我独尊。而"纲要"这门课的教学目的是进行教学内容与情感价值相融合的教育，所以，教师要从基本概念、观点的传授到观念、信仰的确立予以引导。因此，在学生主讲型主体性教学中，怎样做到有张有弛、参与适度将是笔者以后努力的方向。

（3）有针对性地培养典型人物，树立学生队伍的领路人。

在学生主讲型主体性教学中，要在学生中树立典型人物，让他们在学生中发挥带头作用、启迪作用。所以，笔者也有意在班级中寻找具有带头作用的主讲学生和组长代表。如上文提及的霍信恒同学，责任心强，制作课件认真，讲课生动，这样的典型可成为其他小组的榜样。因此，发挥学生的模范带头作用，学生主体作用才有群众基础，才能持之以恒。

参考文献

[1]《中国近现代史纲要》编写组. 中国近现代史纲要：2018年版[M]. 北京：高等教育出版社，2018：2.

······

"中国近现代史纲要"课程主体性教学中教师的着力点探析

吴伯奎

摘　要："中国近现代史纲要"课程教学中必须发挥学生的主体性。增强课堂教学的时代感是教师激发学生主体性的关键着力点，要在把握教材主题的前提下，坚持历史主义的态度，提炼富有时代感的教学案例，使"中国近现代史纲要"课程的知识功能和价值功能得以发挥。

关键词：学生主体性；教师；着力点；时代感

"中国近现代史纲要"（以下简称"纲要"）是以历史为载体对大学生进行思想政治教育的一门课程。从人才培养的角度看，这门课程的意义显然十分重要，也取得了重要成绩。而从现实情况来看，这门课程自 2007 年开课以来又面临着自身的一些困境，在教学中主要体现为：一是教学内容历史性强而现实性弱，在课堂上容易停留在仅讲历史的层面上，注重课程的历史性，而忽视了教学的教育性；二是思想性强而趣味性不足，如果教师在教学中没有处理好教材与教学的关系，被教材局限，这样的教学容易让学生觉得老师在空洞地说教；三是教学手段理论性强而实践性弱；四是教学形式灌输性多而探究性少，主要采取课堂讲授的形式，师生间形成"你说我听，你问我答"的僵化局面。[1]在这种教学模式下，学生在学习过程中缺少自主性学习，学习方法呆板，主体地位未能得到体现。

发挥学生在课堂教学中的主体性作用是我国当前高等教育改革和推进素质教育的必然要求。高等教育人文社会科学理论课教学理论和方法的改革与创新，旨在围绕学生这一主体，使学生得到良好思维方法（多方位发散型）的训练、严密论证方法（逻辑演绎型）的启迪和深层次理论研究能力的培养。所以当众多教育工作者面对"纲要"课程教学的困境时，都不约而同地把目光聚焦于学生主体性的积极发挥上，进行众多主体性教学改革，并形成了大量积极有效的经验，这对于这门课程的教学和研究都不无裨益。本文在此基础上认为，学生学习兴趣的激发、课堂教学的活跃、教学内容的进一步把握、思想政治教育功能的发挥，其问题的关键在于教师增强"纲要"课程教学的时代感。通过历史和现实的紧密结合，让学生积极参与课堂教学，充分发挥其主体性作用，有效提升教学效果，实现育人铸魂的目的。

首先，激发学生的主体性参与，必须树立起学生主体和教师主导的共同意识。不能"在尊重'学生主体'原则的表面现象下，形式化地关注了'学生'而实实在在地忽视了'教师'"。现代教育中，教师应该扮演怎样的角色呢？耶鲁大学校长莱文认为：第一是清晰的交流，第二是激励学生，第三是鼓励独立思考。北京大学校长许智宏认为：第一是教学问，做学问；第二是言传身教，教会学生做人；第三是引导学生，把他们培养成为真正有不同个性的人。[2] 他们的看法虽然不尽相同，但都强调了教师不可替代的作用。教师要根据课程性质、教学内容、学生特点，创造性地进行教学设计与组织教学活动，这就要求教师必须不断提高研究能力和学术水平。在激发学生主体性参与过程中，教师必须由居高临下的传授者变成组织者、引导者、促进者，这就要求教师必须树立新型教育理念，勇于重建师生关系。可见，主体性教学的改革不仅需要教师有全面的知识架构，还要有教育学及心理学方面的专业知识，以及对新的教学方法和教学手段的娴熟运用，要求教师必须是复合型的教育者。

其次，当代大学生自身有不同于以往的思维方法。出生于改革开放以后，"00 后"的青年已经成为当代大学生的主体，他们对中国社会的认识完全是在一种全新的时代环境下形成的。他们往往不是从历史来认识现实，而是从现实来反观历史。这个思维方法在于对历史的兴趣注入了更多的现实观照，使了解历史与认识现实紧密结合起来。[3]而"纲要"课程讲述1840年以来中国的历史，里面有丰富的内容，但教材主要是通过不同的关键事件将这一段历史串联起来，相较于中学历史课本40多万字的内容，《中国近现代史纲要》浓缩为20多万字，教材趣味性大大降低。如果教师只是把教材中的"现成理论"传达给学生，而不去关心学生是否真正懂得了这些思想理论，并在思想上真实地受到触动，那么教师只是一个被动的"执行者"或"传达者"的角色。教学缺少了现代视角，学生对《中国近现代史纲要》中一些重大问题的现实意义的认识将会是模糊的，对其中科学的思想体系和丰厚的精神实质的掌握也就难以尽如人意，影响了课程教学的实效性。

纯而又纯的史学是不存在的，"纲要"作为一门思想政治理论课更是如此。我们不仅仅是为了解释历史，说明过去，而是为了更深刻地认识现实。它除了要还历史的本来面目之外，还要以满足现实社会对历史的各种需求为目的。教育工作者不应该仅仅停留在对历史的客观描述上，而应以历史为武器，对现实进行反思，从历史研究中得出对现实的进步有某种积极意义的东西，以影响现实的历史。因此，教学要有时代气息，反映时代要求，与时代大潮同潮共涌，与历史发展互相激荡，与现实生活息息相关，为学生今后的学习、生活、工作提供文化的、道德的素养。要提高教学的时代感，应该注意以下几点：

一是要宏观构建好课程主题。"纲要"课程的主题是什么？沙健孙认为，为实现"民族独立和人民解放"与"国家繁荣富强和人民共同富裕"两大历史任务而斗争，这就是中国近现代历史的主题。他进一步明确指出："有人认为，近现代史只有一个主题就是现代化，十五大明确否定了这一看法。……要实现现代化，首先要进行革命，争得民族独立，人民解放。"但是，也有人指出："现代化研究作为史学界一个具有较大影响的研究范式，《纲要》没有做正面的阐述。"[4]这是教材的一个缺憾；另有人主张，"从现代化视角来把握《中国现代史纲要》的主线，既可增强课程的吸引力，又能达到课程设置的目的，从而提高课程的实效性"[5]。这些分歧更提醒我们，思想政治理论课"要联系改革开放和社会主义现代化建设的实际，联系大学生的思想实际"，具体课堂教学不能脱离主旨。

二是坚持历史主义态度。教学必须从史实出发，把握历史的脉搏，揭示历史的真谛，如果只是从经典著作的某些理论原理、概念甚至只言片语出发，把生动复杂的历史现象纳入事先设计好的框架中，用片断的历史史料去做理论的注脚，历史教学就会背离其既定目标、原则、任务，失去求真求信的本真。在教学中随意贴标签，拖尾巴，或是信口开河，牵强附会，也会失去有血有肉的具体生动的内容而成了干巴巴的空洞说教，思想政治理论课的育人目的就难以达到。以历史细节来论证逻辑，辩证唯物主义和历史唯物主义的指导思想必须贯穿到具体的教学过程中。

三是关注社会热点，探索教材重大问题的历史与现实的契合点，提炼富有时代感的教学案例。"纲要"课程的教学目标是"帮助学生了解国史、国情，深刻领会历史和人民是怎样选择了马克思主义，选择了中国共产党，选择了社会主义"。更有专家学者如张建国提出，"要注意'三个选择'的曲折性、复杂性和长期性问题"，并认为"'三个选择'是历史的、动态的，是一个至今还未完成的历史过程"。历史的巨大投影刺穿今天并将投射到未来。这决定了在"纲要"课程教学中必须注重时代感，以现代视角深刻反思过往，以图将来。这正是"纲要"课程的学习价值，也是这门课程的生命力所在。这就决定了教师要在把握历史知识的基础上，探究其规律性的东西。古人讲的"究天人之际，通古今之变""知兴亡规律"的指向还是对现实的充分关注。教师要在教学中增加时代感，培养学生用历史的、发展的眼光观察当今社会，认识现实生活，提高分析问题的能力。

一切历史都是当代史，从时间维度的连续性而言，历史尤其是近现代史任何节点的内容都影响着今天的现状与未来的走向。当今大多数重大事件都能在近现代史中找到根源。[6]站在今天的历史高度，回溯中国近现代史丰富多彩的历史进程，感受一代代中国人的挣扎和奋起，将它和当今时代的困境与荣光结合起来进行讲述、讨论、评判，让学生认识到今日中国乃是昨日中国的延续，经受西方冲击的当代中国还带着新生的阵痛，又面临着现代化大潮的洗礼，并将融入和形塑当今世界。从而提升学生的思想高度、政治觉悟，进而促进其理解和关心国家社会的发展历程，寻找现实问题和未来前景的联系，在社会历史发展的大格局中把握自己的人生航向，增强社会归属感和社会责任感。

在讲述中国近现代史的基本问题时，还要注意与当前流行的社会思潮和大学生的思想实际相联系。大学生已经在初高中阶段接受了中国近现代史的教育，已经初步具备了中国近现代历史的基本知识。大学学习阶段，是人生踏入社会的"预热期"，人的世界观、人生观和价值观经过青少年时期的熏陶和积累，将在大学教育时段进入定型的过程。大学生与中学生的区别之一，就是怎样选择人生和选择什么样的人生已经成为现实的问题进入他们的头脑。因此，他们的现实敏感度很高，社会观察欲很强。"纲要"课程教学不能脱离大学生的这种需求，教师应该拉近历史与现实的时空距离，不仅要向大学生灌输中国近现代历史进程中我们这个民族的过去，更要向大学生揭示中国近现代历史链接下个人自身发展的取向。教师只有加深历史与现实的关系，用联系、发展的眼光去分析、探究，及时答疑解惑，才能纠正学生对"纲要"课程知识旧、道理空的片面认识。

"纲要"课程的教学改革是一项艰巨的任务，只有通过历史感和时代感的充分结合，拉近中国近现代史与大学生现实生活的距离，最大限度地增强"纲要"课程的吸引力，才能充分发挥历史资政育人的功能，实现课堂教学和学生能力培养的有机统一，"纲要"也才能成为大学生真心喜爱的思想政治理论课。

参考文献

[1] 叶云招.《中国近现代史纲要》课程教学中存在的问题及对策浅

析 [J]. 今日湖北, 2015 (17).

[2] 王岩. 思想政治理论课改革二识 [J]. 江苏高教, 2006 (2).

[3] 齐卫平. 提升"中国近现代史纲要"课程教师素养的思考 [J]. 思想理论教育, 2008 (23).

[4] 曹守亮. 正视　总结　继承　发展: 2007 年高教版《中国近现代史纲要》的理论特色 [N]. 光明日报, 2008 – 08 – 10.

[5] 詹于虹. 现代化视角与《中国近现代史纲要》主线的把握 [J]. 杭州电子科技大学学报 (社科版), 2007 (3).

[6] 李光辉, 陈天涯. "中国近现代史纲要"教学时代感问题研究 [J]. 思想政治教育研究, 2011 (6).

下 编

······

课程教改与实践

关于高校思想政治理论课教学
评价特殊性的若干思考

刘　军

摘　要： 高校思想政治理论课是高校思想政治教育的主渠道与主阵地，其教学评价是高校思想政治理论课教学改革与课程建设的重要环节，具有不同于一般课程教学评价的特殊性。这种特殊性一方面体现在高校思想政治理论课教学评价具有鲜明的政治性、突出的综合性、高度的复杂性等特点，另一方面体现在高校思想政治理论课教学评价是阶段性评价与总结性评价、定性评价与定量评价、专题评价与综合评价、动态评价与静态评价、自评与他评等的有机统一。深入探索和把握高校思想政治理论课教学评价的特殊性，是科学评价和不断改进高校思想政治理论课教学质量的基础与前提。

关键词： 高校思想政治理论课；教学评价；特殊性

教学评价是教育评价的一种，是对教学活动进行价值评判的过程。对于任何一个教学活动而言，教学评价都是不可缺少的环节，没有教学评价的教学活动是不完整的，也很难持续发展。高校思想政治理论课教学评价是高校思想政治理论课教学改革与课程建设的重要环节。注重高校思想政治理论课教学评价，其目的在于提高思想政治理论课教学的针对性和实效性，更好地发挥思想政治理论课作为高校思想政治教育主渠道和主阵地的作用，促进大学生的全面发展和健康成长。高校思想政治理论课教学评价，既遵循教学评价的一般原则，同时也有自己的特殊性。为了能更加科学地评价高校思想政治理论课教学，我们有必要深入探索和把握高校思想政治理论课教学评价的特殊性。

一

教学评价作为教学活动的一个极其重要的环节，有其自身的特点，如教学评价具有实践性，是一种客观的实践活动；教学评价又具有鲜明的计划性和目的性，是在特定目的的支配下，有组织、有计划地实施的；教学评价还具有价值性，它在相应的价值观念的影响下，以相应的价值标准为尺度，对教学活动进行评判，并基于这种评判做出相应的选择，等等。高校思想政治理论课作为一种特殊的教学活动，其教学评价除了具有一般的特点之外，还有区别于一般教学评价的自身特点。

（一）鲜明的政治性

思想政治理论课是高校对青年学生进行马克思主义理论教育和思想品德教育的主渠道与主阵地，是建设和发展社会主义意识形态的基本途径，是社会主义大学的性质得以体现的重要方面。高校思想政治理论课的这种特殊定位，赋予了思想政治理论课极其鲜明的政治性。以促进大学生的全面健康发展为基本目的的思想政治理论课教学评价，自然也相应地具有鲜明的政治性。这种鲜明的政治性，具体表现为思想政治理论课教学是在坚持特定政治方向的前提下，以特定的政治准则为整个教学评价的基准而进行的教学评价。思想政治理论课教学评价作为一种极具导向意义的活动，必须坚持正确的政治方向，与社会所倡导的主流意识形态指向相一致，与党的思想理论体系和方针政策指向相一致。在整个思想政治理论课教学评价中，不论是要素评价、过程评价还是实效评价，都贯穿着一个基本的、共同的评价基准，即政治的标准。教师是否具有过硬的政治素质，教学内容是否精确，是否充分地反映了党的思想理论体系与方针政策，整个教学过程是否真正起到了强化社会主义核心价值观以及引导学生确立正确思想道德素质的作用等，都是思想政治理论课教学所必须关注的，其中都内含着相应的鲜明的政治标准。没有鲜明的政治性，高校思想政治理论课教学评价就失去了自身最基本的特点。当然，强调政治性并不意味着以政治性去否定思想政治理论课教学本身所应遵循的教学规律。事实上，高校思想政治理论课教学本身便是政治性与教育规律性高度统一的实践活动，一般的教育教学规律正是在高校思想政治理论课教学鲜明的政治特性中得到了特殊的、生动具体的体现。只有把握住了高校思想政治理论课教学的政治性，我们才能全面、深刻地把握思想政治理论课教学的客观规律性；只有在坚持政治性的前提下，我们才能对高校思想政治理论课教学做出符合其自身规律的教学评价。

（二）突出的综合性

高校思想政治理论课教学评价所具有的突出的综合性有着多方面的表现。它不仅要对高校思想政治理论课教学的各构成要素进行评价，而且还要对思想政治理论课教学的实际进程、实际效果进行评价；不仅要对思想政治理论课教师教的活动进行全面性评价，而且还要对思想政治理论课学生学的活动进行全面性评价。因此，从思想政治理论课教学评价的对象构成来看，不得不说思想政治理论课教学评价具有突出的综合性。此外，高校思想政治理论课教学评价的综合性还表现在，它对学生学习成果的评价也是具有突出的综合性，不仅涉及认知领域、情感领域，而且还涉及行为领域。这一点与思想政治理论课教学的目的是直接相关的。从对学生影响的角度而言，思想政治理论课教学不仅要引导学生形成科学、正确的世界观、人生观和价值观，掌握马克思主义的基本理论，掌握与个体的实际生活密切相关的种种道德知识、道德规范，而且还要引导学生形成对中国共产党的信任、对改革开放大业的信心、对中国特色社会主义事业的信念、对共产主义的信仰以及其他一系列健康、向上、积极的思想情感。除此之外，高校思想政治理论课教学还要引导学生将所学的知识转化为自己的实际行为或切实体现在自己的实际行动之中。思想政治理论课教学评价作为对思想政治理论课教学目的实现情况进行检验的一种形式，其评价标准和评价内容与教学目的有着高度的对应性。因此，与思想政治理论课教学目的相一致，思想政治理论课教学评价不仅要涉及对学生认知领域的评价，而且还要对学生的情感领域、行为领域进行评价。只有充分认识到高校思想政治理论课教学评价的综合性并在评价实践中对这种综合性予以准确把握，我们才能对思想政治理论课教学做出全面、深入的判断。

（三）高度的复杂性

思想政治理论课教学评价的高度复杂性，与思想政治理论课教学评价的上述两个特点即政治性、综合性相关联。从政治性的角度来看，错综复杂的理论发展现状、价值观念多样化的现实等，都在增加着思想政治理论课教学有效实施的难度，也在增加着思想政治理论课教学评价的难度及其复杂程度。从综合性的角度来看，动静交错、多种多样而非单一的评价对象，也增加着思想政治理论课教学评价的复杂性。此外，高校思想政治理论课教学评价的复杂性还来源于作为思想政治理论课教学评价对象的学生个体的思想—行为系统形成、发展的复杂性。一方面，学生个体的思想—行为系统的形成、发展是在多种因素影响下的产物，到底哪些是高校思想政治理论课教学效果的体现，哪些不是教学效果的体现，哪些是教学与其他影响因素共同作用的结果，在这种共同影响下而产生的思想和行为中，高校思想政治理论课教学的影响作用到底有多大，如此等等，是很难确定的。正如有的学者指出，因为该学科的教学评价涉及人的情感、品性、理想、信念等非认知领域，所以其评价结果具有模糊性和不确定性，这是该学科教学评价结果特殊性的表现之一。即使我们得到一个比较可靠的评价结果，也很难确定是什么因素导致了这一结果。因为能影响人的品德、价值观、情感形成的因素太多了，我们很难在教学评价过程中将这些因素剔除出去。另一方面，高校思想政治理论课教学对学生个体的影响，要通过学生对教学内容的选择、接收、转化、实施等多个环节才得以实现，对于这一进程，虽然我们可以予以大致的描述，但实质上，这一进程在一定程度上仍是一个有待进一步研究、揭示的"黑箱"或者"灰箱"；学生对所学内容的践行也是不会立即产生的，这种行为可能在多年之后，在其人生的另一个阶段才会得以展现，如此等等，也都增加了高校思想政治理论课教学评价的复杂性。

二

高校思想政治理论课教学评价除了具有自身的特点之外，在其教学评价的方法与路径等方面也具有自身的特殊性。

（一）阶段性评价与总结性评价相结合

阶段性评价是指在高校思想政治理论课教学过程中的不同时间点上对思想政治理论课教学进行评价。如对学期中间进行的思想政治理论课教学情况进行评价，就是一种阶段性评价。阶段性评价可以是定时性的评价，如每隔一个固定时间段进行一次教学评价，对思想政治理论课教学进行周评、月评即属此类；或按计划在每学期开始时进行一次教学评价，学期中间再进行一次教学评价等，这类阶段性教学评价是在固定时间点上进行的教学评价。阶段性评价还可以是非定时性的，即进行阶段性的思想政治理论课教学评价的时间是随机的而不是固定的，两次评价之间的时间段是不同的。总结性评价是在一个相对完整的思想政治理论课教学完成之后对其进行的教学评价，如每学期结束之后，思想政治理论课教师对自己本学期的教学情况进行总结、自我评价，组织对参加学习的学生进行期末考试或考核等，都是总结性评价。阶段性评价与总结性评价对于我们做好思想政治理论课教学评价具有同等重要的意义。阶段性评价可以促进思想政治理论课教学评价的经常化，使我们得到的关于思想政治理论课教学的有关信息更丰富，使我们能够更全面地了解思想政治理论课教学的真实情况，从而为总结性评价提供良好的实施基础。总结性评价则以其对思想政治理论课教学最后结果的关注、对思想政治理论课教学实效的关注，帮助我们客观准确地对思想政治理论课教学的总体情况做出评价。在思想政治理论课教学评价中，注重阶段性评价与总结性评价相结合，既有助于我们以对思想政治理论课教学日常情况的掌握为基础，加强对思想政治理论课教学的过程管理，又有助于我们以对思想政治理论课教学实效的了解为基础，促进对思想政治理论课教学活动的全面管理、指导与对整体发展的推动。

（二）定性评价与定量评价相结合

所谓定性评价即从事物质的方面着眼，对高校思想政治理论课教学过程和结果进行质方面的评判。所谓定量评价即从事物量的方面着眼，对高校思想政治理论课教学过程和结果进行量方面的评判。在思想政治理论课教学评价过程中，首先必须注重进行质方面的评价，没有质方面的评价，我们就无法判断教学活动是否达到了教学目标的要求，是否完成了教学任务，是否坚守了基本的教学纪律。但是又不能只从质的方面对思想政治理论课教学进行评价，如在对思想政治理论课教师进行的评价中，我们深入考察了作为评价对象的思想政治理论课教师的教学态度、教学技能、授课的逻辑性、理论讲解的深刻性等，从定性评价的角度看，这位教师是一位优秀的高校思想政治理论课教师，但并不能因此就将其评定为优秀教师，因为我们还并不了解这位教师在思想政治理论课教学量的方面的情况。如果这位教师一个学期只担任一个专题的讲授任务，而其他思想政治理论课教师一个学期一般都要讲授十个专题，那么这位连基本教学工作量都没达到的教师，显然是不适合被评定为优秀思想政治理论课教师的。在对学生的评价中，同样如此，我们不能只从质的方面考查，看到作为评价对象的学生上课听讲很认真、发言很积极、平时作业水平不错，就将其评价为优秀学生，因为如果从量的方面考查，这位学生可能一学期只听了几节课或者平时作业只交了多次中的一次。因此，在思想政治理论课教学评价过程中，还必须注重量方面的评价，没有量方面的评价，我们就无法判断教学活动达到教学目标、完成教学任务、坚守教学纪律的程度。所以，在高校思想政治理论课教学评价中，我们必须坚持定性评价与定量评价并重，努力实现定性评价与定量评价在高校思想政治理论课教学评价过程中的有机结合。

（三）专题评价与综合评价相结合

专题评价是指对高校思想政治理论课教学的某一个方面或某一方面的某个问题进行的专门评价。如对思想政治理论课教学活动的各构成要素的评价、对思想政治理论课教学过程的评价、对思想政治理论课教学实效的评价等，均可视作专题评价。综合评价是指从整体上对高校思想政治理论课教学的评价或对思想政治理论课教学的某一方面的整体性的评价。如对思想政治理论课教学的要素、过程、实效等进行全面的评价，就是一种综合评价。专题评价与综合评价是在相对意义上讲的。在某一意义下的专题评价，在另一意义下可视作综合评价；而在某一意义下的综合评价，在另一意义下则可视作专题评价。比如，相对于整个思想政治理论课教学评价而言，我们对思想政治理论课教师的评价就是一种专题评价。而对思想政治理论课教师的评价又可以分为许多方面，如我们可以对思想政治理论课教师的知识结构进行评价，可以对思想政治理论课教师的政治素质进行评价，还可以对思想政治理论课教师运用现代化教学手段的能力进行评价。在这种情况下，我们也可以把对思想政治理论课教师的评价视作一种综合评价，而把对思想政治理论课教师知识结构的评价、政治素质的评价、运用现代化教学手段能力的评价等分别视作专题评价。同时，专题评价与综合评价之间具有紧密的关联，任何专题都是综合之中的专题，任何综合都是专题基础之上的综合。离开综合，我们无法真正认识专题，而离开专题，我们则无法深入把握综合。专题评价为综合评价提供深入性，综合评价为专题评价提供指导性，二者之间相辅相成，互为条件，相互依赖。因此，在高校思想政治理论课教学评价中，我们还必须自觉坚持专题评价与综合评价的紧密结合。

（四）动态评价与静态评价相结合

动态评价是指从历时态着眼，对高校思想政治理论课教学及其所内含的各个方面的发展进程、发展状态、发展趋势的评价。如我们对思想政治理论课教学活动的实际过程的评价，对思想政治理论课教学体系的演进历程的评价，对参加思想政治理论课学习的学生的思想政治素质和道德素养的发展状况与发展趋势的评价等，就是一种动态评价。与动态评价相对应，静态评价则是指从共时态着眼，对思想政治理论课教学进程中的某一横断面上的相关情况进行评价。如在一个学期的思想政治理论课教学结束之后，我们对参加思想政治理论课学习的学生的思想政治素质与道德素养进行评价，对思想政治理论课教师掌握、运用教学多媒体技术的情况进行评价等，就是一种静态评价。动态评价与静态评价对于思想政治理论课教学评价分别具有各自的功用。动态评价对思想政治理论课教学及其相关方面的历时态的分析和研究，有助于我们在对思想政治理论课教学及其相关方面的动态发展状况的认识中把握规律性的东西，有助于我们把握思想政治理论课教学改革与发展的趋势，增强思想政治理论课建设中的预见性。但是，仅通过动态评价，我们无法对思想政治理论课教学及其相关方面进行横向的比较研究，如无法了解一位教师在同时任课的所有思想政治理论课教师中，他的教学水平到底处于什么位置，是否已经成长为教学骨干等。静态评价解决了进行横向比较的问题，但是不利于纵向比较，不利于把握思想政治理论课教学及其相关方面的发展趋势。如通过静态评价，我们可以准确地把握一位参加思想政治理论课学习的学生在同时参加思想政治理论课学习的所有学生中，他的学习成绩到底处于什么样的位置，是属于成绩优秀的学生还是属于成绩较差的学生，但是我们却无法把握他在进一步的思想政治理论课学习中可能取得的成绩，而通过以这位学生为对象的动态评价，我们则可能把握他在进一步的学习中可能取得的成绩。从这些例子中我们可以看出，动态评价与静态评价也是功能互补的，在思想政治理论课教学评价中，坚持动态评价与静态评价相结合，更有助于我们对高校思想政治理论课教学及其相关情况做出准确、全面的评价。

（五）自评与他评相结合

自评即自我评价，评价主体与评价对象是合一的。如参加思想政治理论课学习的学生对自己在思想政治理论课学习中的综合表现进行评价就是一种自评，在这一评价中，学生既是评价的主体，又是评价的对象。高校思想政治理论课教师对自己的教学态度、教学能力、教学效果等进行评价也是一种自评，在这一评价中，思想政治理论课教师既是评价的主体，又是评价的对象。与自评不同，在他评中，评价主体与评价对象不是合一的。如教学管理部门对思想政治理论课教学进行评价，就是一种他评，评价主体是教学管理部门，而评价对象则是思想政治理论课教学。在高校思想政治理论课教学评价中，自评有助于调动参与思想政治理论课教学的教师和学生的积极性、能动性，自我反思、自我批判，并进而自我创新、自我超越。但这种方法有时难以保证评价的客观性，或容易造成一叶障目、不见森林的盲目自大，或容易造成自我贬低、缺乏进取的动力。他评则有助于增强思想政治理论课教学评价的客观性，有利于引导评价对象准确地认识自我、认识现状，但不利于调动评价对象的积极性，有时也可能产生不了解作为评价对象的思想政治理论课教学"内情"的现象，从而影响评价结果的准确性。总之，自评与他评的上述特点，决定了我们在高校思想政治理论课教学评价中自觉坚持自评与他评相结合的重要性。

参考文献

[1] 高德胜．道德教育评论：2014 [M].北京：教育科学出版社，2015.

[2] 陈洪涛．高校思想政治理论课评价论 [M].北京：中国社会科学出版社，2011.

[3] 鲁洁，王逢贤．德育新论 [M].南京：江苏教育出版社，2010.

[4] 佘双好．现代德育课程论 [M].北京：中国社会科学出版社，2003.

[5] 朱明光，蓝维．思想政治学科教育学 [M].北京：首都师范大学出版社，2000.

"立德树人"理念下高校思政课
改革创新路径研究

盛 芳

摘 要： 高校思政课要树立"德育为先""促进学生全面发展""三全育人""学生为本"的教育教学理念；要加强理想信念教育、形势政策教育、优秀传统文化教育、革命文化和社会主义先进文化教育；要努力探索具有自主性、开放性、探究性、创新性的教学方法；新时代高校思政课教师要做马克思主义信仰的坚守者、马克思主义理论的研究者和马克思主义理论的传播者；落实立德树人根本任务，必须加强师德师风建设。

关键词： 立德树人；高校；思政课；改革；创新；路径

党的十九大报告指出："要全面贯彻党的教育方针，落实立德树人根本任务。"[1]2018 年，习近平总书记与北京大学师生座谈时指出：要把立德树人的成效作为检验学校一切工作的根本标准。[2]2018 年，习近平总书记在全国教育大会上的讲话指出，要坚持党对教育事业的全面领导，坚持把立德树人作为根本任务。[3]大学生是祖国的未来，是实现"两个一百年"奋斗目标的亲身经历者和见证人，但由于社会阅历有限和辨别能力不足，常常容易被不良信息影响误导。2019 年，习近平总书记在学校思想政治理论课教师座谈会重要讲话中指出："青少年阶段是人生的'拔节孕穗期'，最需要精心引导和栽培。""思政课教师，要给学生心灵埋下真善美的种子，引导学生扣好人生第一粒扣子。""办好思想政治理论课，最根本的是要全面贯彻党的教育方针，解决好培养什么人、怎样培养人、为谁培养人这个根本问题。""思想政治理论课是落实立德树人根本任务的关键课程。"

"我们办中国特色社会主义教育，就是要理直气壮开好思政课。"[4] 本文将从转变教学理念、丰富教学内容、创新教学方法、加强教师队伍建设等四个方面对"立德树人"理念下高校思政课改革创新路径进行探讨。

一、转变教学理念

1. 树立"德育为先"理念

1957 年，毛泽东同志提出："我们的教育方针，应该使受教育者在德育、智育、体育几方面都得到发展，成为有社会主义觉悟的有文化的劳动者。"1980 年，邓小平同志提出"有理想、有道德、有文化、有纪律"的"四有新人"培育目标。十八大以来，习近平总书记多次强调立德树人的重要性，并在全国教育大会上指出，坚持中国特色社会主义教育发展道路，培养德智体美劳全面发展的社会主义建设者和接班人。[5] 所以，新时代高校思政课必须牢固树立"德育为先"理念，努力培养德才兼备、全面发展的合格人才。

2. 树立"促进学生全面发展"理念

人的自由全面发展是人类发展最高层次的追求，是人的发展和社会发展的最高目标。教育作为实现这一目标的重要途径，更要坚持以学生为本，关注学生全面的、和谐的、可持续的健康发展。在对大学生进行科学文化素质、心理生理素质培育的同时，要更加注重思想道德素质与法制素养的培育。因为一个有才无德的人只会成为社会的危险品，进而危害社会。高校思政课要按照党的十九大提出的"培养担当民族复兴大任的时代新人"的战略要求，把大学生培养成有理想、有本领、有担当的时代新人。

3. 树立"三全育人"理念

2017 年，中共中央、国务院《关于加强和改进新形势下高校思想政治工作的意见》提出，坚持全员全过程全方位育人，简称"三全育人"。

"全员育人",要求全体教职员工都要成为"育人者",实现育人无不尽责。"全过程育人",要求将立德树人贯穿高校教育教学全过程和学生成长成才全过程,实现育人无时不有。"全方位育人",要求将立德树人覆盖到课上课下、线上线下、校内校外,实现育人无处不在。

4. 树立"学生为本"理念

2016 年,习近平在全国高校思想政治工作会议上强调:"思想政治工作从根本上说是做人的工作,必须围绕学生、关照学生、服务学生,不断提高学生思想水平、政治觉悟、道德品质、文化素养,努力让学生成为德才兼备的全能型人才。"[6] "学生为本"的教育理念要求思政课要以学生为主体,把学生作为教育和管理的根本、核心,关心爱护学生,围绕学生的诉求与解决学生切身利益问题展开教育教学活动,为学生健康自由发展提供优质服务。

二、丰富教学内容

1. 加强理想信念教育

2017 年,中共中央、国务院印发的《关于加强和改进新形势下高校思想政治工作的意见》中提出:加强和改进高校思想政治工作,必须以理想信念教育为核心。2019 年,中共中央办公厅、国务院办公厅印发了《关于深化新时代学校思想政治理论课改革创新的若干意见》,专门强调要引导学生"坚定对社会主义和共产主义的信念"[7],这就为高校思政课改革创新指明了方向。高校思政课是要培养担当民族复兴大任的时代新人,这样的新人首先必须是具有科学而坚定的理想信念的人。习近平总书记指出:"信仰、信念、信心,任何时候都至关重要。"[8] "人民有信仰,民族有希望,国家有力量。"[9]青年是国家的未来,青年的信仰问题关乎中国特色社会主义事业的兴衰成败。"广大青年一定要坚定理想信念……没有理想信念,就会导致精神上'缺钙'。"[10]当然,理想信念不可能自发形成,只有通过科学系统、耐心细致的教育，才能使学生入耳入脑入心、真学真懂真信，所以，高校思政课必须理直气壮地"讲信仰"。

2. 加强优秀传统文化教育

2013 年 8 月，习近平总书记在全国宣传思想工作会议上强调："宣传阐释中国特色，要讲清楚每个国家和民族的历史传统、文化积淀、基本国情不同，其发展道路必然有着自己的特色；讲清楚中华文化积淀着中华民族最深沉的精神追求，是中华民族生生不息、发展壮大的丰厚滋养；讲清楚中华优秀传统文化是中华民族的突出优势，是我们最深厚的文化软实力；讲清楚中国特色社会主义植根于中华文化沃土、反映中国人民意愿、适应中国和时代发展进步要求，有着深厚历史渊源和广泛现实基础。"[11]
2018 年 8 月，习近平总书记在全国宣传思想工作会议上强调："中华优秀传统文化是中华民族的文化根脉，其蕴含的思想观念、人文精神、道德规范，不仅是我们中国人思想和精神的内核，对解决人类问题也有重要价值。要把优秀传统文化的精神标识提炼出来、展示出来，把优秀传统文化中具有当代价值、世界意义的文化精髓提炼出来、展示出来。"[12] 所以，在高校思政课教学中，必须加强优秀传统文化教育，必须坚持守正创新，把马克思主义基本原理与中华优秀传统文化相结合，"努力实现传统文化的创造性转化、创新性发展"[13]。毛泽东思想就是马克思主义基本原理与中华优秀传统文化相结合的成果。例如，毛泽东同志用实事求是这一中国传统术语，创造性地表达了马克思主义唯物主义的原则和中国共产党思想路线的要求，成为马克思主义哲学中国化的科学典范。

3. 加强形势政策教育

要以深入学习贯彻习近平新时代中国特色社会主义思想，特别是习近平总书记最新重要讲话精神为核心，深入贯彻落实党的十九大和二十大精神，把强化制度自信教育作为主线，教育引导学生充分认识中国共产党领导和中国特色社会主义制度的显著优势，增强"四个意识"，坚定"四个自信"，做到"两个维护"，传承和弘扬爱国主义精神，努力做德智体美劳全面发展的社会主义建设者和接班人。

4. 加强革命文化和社会主义先进文化教育

2016 年，习近平总书记在"七一"讲话中指出："在 5 000 多年文明发展中孕育的中华优秀传统文化，在党和人民伟大斗争中孕育的革命文化和社会主义先进文化，积淀着中华民族最深层的精神追求，代表着中华民族独特的精神标识。"[14]革命文化、红色文化资源是一种宝贵的历史文化资源，是中国共产党带领我国人民实现民族独立、繁荣富强的有力见证，具有很高的育人价值。例如，粤北华南教育历史就是当前高校思政课教学的重要内容。1938 年 10 月，广州沦陷，广东国民政府搬迁到韶关（后迁平远大柘），一批粤港澳的大中小学校随之辗转迁徙至粤北韶关、连州、梅州、云浮等地，展开了粤北华南教育的历史。抗战时期在粤北形成华南教育高校群，粤北成为华南教育的中心。在高校思政课教学中，挖掘、研究抗日战争时期华南各院校迁徙粤北的历史，目的就是再现华南教育的根与魂，即再现粤港澳文化教育界在抗战时期于烽火中坚守办学、学者贤师舍生取义坚守教育火种、青年学子为中华崛起而读书的革命精神，就是要擦亮华南教育历史研学基地这张有特殊内涵的红色文化传承名片，以史育人，用红色资源传承红色基因。

三、创新教学方法

1. 注重启发式、探究式、讨论式、参与式教学

思政课要把"注重学思结合"作为创新人才培养模式的首要改革路径，倡导启发式、探究式、讨论式、参与式教学，帮助学生学会学习，激发学生的好奇心，培养学生的兴趣爱好，营造独立思考、自由探索、勇于创新的良好环境。

2. 注重因材施教

思政课教学要摒弃"千人一面"的教育模式，要聚焦学生，科学把握

学生的特点，因材施教、深耕细作，进行差异化教学和个别化指导，实现"千姿百态"的教育效果。

3. 促进信息技术与教育教学融合应用

思政课教学要因时而进，要运用新媒体新技术，掌控信息阵地，尤其是面对网络上敌对分子的负面消息和曲解报道时，要坚持建设性和批判性相统一的原则，引导学生善用网络资源，独立思考，明辨是非，"亮剑"发声，切实增强"四个意识"，坚定"四个自信"，做到"两个维护"。

四、加强教师队伍建设

习近平总书记在学校思想政治理论课教师座谈会上指出："办好思想政治理论课关键在教师，关键在发挥教师的积极性、主动性、创造性。"[15]

1. 高校思政课教师要做马克思主义信仰的坚守者

习近平总书记指出："传道者自己首先要明道、信道。高校教师要坚持教育者先受教育。"[16]2014年，习近平总书记在考察北京师范大学时，对广大教师提出了做"四有"好老师的要求，其中就把"有理想信念"放在了第一位。习近平总书记在学校思想政治理论课教师座谈会的讲话中强调"让有信仰的人讲信仰"[17]。2019年8月，《关于深化新时代学校思想政治理论课改革创新的若干意见》把"政治强"放在了对思想政治理论课教师要求的第一位，明确要建设一支"政治强、情怀深、思维新、视野广、自律严、人格正"的思政课教师队伍。[18]所以，落实好立德树人根本任务，关键在于锻造一支在马言马、在马信马，政治素质过硬，信仰坚定的思政课教师队伍。

2. 高校思政课教师要做马克思主义理论的研究者

习近平总书记指出："马克思主义理论体系和知识体系博大精深……不下大气力、不下苦功夫是难以掌握真谛、融会贯通的。"[19]"坚持和发展中国特色社会主义，全面深化改革，有效应对前进道路上可以预见和难以预见的各种困难与风险，都会提出新的课题，迫切需要我们从理论上作出新的科学回答。我们要及时总结党领导人民创造的新鲜经验，不断开辟马克思主义中国化新境界，让当代中国马克思主义放射出更加灿烂的真理光芒。"[20]知之愈深，爱之愈切，信之愈笃，信仰的培育必须遵循"知、情、意、行"的发展规律，思政课教师要成为"有信仰的人"，前提就是必须深入研究和学懂弄通悟透马克思主义基本理论。

3. 新时代高校思政课教师要做马克思主义理论的传播者

作为传播者的思政课教师，要加强传播手段和话语方式创新，让党的创新理论进课堂、进头脑。要推进国际传播能力建设，讲好中国故事、传播好中国声音，向世界展现真实、立体、全面的中国，提高国家文化软实力和中华文化影响力。要把握大势、区分对象、精准施策，主动宣介新时代中国特色社会主义思想，主动讲好中国共产党治国理政的故事、中国人民奋斗圆梦的故事、中国坚持和平发展合作共赢的故事。要广泛开展先进模范学习宣传活动，营造崇尚英雄、学习英雄、捍卫英雄、关爱英雄的浓厚氛围。

4. 落实立德树人根本任务，必须加强师德师风建设

立德树人，师德为先，正所谓：育有德之人，要靠有德之师。2018 年 5 月，习近平总书记与北京大学师生座谈时指出："评价教师队伍素质的第一标准应该是师德师风。师德师风建设应该是每一所学校常抓不懈的工作，既要有严格制度规定，也要有日常教育督导。"[21]党的十九届四中全会对加强师德师风作出重要部署，提出要"完善立德树人体制机制""加强师德师风建设"。师德建设事关良好校风、教风、学风的形成，事关人才培养质量，事关学校的声誉和社会影响，是学校实现立德树人根本任务的重要前提。

． ． ． ． ． ．

参考文献

[1] 习近平．习近平谈治国理政：第3卷［M］．北京：外文出版社，2020：36．

[2]［21］习近平在北京大学师生座谈会上的讲话［EB/OL］．（2018－05－03）．http：//cpc．people．com．cn/n1/2018/0503/c64094－29961631．html．

[3]［5］习近平出席全国教育大会并发表重要讲话［EB/OL］．（2018－09－10）．http：//www．gov．cn/xinwen/2018－09/10/content_5320835．htm．

[4]［15］［17］习近平．习近平谈治国理政：第3卷［M］．北京：外文出版社，2020：328－330．

[6] 习近平．习近平谈治国理政：第2卷［M］．北京：外文出版社，2017：377．

[7]［18］深化新时代学校思想政治理论课改革创新［N］．人民日报，2019－08－15（3）．

[8] 习近平．在庆祝改革开放40周年大会上的讲话［EB/OL］．（2018－12－18）．https：//www．gov．cn/xinwen/2018－12/18/content_5350078．htm？eqid=ef73db4c0002573d00000002645ae7c5．

[9] 习近平．习近平谈治国理政：第2卷［M］．北京：外文出版社，2017：323．

[10] 中共中央文献研究室．十八大以来重要文献选编：上［M］．北京：中央文献出版社，2014：278．

[11]习近平．习近平谈治国理政［M］．北京：外文出版社，2014：155－156．

[12] 习近平．习近平谈治国理政：第3卷［M］．北京：外文出版社，2020：314．

[13] 习近平．习近平谈治国理政：第2卷［M］．北京：外文出版社，2017：313．

[14] 习近平．习近平谈治国理政：第2卷［M］．北京：外文出版社，

2017：36.

[16] 习近平. 习近平谈治国理政：第2卷 [M]. 北京：外文出版社，
2017：379.

[19] 在哲学社会科学工作座谈会上的讲话 [N]. 人民日报，2016 - 05 -
19 (2).

[20] 在纪念毛泽东同志诞辰120周年座谈会上的讲话 [N]. 人民日
报，2013 - 12 - 26 (2).

雨课堂在高校思想政治理论课
教学中的有效运用[*]

陈文林

摘　要： 随着教育环境的复杂多变，高校思政课教学改革势在必行。雨课堂是将 PPT 或 WPS 与微信相连接，实现课堂与课外、线上与线下良性互动的一种智慧教学工具。雨课堂在高校思政课教学运用中，对学生学习兴趣、课堂气氛、教学互动、教学效果等产生了积极成效，但也存在耗时、功能不够细化、反馈数据有失精准等问题。为此，必须深化认识、优化教学内容、健全协同机制，从基础、关键和保障三方面助推雨课堂在高校思政课教学中的有效运用。

关键词： 雨课堂；高校；思政课；教学改革

在"互联网＋"背景下，以慕课、雨课堂、对分课堂、翻转课堂为代表的教育教学形式与方法应运而生。习近平总书记强调："要运用新媒体新技术使工作活起来，推动思想政治工作传统优势同信息技术高度融合，增强时代感和吸引力。"[1] 如何积极借鉴运用网络和新媒体技术及其教学形式与方法，成为高校思政课教学改革与研究的重要话题。由学堂在线与清华大学在线教育办公室共同研发的雨课堂，是将 PPT 或 WPS 与微信相连接，实现课堂与课外、线上与线下相契合的一种智慧教学工具。在笔者一

＊　本文系教育部高校示范马克思主义学院和优秀教学科研团队建设（重点）项目"'思想道德修养与法律基础'课专题教学指南研究"（项目编号：18JDSZK007）、韶关学院教育教学改革项目"高校思政课基于'雨课堂'的混合教学模式研究"（项目编号：SYJY20181941）成果。原载于《清远职业技术学院学报》2020 年第 3 期，收入本书时有修改。

年多的实践运用基础上，结合问卷调查和访谈，本文拟对雨课堂在高校思政课教学中的运用状况及其有效运用进行初步探讨与分析，以期为推动高校思政课教学改革、提升高校思政课教学实效性提供些许借鉴与启发。

一、高校思政课教学改革的必然性与重要性

无论是高校思政课的性质与地位还是思政课的教学环境与现状，不仅体现了高校思政课教学改革的必然性和必要性，也彰显了高校思政课教学改革的重大意义。

1. 落实思政课重要地位和作用之必然

2019 年，习近平总书记在学校思想政治理论课教师座谈会上指出："思想政治理论课是落实立德树人根本任务的关键课程。"[2] 这句重要论断，不但充分肯定了思政课的重要地位和作用，而且为新时代思政课建设指明方向、提供根本遵循。思政课之所以是关键课程，因为它不仅关乎意识形态和思想政治工作，也关乎培养什么人、怎样培养人、为谁培养人这个根本问题。这既是思政课铸魂育人核心要义的集中体现，也是党和国家事业长远发展战略目标的根本要求。思政课如何担起重任？唯有大力推进高校思政课教学改革、切实提升思政课教学实效性。

2. 抓好高校思想政治工作之必需

高校思政课承担马克思主义理论教育教学工作，是高校思想政治工作的重要组成部分。通过高校思政课教学，深化学生对马克思主义历史必然性和科学真理性、理论意义和现实意义的认识，教育他们学会运用马克思主义立场观点方法观察世界、分析世界，不断提高学生思想水平、政治觉悟、道德品质、文化素养，让学生成为德才兼备、全面发展的人才。为此，推进高校思政课教学改革，是抓好高校思想政治工作、落实立德树人根本任务的必然要求。

3. 顺应教育教学环境变化之使然

随着现代科学技术的迅猛发展，信息化已成为人类社会发展的必然趋势。全媒体、"互联网＋"、大数据不断得到推广运用，微博、微信、QQ等成为当代大学生日常生活与交流的主要载体工具。信息技术与人类生产生活交汇融合，为社会发展、国家治理、政党建设及教育教学改革带来机遇和挑战。信息化时代背景下，不仅是媒介工具的变化，也是教学手段的革新；不仅是教学形式的转变，也是教学理念的更新；不仅是教学方法的创新，也是教学模式的变革，这些无不凸显高校思政课教学改革的紧迫性和必要性。

4. 提升思政课实效性之关键

影响和制约思政课教学实效性的因素很多，关键在于"教"与"学"。就教育价值取向而言，教学就是以学生为中心，充分调动学生主动性、积极性、能动性，使学生愿意学、喜欢学、主动学，让学生真正成为学习的主人，实现教育本源的理性回归；就教学过程而言，教学是教师"教"与学生"学"的双向过程。教是为了学，是让学生"会学"。为此，教师必须充分发挥主导性作用，注重启发诱导，为学生主体性的调动提供适宜的教学环境、创设良好的教学情境、营造民主和谐的教学氛围，达到"教"与"学"良性互动，实现教学入耳、入脑、入心。这种"教"与"学"的良性互动，既是高校思政课教学改革的重要内容和目标指向，更是提升思政课教学实效性的核心要素。

二、雨课堂在高校思政课教学中的运用状况分析

雨课堂作为一种智慧教学工具，实质上就是一种教学方法。正如毛泽东所说："我们不但要提出任务，而且要解决完成任务的方法问题。我们的任务是过河，但是没有桥或没有船就不能过。不解决桥或船的问题，过河就是一句空话。"[3]雨课堂这种教学形式，笔者在 10 个班级 800 余人的

"毛泽东思想和中国特色社会主义理论体系概论"和"中国近现代史纲要"课程教学中进行了实践运用，综合问卷调查和访谈对雨课堂的运用状况做一分析。

1. 雨课堂在高校思政课教学运用中的积极成效

在"思政课雨课堂教学总体评价"的问卷调查中，18.05%的学生认为"非常好"，73.9%的学生认为"比较好"，充分说明了雨课堂在高校思政课教学运用中取得了积极成效。在运用成效具体表现的调研中，思政课认知态度的改变、教学效果的增强尤为突出。

一方面，思政课的雨课堂教学，极大改变了学生对思政课的认知态度，学习思政课的兴趣得到明显提高。在高校思政课传统教学中，有学生认为学好专业课就足够了，造成思政课逃课率偏高；有些课堂出勤率虽然很高，但大多数学生在课堂上做与思政课无关事情的现象比较普遍，造成"抬头率"或听课率很低……这些情况，归根结底是由于学生对思政课的重要性和意义缺乏正确的认识与理解。在高校思政课采用雨课堂教学后，通过调研，近八成的学生认为对思政课的认识偏差得到改变，82.07%的学生认为增强了对思政课的学习兴趣，83.17%的学生认为学习思政课的积极性和主动性得到了明显提高。另一方面，思政课的雨课堂教学，较好地改善了师生关系，教学互动显著加强。课前，雨课堂可以推送预习内容与要求并统计反馈预习情况；课堂上，雨课堂可以通过弹幕、投票、答题、标注疑问等形式对教学内容进行重点讲解、现场讨论、即时检测和反馈；课后，雨课堂还可以推送复习要点与测试等巩固教学内容、反馈教学效果。师生互动不仅囊括了全部课程学习阶段，也涵盖了线上线下全过程。在雨课堂关于教学氛围活跃程度和互动参与程度的调查中，认为"非常大"的分别为15.61%、17.56%，而认为"比较大"则分别高达70.98%、69.88%。随着教学气氛活跃度和互动参与度的提高，师生关系得到了较大的改善。在雨课堂关于改善师生关系程度的调查中，14.51%的人认为"非常大"，65.00%的人认为"比较大"。随着师生关系改善和教学互动加强，思政课的教学效果显著增强，在雨课堂对提高思政课教学效果程度的调查中认可率高达85.25%，这就充分印证了其确实卓有成效。

2. 雨课堂在高校思政课教学运用中存在的问题

雨课堂在高校思政课教学运用中虽然取得了积极成效，但基于笔者的实践经验以及问卷调查、访谈，也反映出一些问题。一方面，雨课堂虽然看似简便，但完全熟练操作且能取得较好预期效果则需要投入很多时间和精力。对大规模班级授课且教学任务重的高校思政课教师而言，无论推送资料、查阅反馈信息还是教学设计，雨课堂均需要占用大量时间，明显增加了教师的工作量。据笔者在几所高校的调研，无论是专业课还是公共课，采用雨课堂教学的教师为数不多。其中的原因，通过访谈反馈得知主要是由于雨课堂耗时、工作量大；对学生而言，也存在类似情况。在关于对雨课堂"不满意"或"很不满意"原因的学生访谈调查中，近七成学生也认为雨课堂教学加重学习负担。另一方面，雨课堂虽具有即时互动功能且有量化数据，但在反馈指标上由于不够具体和全面会导致部分反馈数据失真，进而会影响教师对教学做出全面准确的判断和分析。例如，进行考勤时，学生未带手机、未扫码、网络异常、请假等情况均会导致雨课堂数据遗漏，甚至有学生会利用软件漏洞进行投机取巧从而导致数据错误；又如学生对某一页课件内容不理解时标识"不懂"，但教师无法准确判断具体详细的知识点。笔者在关于对雨课堂"不满意"或"很不满意"原因的学生访谈调查中，近三成学生认为雨课堂教学缺乏全面、真实、客观的考核评价的原因在于反馈统计数据的漏报或误报。这些说明了雨课堂本身需要改进和完善的必要性。

三、高校思政课雨课堂教学有效运用的基本路径

雨课堂在高校思政课教学运用中虽存在一些问题，但作为一种教学方法在实践运用中所取得的积极成效十分明显。为此，我们必须充分借鉴运

用雨课堂的教学形式和方法。笔者从基础、关键和保障三方面对高校思政课雨课堂教学有效运用的基本路径展开初步探讨。

1. 深化认识：高校思政课雨课堂教学有效运用的基础

思想是行动的指南，认识是行动的前提。高校思政课雨课堂的有效运用，首先必须熟知雨课堂。雨课堂作为一款智慧教学工具，对提高学习兴趣、促进教学互动、增强教学效果等成效显著，值得借鉴吸收。然而，在教师关于雨课堂了解程度的访谈中，"非常了解"的仅为三成，而"几乎不了解"和"完全不了解"的占比也近两成。学生对雨课堂的了解程度基本上与教师情况相类似。这种认知状况，势必影响雨课堂的有效运用。为此，在改进雨课堂自身功能的基础上，需要加大宣讲力度，对雨课堂的操作方法和优势进行广泛宣传与介绍，深化对雨课堂的了解和认识。作为教师，需要主动更新教育教学理念，积极顺应全媒体、信息化教学环境的变革要求，增强学习借鉴先进教学形式与方法的认识。

2. 优化教学内容：高校思政课雨课堂教学有效运用的关键

内容决定形式。雨课堂作为教学载体工具，脱离教学内容必然是无根之本、无米之炊。高校思政课雨课堂教学，必须围绕思政课教学内容而展开。就高校思政课而言，必须以"思想性、理论性和亲和力、针对性"为目标指向，坚持"政治性和学理性、价值性和知识性、建设性和批判性、理论性和实践性、统一性和多样性、主导性和主体性、灌输性和启发性、显性教育和隐性教育"等八个相统一为根本遵循。[4]就高校思政课教学内容而言，必须力求教学设计的科学化、合理化，实现教材体系向教学体系的转化，核心就是要使思政课教学内容和课程理论与社会现实及学生专业、学习和生活等实际紧密相连，使教学内容精彩纷呈、教学理论生动鲜活，突出现实性、提高"抬头率"、增加关注度，进而激发学生学习思政课的兴趣，增强雨课堂的吸引力，提升思政课雨课堂教学效果。

3. 健全协同机制：高校思政课雨课堂教学有效运用的保障

思政课承担马克思主义教育教学任务，担负立德铸魂的神圣职责，不仅是落实立德树人根本任务的关键课程，也是思想政治工作的重要组成部分。高校思政课雨课堂教学，不仅仅是一种教学活动，更是高校一项重要的思想政治教育工作。无论是教学活动还是思想政治教育工作，都必然牵涉多个职能部门的协同与配合。为此，需要建构各职能部门合理分工、相互配合的联动格局，形成相互协调、齐心合力的协同机制。加大投入和扶持力度，贯彻落实高校思政课建设标准，为高校思政课雨课堂教学提供重要的经济保障；落实高校思政课的人员配备，夯实思政课专职教师队伍，发展壮大思政课兼职教师队伍；优化人才机制，大力提高思政课教师的理论素养、政治素质和教学能力，提升思政课教师专业满意度和职位自豪感，为高校思政课雨课堂教学提供坚实的人员保障；优化考核机制、完善考试制度、建立健全培训架构体系与机制，为高校思政课雨课堂教学提供重要的制度保障。

四、结语

雨课堂作为一种智慧教学工具，对提高学生学习思政课的兴趣、扩人教学互动、改善师生关系等具有明显的积极成效。为此，必须深化认识、优化教学内容、健全协同机制，从基础、关键和保障三方面促进雨课堂在高校思政课教学中的有效运用，进而提升高校思政课教学实效性。

参考文献

[1] 把思想政治工作贯穿教育教学全过程　开创我国高等教育事业发展新局面 [N].人民日报，2016－12－09（1）.

[2] [4] 用新时代中国特色社会主义思想铸魂育人　贯彻党的教育方针落实立德树人根本任务 [N].人民日报，2019－03－19（1）.

[3] 毛泽东 . 毛泽东选集：第 1 卷 [M]. 北京：人民出版社，1991：139.

高校思想政治理论课多元考评
模式及其实践路径[*]

郭潜深

摘　要：提高实效性已经成为高校思想政治理论课教学改革的目标。考评模式对教学实效性起到导向作用。多元考评模式具有诸多优势，实效性高，其理论依据是人的全面发展理论、人本主义教学理论、发展性评价和建构主义教学观。考勤、上课发言、主体性教学课、学习心得和期末考试是多元考评模式的实践路径。

关键词：高校；思想政治理论课；教学改革；多元考评模式；主体性教学

高校思想政治理论课教学是培养社会主义事业建设者和接班人的重要保障，是意识形态领域里一项极其重要的工作。中共中央、国务院《关于进一步加强和改进大学生思想政治教育的意见》指出："高等学校思想政治理论课是大学生思想政治教育的主渠道。思想政治理论课是大学生的必修课，是帮助大学生树立正确世界观、人生观、价值观的重要途径，体现了社会主义大学的本质要求。"[1]因此，提高实效性已经成为高校思想政治理论课教学改革的目标。考评是教学的重要环节，有效的考评模式对教学实效性的提高起到促进作用。早在 2005 年，中共中央宣传部、教育部《关于进一步加强和改进高等学校思想政治理论课的意见》就提出："要改进和完善考试方法。采取多种方式，综合考核学生对所学内容的理解和实

＊ 本文原载于《新余学院学报》2015 年第 4 期，收入本书时有修改。

际表现，力求全面、客观反映大学生的马克思主义理论素养和道德品质。"

一、多元考评模式具有优势

多元考评模式是指根据学生的思政知识掌握程度、学习态度、实践教学和思想转变等方面，并根据重要程度的不同，由这些构成要素组成相对应的指标模式。[2]多元考评模式是相对于传统单一的考试评价模式而言的，指考试评价因子不是简单地由期末考试成绩决定。多元除了指期末考试成绩外，还有其他因子如平时成绩，而且平时成绩占的比重远大于期末成绩。平时成绩可分为考勤、上课发言、实践课、学习心得等。如目前笔者采用的模式：总评成绩＝期末成绩（30 分）＋考勤（20 分）＋上课发言（20 分）＋主体性教学课（20 分）＋学习心得（10 分）。多元考评模式具有以下优势：一是由传统的重期末考试、轻平时学习转变为重平时学习，学习过程好，结果自然好。二是由传统的平时成绩随意给分到量化考核，考勤 20 分，上课发言 20 分，主体性教学课 20 分，学习心得 10 分，期末成绩 30 分，每项都很清晰，评定成绩真正做到公平公正公开，学生自己掌控自己的分数。三是学生学习的积极性大为提高。首先，出勤率大为提高。曾有学生在学习心得中表示笔者的公共课到课率比专业课还要高。其次，学生上课举手发言积极，由于举手发言会计入平时成绩，学生踊跃发言，上课的实效性高。最后，从学生的学习心得也可反映出学生在实行多元考评以来的思想变化，可以看出学生正在健康成长，视野扩大，思维变得更为理性。这为他们形成正确的世界观、人生观、价值观打下了良好的基础，同时也为教师今后改进教学提供了有益的反馈。

二、多元考评模式的理论依据

多元考评模式植根于深厚的理论沃土，这些理论包括马克思关于人的全面发展理论、人本主义教学理论、发展性评价、建构主义教学观。

（一）马克思关于人的全面发展理论

人的全面发展包括人的能力的全面发展、人的个性的充分发展、人在社会关系方面的丰富发展。人的能力的全面发展不仅指人要提高自身的思想觉悟与道德法律修养，提升智力与体力，提高潜在能力与现实适应能力、社会交往与沟通协调能力、创新与实践能力、审美能力等，同时也包含在具体实践过程中可以不受任何限制，发挥人本身最大的潜能。人的个性包含兴趣、理想、信念、气质、性格、道德风貌、社会形象等多方面内容。社会关系是指人们在生产劳动中所形成的人与人、人与自然、人与社会的关系。多元考评模式的主体性教学体现了马克思关于人的全面发展理论中的创新与实践能力、沟通协作能力，同时也体现了社会关系。多元考评模式中的期末考试体现了人的理论能力，考勤则有利于培养学生个性中的良好社会形象。

（二）人本主义教学理论

人本主义心理学主张研究人的本性、潜能、经验价值、创造力以及自我实现等。人本主义心理学是一种时代思想，同时也是社会及教育改革运动。教学目标上强调"完整的人"，教学模式上主要"以学生为主"，在学习过程中强调意义学习，教学评价注重学生的自我评价。[3]多元考评模式中的主体性教学的社会实践强调了以学生为主，学习心得的撰写注重了学生的自我评价，主体性教学的选题贴近学生、贴近生活、贴近实际，体现了人本主义教学理论中强调的意义学习。

（三）发展性评价

发展性评价，主要是基于发展者自身现实状态与过去情况进行比较，从而对发展者的发展水平、发展潜力做出综合判断的质的评价方式，自己与自己比，通过纵向比较分析来明确主体发展的优势与不足，从而能够估计信息、明确防线，以追求更快、更好地进步。发展性评价具有以下重要特征：以评价者的素质全面发展为目标；注重过程评价；关注个体差异；强调评价主体多元化。[4]多元考评模式中学习心得的撰写体现了发展性评价中的发展者自身现实状态与过去情况的对比。多元考评模式中的平时成绩占70%体现了发展性评价注重过程评价。多元考评模式体现了评价主体多元化，主体包括了任课教师、学生、学校督导部门。

（四）建构主义教学观

建构主义理论认为，教学应在教师指导下以学习者为中心，强调学习者的主体作用，但也不能忽视教师的主导作用。教师的作用从传统的传递知识的权威转变为学生学习的辅导者，成为学生学习的高级伙伴或合作者。教师是意义建构的帮助者、促进者，而不是知识的提供者和灌输者。学生是学习信息加工的主体，是意义建构的主动者，而不是知识的被动接受者和被灌输的对象。建构主义强调学习的主动性、社会性和情境性。建构主义关于教学的基本观点有：注重以学生为中心进行教学；注重在实际情境中进行教学；注重协作学习；注重提供充分的资源。[5]多元考评模式中的上课发言体现了建构主义观强调的学习的主动性；以小组为单位的学习方式体现了建构主义观的注重协作学习；主体性教学符合建构主义以学生为中心的教学理念。

三、多元考评模式的实践路径

每学期第一节课的任务是选拔学生助理、划分学习小组和公布考评规则，而这也是多元考评模式的实践路径。

• • • • • •

1. 选拔学生助理

助理承担考勤和统计上课发言情况以及其他一些上情下达的工作。助理人选的要求是公正无私。如发现徇私行为即宣布补考，如果尽责，则平时成绩为满分 70 分。助理选拔以自愿为原则。为了公正起见，助理不能加入其他学习小组中。

2. 划分学习小组

根据班级人数的多少，以 8～10 人为一小组。具体分法是教师随机指定小组长，其他学生与小组长进行双向选择。小组分完后，各小组要给小组命名、提出口号和给出小组的承诺。各小组成员集中坐在一起，有利于今后的考勤、上课讨论发言和实践。

3. 公布考评规则

（1）考评规则之一——考勤：在润物细无声中完成。考勤 20 分。迟到一次扣 1 分；旷课一次扣 5 分，四次扣 20 分，五次直接宣布补考；请病假一次扣 1 分，请公假不扣分，请假条必须在上课之前出示，否则以旷课论处。请病假扣分的理由是今后参加工作，如有病假是无法领取全勤奖的。助理负责考勤。上课铃声响后，助理看到才进入教室的学生登记为迟到。下课前 5～10 分钟，助理到各小组前考勤，比如每个小组成员是 8 人，则看一下这个小组是否坐满 8 个座位，如坐满，则清点下一个小组，如缺一个人，则督促小组长交出缺勤人员名单。整个考勤过程 5～6 分钟，而且不会耽搁教师讲课时间，让学生在不知不觉中完成考勤，下课前 1～2 分钟，教师宣布当天的考勤结果。每次上课都要求考勤的模式对学生起到一个强有力的约束作用。

（2）考评规则之二——上课发言：使踊跃发言成为新常态。上课发言 20 分。上课发言的次数以学习小组为单位来计分。教师准备一副图案特殊的扑克牌（可自制），学生每回答正确一次发一张牌，如有很多学生举手发言，则以举手最快为原则。当然，如果该小组发言的次数较多也可考虑其他小组成员。下课后，小组成员将牌交给小组长，各小组长再将牌交给助理登记。下节课的第一件事为教师公布各小组得牌情况，以激励各小组成员上课更加积极发言。学期最后一节课，公布各小组得分情况。根据得牌排名情况评分，第一名是满分 20 分，第二名是 18 分，其他依次类推。学生为了小组得牌排名靠前，举手发言就会非常踊跃。

（3）考评规则之三——主体性教学课：学生的自主性发挥得淋漓尽致。主体性教学课 20 分。主体性教学课以小组为单位，既可解决学生理论联系实际的问题，也可以加强学生的团队合作能力。有条件的学校可以采取校外实践，如参观纪念馆等，大部分实践课则采取校内形式，也叫主体性教学。主体性教学是学生讲课，教师打分的一种形式。学期的第一节课，告知学生要参与主体性教学，以小组为单位。可以出一些题目给学生参考，也可以考虑课本中教师还未教过的内容，当然也可以是社会热点或是大学生关注的问题，前提是要用思想政治理论来解答这些问题。教学效果好的，课件制作精美的，给满分 20 分。不认真制作课件的，教学效果差的，只得 4～6 分。要求学生做好课件后发给教师看，教师提出修改意见。教师在学生制作课件前会提出一些基本要求：一是要求把小组名、小组成员和题目写在第一张 PPT 上，第一张 PPT 为纲要或提纲；二是要注意课件上字体颜色的和谐，每个页面不能太多字；三是最好有视频，一定要有社会调查（视频或纸质问卷或网上问卷）；四是每个小组讲 20 分钟左右，PPT 数量15～20 张即可，不能太多。学生主讲时间定在期中以后，但要求学生从第一节课开始做准备。

（4）考评规则之四——学习心得：显露学生的思想动态。学习心得撰写 10 分。要求学生在学期结束前的一周内在课堂上完成。学习心得主要撰写本学期以来的思想变化情况以及所思所感所得。此外，还包括对任课教师的评价，引导学生既要写优点也要写缺点，这样才符合辩证法。告知学生将根据其写作的认真程度来给分，同时这些学习心得将装订成册保存起来。学习心得的纸张由教师统一配发，以显郑重。这样，学生就会更加重视，其思想动态可能表露得更详细完整。

（5）考评规则之五——期末考试：一卷定乾坤的特权不再。注重平时学习，期末考试前临时抱佛脚的投机风气一去不复返。期末考试成绩只占30分，并实行开卷考试，主要考查学生运用理论解读社会现象的能力。题目应以在网上找不到为要求，防止学生在网上找答案。出题应有多人参与，以防止出偏题和怪题，导致教考脱节。这样，学生再也不能只注重期末考试，不注重平时的学习了，临时抱佛脚再也行不通了。

参考文献

[1] 中共中央、国务院发出《关于进一步加强和改进大学生思想政治教育的意见》[N]．光明日报，2004 - 10 - 15.

[2] 兰启发．多元考评模式：更新高校思政课考试理念的思考 [J]．内蒙古师范大学学报（教育科学版），2012（5）：70 - 73.

[3] 宋炳，董丽娜．从人本主义教学理论看英语学习中的情感因素 [J]．中国劳动关系学院学报，2011（3）：107 - 109.

[4] 高鹏怀，马素林．发展性评价：提升思想政治理论课教学质量的重要绩效工具 [J]．思想理论教育导刊，2008（1）：75 - 79.

[5] 刘新来，于振红．建构主义在《典范英语》教学中的运用 [J]．河北师范大学学报（教育科学版），2013（8）：56 - 59.

思想政治理论课的"五度"优化[*]

康雁冰

摘　要：习近平总书记在思想政治理论课教师座谈会上指出，办好思想政治理论课，最根本的是要全面贯彻党的教育方针，解决好培养什么人、怎样培养人、为谁培养人这个根本问题。新时代贯彻党的教育方针，要坚持马克思主义指导地位，贯彻新时代中国特色社会主义思想，坚持社会主义办学方向，落实立德树人的根本任务。为了解决根本问题，完成根本任务，就要使思想政治理论课具有"五度"，即"向度""广度""深度""温度""热度"，这是优化思想政治理论课教学，提升获得感和满意度的重要维度。

关键词：思想政治理论课；"五度"：向度、广度、深度、温度、热度

提高思想政治教育的获得感和满意度，是新形势下思想政治工作的目标。实现这一目标的前提，"要用好课堂教学这个主渠道，思想政治理论课要坚持在改进中加强，提升思想政治教育亲和力和针对性，满足学生成长发展需求和期待"[1]。易言之，就是要提高思想政治教育的效度。"效度"作为衡量思想政治教育质量的关键，"向度""广度""深度""温度""热度"是其重要来源。

＊　本文原载于《思想政治课研究》2022 年第 1 期，收入本书时有修改。

一、提升向度

所谓"向度"，是指思想政治理论课的政治性、意识形态性和价值性。内容是知识，指向是理想、信仰、价值。这是思想政治理论课的本质特征，也是区别于其他课程的独特之处。思想政治理论课旨在培养学生正确的政治方向、坚定的理想信念，最根本的指向就是培养社会主义建设者和接班人。概括起来就是立德树人，为成人成才举旗定向，培育时代新人。习近平总书记指出，"高校思想政治工作关系高校培养什么样的人、如何培养人以及为谁培养人这个根本问题。要坚持把立德树人作为中心环节，把思想政治工作贯穿教育教学全过程，实现全程育人、全方位育人，努力开创我国高等教育事业发展新局面"[2]。国体、执政党及其指导思想、方针政策等，规定着思想政治理论课的向度。我国是社会主义国家，理所应当以培养社会主义事业的建设者和接班人为己任。宪法规定，我国是由工人阶级领导的人民民主专政的社会主义国家。"办好我国高等教育，必须坚持党的领导，牢牢掌握党对高校工作的领导权，使高校成为坚持党的领导的坚强阵地。党委要保证高校正确办学方向，掌握高校思想政治工作主导权，保证高校始终成为培养社会主义事业建设者和接班人的坚强阵地"[3]。中国共产党是执政党，以马克思主义为指导思想，社会主义核心价值观是我国主流价值观。鉴于此，思想政治理论课，就"必须坚持以马克思主义为指导，全面贯彻党的教育方针。要坚持不懈传播马克思主义科学理论，抓好马克思主义理论教育，为学生一生成长奠定科学的思想基础。要坚持不懈培育和弘扬社会主义核心价值观，引导广大师生做社会主义核心价值观的坚定信仰者、积极传播者、模范践行者"[4]。

正因为思想政治理论是一门政治性和价值性指向鲜明的课程，习近平总书记对"上好思政课"提出的"八个统一"中的政治性、价值性、统一性、主导性等，均指明了思想政治理论课的"向度"。习近平总书记强调，"青少年是祖国的未来、民族的希望。我们党立志于中华民族千秋伟业，必须培养一代又一代拥护中国共产党领导和我国社会主义制度、立志为中国特色社会主义事业奋斗终身的有用人才。在这个根本问题上，必须旗帜鲜明、毫不含糊"[5]。换言之，指向性是思想政治理论课最本质的特征，也是思政课的独特价值，更是上好思政课的根本要求。"我们办中国特色社会主义教育，就是要理直气壮开好思政课，用新时代中国特色社会主义思想铸魂育人，引导学生增强中国特色社会主义道路自信、理论自信、制度自信、文化自信，厚植爱国主义情怀，把爱国情、强国志、报国行自觉融入坚持和发展中国特色社会主义事业、建设社会主义现代化强国、实现中华民族伟大复兴的奋斗之中。思政课作用不可替代，思政课教师队伍责任重大。"[6]上好思政课，关键在教师，关键在教师"政治要强，让有信仰的人讲信仰，善于从政治上看问题，在大是大非面前保持政治清醒"[7]。关键在教师"人格要正，有人格，才有吸引力。亲其师，才能信其道。要有堂堂正正的人格，用高尚的人格感染学生、赢得学生"[8]，让有理想的人讲理想，善于从道德上看问题，在思想道德上引导学生知行合一。关键在教师发挥主导作用，善于从"三观"上引导学生，充分调动学生的主体性，让"我要学"成为新时代思想政治理论课的"新常态"。

二、拓宽广度

所谓"广度"，是指思想政治理论课内容的横向纵向延伸以及拓展的范围。思想政治理论课的广度，源自学科背景的广度。毫不夸张地说，思想政治理论课是一门综合性课程。就主要内容马克思主义理论而言，它涉及经济、政治、文化、社会、生态、军事、伦理等，几乎穷尽了人类社会的每个领域。就学科而言，它既涉及哲学、经济学、政治学，又涉及文化学、伦理学，还涉及社会学、法学，以及教育学、心理学和美学等。就单门课程而言，无论是哪个学习阶段，几乎没有一门课程在学科背景的广度上能与思想政治理论课相提并论。正因为有如此多的学科背景以及专业知识构成思想政治理论课的内容，使得思想政治理论课教师自诩"杂家"。他们对知识面的涉猎，对不同学科、不同领域的了解，以及各知识点之间的联系、理论之间的迁移等，都要了然于胸。只有把握好这种"广度"，才能将看似毫无关联的零散知识点串联起来，黏合起来，才能取信于学生。没有知识的广度，就很难发现它们之间的内在联系、讲清楚它们的来龙去脉，也就难以赢得学生。在实际教学中，这样的知识点俯拾皆是，比如，社会主义核心价值观、"两个必然"、辩证唯物主义和历史唯物主义等。上述范例充分说明了思想政治理论课的"广度"特征，也充分反映了思想政治理论课的"广度"要求。如果不能从纵向"广度"上讲清楚它们的历史由来，不能从横向"广度"上讲清楚它们与对立的资本主义社会主流价值观的区别，社会主义与资本主义的本质区别，辩证唯物主义、历史唯物主义与唯心主义、形而上学等之间的本质区别，就很难让学生真正理解和信服。"在教学内容上的拓展能丰富学生对现象的理解，有效地增进学生的理解力，从而透过现象深入探究事物本质。"[9]

讲好思想政治理论课，需要博大胸怀、广阔视野。"视野要广，有知识视野、国际视野、历史视野，通过生动、深入、具体的纵横比较，把一些道理讲明白、讲清楚。"[10]今日之中国是世界之中国，要讲清楚当代中国，就必须将中国置于全球之下，不能脱离世界讲中国。特别是"中国近现代史纲要"课程，如果我们只是就事论事，不但难以引起学生的兴趣，产生"新鲜感"，更加难以产生"陌生感"。因为，课程的主要内容已经从中学持续讲到大学，如果没有从全球语境进行新的解读，学生就难以形成更深的理解。比如，中英鸦片战争，如果我们从更宽广的视野进行思考，从英国"全球殖民"的视角进行解读，教学效果将截然不同。我们既要自己品读，又要他者观察，不能囿于自己的"小天地"。换个视角，即使看待同样的问题，也会形成不同的认识和理解。只有这样，才能全方位呈现其本质。因为"马克思主义对问题的分析从来不停留于现象，而是深入其本质；从来不停留于一时一地，而是在世界视野下思考问题。马克思主义对半殖民地中国问题的分析及其给出的解决方案，自然也是建立在如此广度之上"[11]。看清事物的本质，必须跳出单向思维，以多维视角看待，必须观照彼此，必须跳出自我，在观照他人和相互对比中，把握历史大势。

讲好思想政治理论课，需要增长知识，开阔思维。思政课教师常以"杂家"自嘲，反映了上好思政课实属不易。思政课教师不但要有知识的宽度，还需要有理论的深度，更需要思维的广度。只有触类旁通，才能将看似"散""杂""乱"的教材体系，转化为浑然一体的教学体系。毫不夸张地说，在所有的课程之中，没有任何一门课程的内容能出其右。当然，这里的"散""杂""乱"是相对而言，突出强调之意，无否定之意。对于教学而言，它增加了教学难度，与此同时，也给教师提供了更广阔的发挥空间。只有不断"拓展阅读视野，建构完整的大知识体系，具备全方位解决学生疑问的能力"[12]，才能对如此宽阔的教学内容驾轻就熟，使看似形散的知识点聚沙成塔，从而达到"形散神不散""形神合一"的境界。

讲好思想政治理论课，还需要延展时空、拓展广度。仅仅依靠课堂几十分钟解决所有问题，显然不切实际，校园、家庭、社会都是学习、生活、活动的空间。思想政治理论课要向室外、课外延伸，变"要我学"为"我要学"，让课外、校外成为思想政治理论课的"第二课堂"。特别是社会调查、社会实践，理论的间接经验始终替代不了亲身体验。只有让学生沉浸其中，躬行践履，才能增进对世情、国情、党情、社情的深入了解。思想政治理论课不但依靠课内，而且依靠课外，交往、互动更易产生思想，增进感情，激发共鸣。因此，时间上的广度、人员上的广度、空间上的广度，以及学生的广泛参与，才能完成思想政治理论课的内容广度和要求广度。

三、增强深度

所谓"深度",不仅指思想政治理论课的理论深度,而且还指解决"深层次"的思想问题,并且深层次提高认识,增进认同,促进知行合一。前面的"深",是任何一门理论课程的共性。政治性和学术性,是思想政治理论课的重要属性,分别从政治上和学术上体现了思想政治理论课的"深度"。作为一门价值性与知识性高度统一的课程,思想政治理论课从价值上和知识上向人们展示了它的"深度"。后面的"深",则是思想政治理论课的独特个性。思想政治理论课的主要内容是科学理论。作为一种深层次的精神成果,科学理论是对事物本质及其发展规律的反映,内容上具有深刻性,形式上具有概括性,价值上具有导向性,形式上具有抽象性。深度是思想政治理论课的内在本质和内在要求。马克思主义理论博大精深,包括马克思主义哲学、政治经济学和科学社会主义三大方面。针对理论深度,需要讲透,讲彻底,才能说服人。特别是理论难点,要变抽象为具体,化难为易,以通俗的事例,将"高山"夷为"平地",让学生在领略"看山不是山""看水不是水"的美景后,依然能回归"看山还是山""看水还是水"的真实。或许,从"知"的层面解决第一个"深"不是很难。但是,如果要解决学生的深层次思想问题、认知问题、行为问题,绝非易事,更非一日之功。马克思主义告诉我们:理论只要一经群众掌握,就能转化成强大的生产力。只有深度掌握理论,才能做理论上的"明白人"、政治上的"清白人"。因为政治坚定,源自理论清醒。相反,如果只是了解理论的表面,就会产生"夹生饭"现象。这类人自诩学习了许多马克思主义理论,有自己的观点,也确实能对所学理论如数家珍。但是,他们没有触及理论的深度,对原著没有深度研习,成为理论上的"不彻底派"。这种理论上的不彻底,导致立场上不坚定,辩证思维不强,政治信仰不坚定。由于没有深入钻研,没有彻底悟透,他们停留于一知半解、浅尝辄止的层面,结果是思想观念左右摇摆,政治信仰举棋不定。究其根本，是没有深度教学，没有深入学习，没有深刻领会。

上好思想政治理论课，需要深厚情怀、深厚学术。对思想政治理论课的深厚情怀，既是一种教学能力，更是一种政治信仰。如果思想政治理论课教师心中没有祖国，心中没有信仰，对马克思主义不是真懂真信真行，对党不是真心拥护，对人民不是真心热爱，又如何能够做到对思想政治理论课的深厚情怀呢，又如何能将家国情怀和政治信仰传递给学生呢？思想政治理论课，是触及灵魂之课，它需要深厚的理论基础，需要对马克思主义理论的情怀，也需要对党和人民的情怀，还需要对社会主义的认同、对中华民族伟大复兴的真心信仰，更需要对学生的热爱。上述一切，需要思想政治理论课教师具有坚定的"四个自信"。"思政课教学不是简单的政治宣传，要用学理支撑政治、以知识承载价值，做到既旗帜鲜明又理直气壮，以透彻的学理分析回应学生，以彻底的思想理论说服学生，用真理的强大力量引导学生，让学生在科学知识的基础上增强辨别是非对错的能力，在严谨的学术训练中坚定理想信念。"[13]深厚学术，依靠对文献的深度理解和积累。"如果脱离了对文献的深度耕犁，就容易走向表面化和碎片化。"[14]理论上的肤浅，不可避免地波及思想、信仰和行为。如若理论肤浅，思想、信仰的肤浅以及行为的肤浅也将接踵而至。

上好思想政治理论课，需要深度参与，深度学习。教学相长，同向同行。一堂好的思想政治理论课，师生互动，深度参与，深度学习，才能达成教学目标。在这场心灵之旅的过程中，师生之间只有深度交往，以马克思主义理论的"深度"魅力，吸引学生深度参与，"以深度知识来增加课程深度，促进学生深度学习"[15]。只有深度参与和深度学习，才能深度理解，才能彰显马克思主义理论的解释力、说服力、穿透力，以及对事物发展趋势的准确预见。深度教学、深度参与、深度学习，三位一体，构成了"有深度"的思想政治理论课。一堂真正有深度的思想政治理论课，不会因为理论的深度，让学生望而生畏，避而远之。相反，它会因为深度形成一种魅力、一种吸引力。"'有深度'的思想政治理论课并不意味着将理论束之高阁，而是强调将理论和实际相结合，贴近时代，贴近学生和贴近生活"[16]，将伟人的理论用普通人的对话进行淋漓尽致的诠释，从深度上实现思想政治理论课的"内容为王"。相反，泛娱乐化的"形式为王"，看似热闹欢快，实则空洞乏味，短暂的欢愉之后，收获空空如也。

四、传递温度

所谓"温度"，是指思想政治理论课的亲和力和人文温度，通过传播正能量，以及教师的情感关爱、精神信仰和人格魅力传递出的吸引力、感召力。"温度"彰显情怀、责任，也是新形势下提高思想政治理论课教学质量的必然要求。换言之，就是"使高校思想政治工作这门微雕艺术，有温度、有质感，可触摸、可感通"[17]。亲其师，方能信其道。思想政治理论课旨在铸魂育人，它必须触动心灵，以情感人，才能升华思想。教师真心信仰马克思主义，真心热爱学生，学生真心爱戴教师，拥护教师，真心喜爱思想政治理论课，在情感的链条上传递、感知思想政治教育带来的"温度"。作为"温度"感知的双方，学生是"感知者"，教师是"被感知者"。"温度"源于教师，教师是"温度"的发出者，学生是"温度"的接收方。学生对"温度"的感知度，决定了思想政治理论课的"美味度"，进而影响着学生对课程针对性和亲和力的评价。因为"教师的工作是塑造灵魂、塑造生命、塑造人的工作"[18]。教师教学的过程，就是"温度"产生、传递和感知、反馈的过程。热衷教育事业，热爱学生，蕴含着教师"温度"产生的能量。教师的默默耕耘，全心付出，孜孜不倦，甘当人梯，风雨无悔，对职业无私的热爱，对学生无私的付出，传递给学生满满的"温度"。教师"用真理的力量感召学生，以深厚的理论功底赢得学生，自觉做为学为人的表率，做让学生喜爱的人"[19]。用传道解惑讲出情感温度，用深情厚谊感动学生，努力打造"真情课堂"，以情育人，这种信念和品质，会给学生带来真实的情感体验和"温度"感受。总之，"温度"来自教师对教育事业的真挚热爱、对学生的真心关爱以及自身的人格魅力。

上好思想政治理论课，需要以理服人传递"温度"。用马克思主义武装学生头脑，需要进行各种形式的理论教育。在理论教学过程中，理论本身自带温度。从理论来源而言，它并不是冷冰冰的。理论产生于人们的社会实践，特别是马克思主义理论，是马克思、恩格斯在长期的劳动实践中创立和发展的成果。马克思辩证唯物主义、历史唯物主义、资本论以及科学共产主义等理论的创立和发展，都与他们长期从事劳动生产、领导工人运动、体察人民疾苦等息息相关。因此，在理论教学中，我们要将理论的形成、创立和发展过程中的"温度"传递给学生，展示其温情的一面。"教师在理论讲授过程中必须注重理论联系实际，要善于将深刻的道理转化为生动的故事，将枯燥的理论用幽默风趣的话语娓娓道来。"[20]教师既要全面、准确掌握理论实质，又要结合学生实际，化繁为简，深入浅出，以学生喜闻乐见的方式说服他们，以深厚的理论水平、高超的表达能力，在传递"温度"的同时达到以理服人的效果。

上好思想政治理论课，需要以情育人传递"温度"。以情育人是上好思想政治理论课的关键。以情育人的关键在于以情动人、以情感人，实现这一效果的前提是教师的教学魅力和亲和力。"教师的教学魅力主要体现在新颖的课程导入、得体的仪表教态、深入浅出的讲授风格和规范的板书呈现等方面。教师需要不断反思、钻研，方能修炼出自己独特的教学魅力。"[21]教学魅力一旦形成，就能形成教学磁场。它仿佛有一种魔力，紧紧吸引着学生，在情绪情感上感染学生，在思想精神上引领学生，帮助学生树立正确的价值观。提高思想政治理论课的亲和力，就"必须围绕学生、关照学生、服务学生"[22]。这就要求教师转变教学理念，从学生实际出发，给予学生充分的尊重、关爱，营造民主和谐氛围，充分发挥学生的主体性，充分调动学生的主动性和积极性，针对学生兴趣点，激活情绪的燃烧点和情感的爆破点，激发师生之间的情感共鸣。在这一过程之中，生动诙谐、幽默风趣的话语体系能够起到促进作用，在拉近师生距离的同时，打通彼此的情感通道，将"温度"顺利输送到目的地。

上好思想政治理论课，需要身正为范传递"温度"。马克思指出："如果你想感化别人，那你就必须是一个实际上能鼓舞和推动别人前进的人。"[23] 学高为师，身正为范。让有理想的人谈理想，让有信仰的人讲信仰。只有知行合一的教师，才能真正成为学生的引路人。行胜于言，言教不如身教，对于思想政治理论课而言，身教格外重要。单纯的言教对于旨在将知识转化为价值的思想政治理论课来说，作用有限。俗话说，听其言，观其行。榜样是最好的老师。如果嘴上一套，行动一套，言行不一，试问又有谁能信服？长此以往，学生不但不信，甚至会对教师产生逆反心理，什么都不听，什么都听不进。因此，教师只有政治过硬、人格过硬、业务过硬，才能有信心、有底气讲好思想政治理论课。一名优秀的思想政治理论课教师，必须内外兼修，从人格、业务上修炼内功。"倘若内功不足，只会一步步丧失教师在课堂上的优势地位和话语权"[24]，学生必将渐渐疏远教师，在彼此心灵之间形成一道难以翻越的"围墙"。

五、注入热度

所谓"热度"，是指思想政治理论课教学要紧扣时代脉搏和紧跟时代热度，通过透视社会热点，解决学生的思想困惑，牢牢把握社会舆论的话语权、主导权，有效提升学生兴趣和关注度。思想政治理论课是一门应用性课程，"并非无依附的孤立存在，只有与大学生的生活境遇、生活实践、生活期待建立关联，才能够生成思政课真切且持续的获得感"[25]。思想政治理论课必须"紧扣时代主旋律，直面学生的现实问题和生活世界，引入生动案例增强教育内容鲜活性"[26]，才能深层次分析问题，解决学生思想上的困惑、理想上的迷茫、价值上的混沌。换个角度而言，"热度"的注入，为提升学生的获得感提供了可能。事实上，"热度"与获得感之间具有相互契合的联系，构成了相互依赖、相互影响、相互促进的互依关系。一方面，思想热点、社会热点、网络热点，为彰显思想政治教育的功能提供了范例；另一方面，它有助于建构生活化的教育模式，使得思想政治理论课看似宏大的理论叙事进入日常生活的范畴，"高大上"的理论得以接地气，为师生之间同频共振、学生获得感大大提高提供了可能。要提升思想政治理论课的获得感，就不能回避问题，而是要直面问题、解决问题。通过分析问题、解决问题，彰显思想政治理论课对社会问题的解释力、解决力。事实上，在信息化条件下，"小事"在互联网的推波助澜之下，经过发酵、催化，转瞬之间变成"大事"，以燎原之势变成社会舆情。在社会舆情大潮的裹挟之下，青年学生难免会随波逐流，迷失自我。因此，思想政治理论课必须以问题为导向，"切准时政热点问题，师生共同探讨，教学相长，让理论素养在不知不觉中深入学生内心"[27]，让他们能在舆论大潮中劈波斩浪，成为社会舆情的领航者。

上好思想政治理论课，要做到"因事而化"。"因事而化"，强调关注社会现实，关注社会热点，关注思想热点和学生需要，要求理论与实际结合，"把教学内容与学生实际关注的具体问题有效对接，了解学生的疑难困惑，并答疑释惑，积极回应他们的问题需求"[28]。作为时代号角、群众呼声，社会热点往往是社会最真实、最具代表性的问题，也是最需破解、回应的问题。以问题为导向，就是要以社会热点为代表，以最实际的问题、最真实的问题、最值得关注的问题作为突破口。"因事而化"，要求我们关注学生的生活实际和思想动态。社会热点集中反映了现实生活中的突出问题以及重大矛盾，是青年学生最为关切的真问题。"因事而化"，需要我们在了解青年学生特点的同时，聚焦思想关切，从实际出发，从问题入手，把解决问题、化解思想困惑作为"因事而化"的落脚点。

上好思想政治理论课，要做到"因时而进"。与时俱进，是思想政治理论课的重要特质。无论是教材内容还是教学方法，思想政治理论课都要求因时而进。教学内容紧跟时代，顺应潮流，教学方法紧贴实际，符合需要，对于提升思想政治理论课的针对性、获得感至关重要。"因时而进"强调"把理论教学融入到当下所发生的热点问题和学生感兴趣的问题上来"[29]，把学生最关注的、最关心的、最关切的、最困惑的、最想知道的，作为"因事而化"的出发点和落脚点。有了这份"因事而化"的行动指南，就能确保思想政治理论课有血有肉、可亲可感，从头至尾散发时代气息，让学生在沐浴时代风气中获得新知。

上好思想政治理论课，要做到"因势而新"。"因势而新"，强调针对形势变化、趋势发展，审时度势，因势利导。"对于不同年级、不同专业的学生，也要将国家各个领域发展的大好形势作为创新思想政治理论课的突破口，用'四个意识'导航，用'四个自信'强基，用'两个维护'铸魂，引导学生跟上'事、时、势'的变化，使学生豁然开朗、茅塞顿开。"[30]思想政治理论课，要向学生讲清时代潮流、时代趋势、世界大势、中国大势，从树立理想引导，从坚定信念引导，从树立信心引导，从时代责任引导，从历史使命引导，引领学生看清世界，认识中国，在把握时代潮流和历史大势中，明确自己的责任和使命，不断坚定"四个自信"，脚踏实地，为实现民族伟大复兴顺势而为。

参考文献

［1］［2］［3］［4］把思想政治工作贯穿教育教学全过程　开创我国高等教育事业发展新局面［N］.人民日报，2016 – 12 – 09（1）.

［5］［6］［7］［8］［10］［19］用新时代中国特色社会主义思想铸魂育人　贯彻党的教育方针落实立德树人根本任务［N］.人民日报，2019 – 03 – 19（1）.

［9］杨灵.对高中思想政治教学内容深度分析的思考［J］.课程·教材·教法，2013，33（8）：83 – 87.

［11］夏清.如何让思想政治理论课有广度："课堂革命"与视角转换［J］.思想教育研究，2020（1）：100 – 104.

［12］［14］［15］崔春雪.如何让思想政治理论课有深度："课堂革命"与文献利用［J］.思想教育研究，2020（1）：95－99.

［13］吴家华.打造有高度有深度有温度的思政"金课"［J］.思想政治工作研究，2020（5）：49－50.

［16］张云飞."有趣、有益、有深度"的思想政治理论课教学初探［J］.职业教育，2014（11）：34－36，40.

［17］陈宝生.切实推动高校思想政治工作创新发展：深入学习贯彻习近平总书记教育工作重要讲话精神［N］.光明日报，2017－08－04（11）.

［18］做党和人民满意的好老师：同北京师范大学师生代表座谈时的讲话［N］.人民日报，2014－09－10（2）.

［20］［21］项久雨，张畅.用"温度"提升高校思想政治教育质量［J］.思想理论教育，2018（8）：22－28.

［22］习近平.习近平谈治国理政：第2卷［M］.北京：人民出版社，2017：377.

［23］中共中央马克思恩格斯列宁斯大林著作编译局.马克思恩格斯文集：第1卷［M］.北京：人民出版社，2009：247.

［24］［26］［27］［30］韩桥生，徐林芳.提升高校思想政治理论课亲和力的"四个维度"［J］.高校辅导员，2020（3）：17－21.

［25］王润稼.美好生活的显扬：提升思想政治理论课获得感的可行向度［J］.思想教育研究，2018（6）：89－93.

［28］张青.亲和力：提升高校思想政治理论课教学质量的重要维度［J］.思想教育研究，2017（9）：80－84.

［29］王文华.增强高校思政课的亲和力和针对性要从"新""活"入手［J］.中国民族教育，2019（12）：43－45.

医学生医德教育现状的调查与思考

——以韶关学院医学院为例

李寒梅

摘　要： 通过对临床医学、护理等专业医学生的医德教育情况的调查，对数据进行分析，指出我校医学生医德教育存在的不足，并根据调查结果提出对策和建议，以完善医德教育。

关键词： 医学生；医德教育；调查与思考

医德是一名合格医务工作者的高尚修养，是一名医务人员的必备品质。[1]医德教育作为医学生必不可少的职业教育，更加需要与时俱进，在医德教育的方式和方法上有新的突破，才能培养出合格的医务工作者。本文基于韶关学院医学生的医德教育情况，探讨医德教育途径存在的不足，以寻找实现多途径突破医德教育的方法，完善医学生医德教育。

一、资料与方法

本研究选取我校本科、大专两个层次的三、四年级的护理、检验、临床、中医四个专业的学生作为调查对象，他们已经修完医学基础知识，并完成了医学生的实习工作，有了一定的医德意识，具有研究的参考价值。此次问卷包括20道题目，内容包括医学生基本情况的摸底、医德培育的方式等问题。本次问卷调查采取无记名方式，根据实际情况共发出问卷500份，有效问卷478份，有效率95.6%。其中三年级学生208人，占43.5%；四年级学生270人，占56.5%。同时，根据我校各专业学生人数分布的特点，加大了对临床专业学生的调查。调查工作中还走访了本校相关教学人员，收集了相关的医德教育材料，对我校医德教育的方式、方法有了进一步的认识。

二、调查结果分析

医德教育作为医学生必不可少的职业教育，首先要认清当前我校医德教育的现状，从而做到有的放矢，力求在医德教育的方式和方法上做出新的突破。为此，笔者通过对本校医学生进行医德教育问题的调查和对相关教学人员进行访谈，得出如下结论：

（一）学生对人文课程的重视度不够

在"针对学校开设的人文课程，你重视吗"的问卷调查中，"非常重视"占8.6%，"比较重视"占15.1%，"不太重视"占41.0%，"不重视"占30.1%，"很不重视"占5.2%（见表1）。这说明医德教育在高校中有所开展，但是医学生主动汲取这方面知识的积极度还有待提高。同时，就学生对人文课程不够重视这一问题，我们访谈了几名人文课程授课教师和学生代表。反馈结果是学生专业课程压力大，无暇顾及人文课程的学习；部分学生代表提出现在的学生主要是本着实用主义来对待自己所学的知识，而这些人文课程在他们看来是没有实用价值的，这也就意味着他们不会花费过多时间在这方面；但也有部分学生指出有些教师的授课方式和内容过于老套，提不起学习的兴趣。

表1　学生对人文课程的重视程度

	非常重视	比较重视	不太重视	不重视	很不重视
选择人数（人）	41	72	196	144	25

（续上表）

	非常重视	比较重视	不太重视	不重视	很不重视
百分比（％）	8.6	15.1	41.0	30.1	5.2

（二）德育教师的塑造不够

目前，在我校医德教育中存在的另一个问题就是重医学专业教师的培养，轻德育教师的塑造，部分医德教育课程由兼职教师担任。在高学历教师的比例中，专业教师的比重优于德育教师。在高级职称的比例中，专业教师的比重优于德育教师。同时，学校在安排教师培训时，其资源也主要向专业教师倾斜。这样既不利于医学院中德育教师的培养，也限制了医学院德育教师水平的提高，学生在发展过程中最终出现"两腿不齐的走路方式"，长期这样发展下去，势必会影响到我校医德教育的效果。

（三）医德教育评价的方式过于单一

调查显示，医德教育评价仍然是以课程考试分数作为主要参考指标。这种以分数为评价标准的方式，造成医德教育中教师"因考而教"、学生"因考而学"、学校"因考而管"的被动局面，容易使医德教育评价陷入舍本逐末的窘境。面对医德教育评价方式过于单一的问题，根据对师生的访谈结果，教师反馈如果采纳其他的活动方式来进行评价，操作难度高，因为部分教师基本上要承担整个年级某课程的教学任务，要进行实际调查才能最终对医德教育做出评价，这无疑加大了教学任务和教学难度。同时，部分学生认为这种通过一些活动来评定学生医德教育情况的方式，听起来不错，但实际操作中可能会诱发更多评定不公的问题。

（四）学校校园文化凸显医德教育的价值不够

对于"学校将医德教育融入校园文化建设的效果怎么样"的问卷调

查，结果如表 2 所示，"比较差"所占比例最高，"一般"所占比例也不
小，因而在校园文化中还需更多地彰显医德对于一名医务工作人员的重要
作用。校园文化是一个载体，只要将"真、善、美"与医德教育有效地统
一起来，融合各种感人的、寓意深厚的故事，就能吸引更多的学生加入，
也能引起更多学生对医德的重视，从而达到预期的效果。

表 2　学校将医德教育融入校园文化建设的效果

	非常好	比较好	一般	比较差	非常差	不清楚
选择人数（人）	38	36	138	190	25	51
百分比（%）	7.9	7.5	28.9	39.7	5.3	10.7

三、对策与建议

（一）改进医德教育方法，激发学生对人文课程的兴趣

传统的医德教育方法主要以教师讲授为主、学生回答问题为辅，这种
沉闷、枯燥的课堂氛围难以调动学生参与课堂的积极性。为充分发挥德育
课堂的渗透功能，提高学生对人文课程的兴趣，医德教育方法的改进也势
在必行。首先，利用文艺熏陶的方法，将广大学生比较喜爱的反映医患关
系的电影、电视剧引入课堂，同时，将一些医德经典著作分享给学生，学
生不但喜爱，而且在潜移默化中丰富了精神生活，提高了医德情操。其
次，采用榜样说服的教育方式，即运用现实中"优秀实习生""最美医
生"的形象和事迹教育学生，使他们感到真切可信，并引导学生对这些道
德楷模进行评价，从而自觉地把高尚的道德精神融入生活和学习中。最
后，"读万卷书不如行万里路"，要提供学生实际锻炼的机会，引导医学
生走出校门，走向社会，将自己所学到的职业道德知识变为道德行动。

（二）建设医德教育的师资队伍，提高教师医德教育水平

"德高为师，身正为范"，只有高素质的教师队伍才能对学生的思想起引领作用。首先，"以身立教，为人师表"，教师不仅需要广博的知识，而且需要高尚的道德情操和独特的人格魅力去感化学生。无论是专业教师还是德育教师，都应注重严以修身、严以律己，让学生在潜移默化中受到感染，从而有效地渗透医德教育。其次，学校要重视医学生的医德教育，适当地增加对医德教育的投入。目前学校专职德育教师6人，兼职德育教师6人，其中硕士研究生2人，教授和副教授处于空白状态，学校可以考虑将一部分经费用于引入高学历、高职称的德育教师以及辅导员来扩充德育教育的师资队伍，以弥补当前医德师资队伍的不足。最后，学校也应当注重对专业教师的培训，让其在专业课的实践过程中加强对学生德育知识的补充。总之，学校需从人力、物力、财力上来支持医德教育的师资队伍建设，这样才会塑造出一支高素质、结构合理的医德教育的师资队伍。

（三）重视学生综合素质的培养，建立科学系统的医德评价机制

医德教育的终极目标就是培养德才兼备的医生，通过建构科学合理的医德评价机制，能使医学生明辨是非、扬善弃恶，掌握行医标准，使已获得的良好医德得到认同。针对走访教师和学生时他们提出的学生医德评价体制的问题和疑惑，一方面需尽可能将知识评价与实践评价有效地结合。医德教育强调实践与认识的统一，但如果医德评价仅仅局限于知识评价，那么医德的观念势必会停留在表面的认知上；相应地，如果只重视实践评价，没有知识评价做依据的话，这样做出来的评价结果也会显得苍白无力。另一方面要做到自我评定与外界评定并存，"当局者迷，旁观者清"，医学生对自身的医德评定有一定的参考价值，但是还需要结合家庭、教师、同学以及实习单位等多种外界途径来了解其医德素质的状况。

（四）丰富校园文化建设，实现医德教育与校园文化的对接

校园文化活动要有延展性，以拓展医德教育的途径。校园文化活动要有创新性，以增强医德教育的活力源泉。[2]要实现医德教育与校园文化的对接，学校还需进一步丰富校园文化建设。一方面充分利用网络这一平台进行校园文化建设，例如建立相关的医德教育专题网站、微信公众号等网络平台，这势必能有效地渗透医德教育，强化医德教育，从而实现医德教育与校园文化的对接。另一方面营造一种良好的校园环境，处处散发着人文关怀的气息，多途径地开展校园文化活动，充分利用校团委和学校的社团来开展一些医德人文知识的宣传，医德的涵养势必会渗透到学生的思想中甚至骨子里。

医患关系是近几年备受关注的一个话题，要缓解紧张的医患关系，既需要社会环境和制度环境的改变、革新，也需要医学院校的积极配合和参与，从本质上说就是要从医学生开始培养其道德素养，规范其职业道德。医德教育是一项长期而艰巨的任务，培养医术精湛、医德高尚和服务良好的高级医学人才正是新时期推动医学事业发展、构建和谐医患关系及促进社会文明进步的保障。[3]

参考文献

［1］王自春，路博文，母春兰，等.医学院校思想政治理论课对培养医学生医德的重要作用［J］.中国科技纵横，2014（6）：235.

［2］王宁，戴燕玲，邹静.医学生医德教育与校园文化对接的现状分析：广西卫生职业技术学院问卷调查报告［J］.中国科教创新导刊，2013（23）：237.

［3］岑建旭，许雪溢.浅谈医学生医德教育［J］.成功（教育），2009（3）：136.

"三色三化"教学改革创新的探索与实践

——以"中国近现代史纲要"课程为例

薛晓芳

摘　要：作为落实立德树人根本任务的关键课程，"中国近现代史纲要"课堂教学长期存在专题设置主线不清、教学模式构建不新和学生学习兴趣不浓等方面的痛点，本文针对课程教学中存在的痛点问题，通过探索"持本色、守底色、创特色"的"三色"创新举措，构建"专题化内容体系、育人化红色思政、立体化学习空间"的"三化"教学模式等路径，有效疏通堵点，进一步提高课程教学实效性和针对性。

关键词："中国近现代史纲要"；"三色三化"；教学改革与创新

党的二十大报告对"办好人民满意的教育"作了全面的论述，重点强调"培养什么人、怎样培养人、为谁培养人是教育的根本问题"的教育方针。[1] 育人的根本在于立德。在当前思想政治理论课建设得到党和国家前所未有的重视和关注的境遇下，作为立德树人根本任务的关键课程，"中国近现代史纲要"课（以下简称"纲要"课）的教学改革和研究取得了丰硕的成果，但是不容忽视的是，"纲要"课堂教学仍然存在着诸多亟待突破的困境，本文针对课程教学中长期存在的痛点问题，通过积极探索创新举措和构建新型教学模式来疏通堵点，旨在进一步推进"纲要"课改革创新和高质量发展。

······

一、把握关键点：“纲要”课教学改革与创新的遵循

在全国学校思想政治理论课教师座谈会上，习近平总书记突出强调了思想政治理论课的战略地位和重要作用，提出了“思想政治理论课是落实立德树人根本任务的关键课程”这一重要论断，在这次座谈会上，习近平总书记针对性地提出“八个相统一”的基本要求。[2]作为一门重要的思想政治理论课，“纲要”课从历史的角度出发，帮助大学生认识近现代中国社会发展和革命、建设、改革的历史进程及其内在规律，从而深刻领会历史和人民是怎样选择了马克思主义、选择了中国共产党、选择了社会主义道路、选择了改革开放。[3]

与“习近平新时代中国特色社会主义思想概论”“思想道德修养与法律基础”“马克思主义基本原理”“毛泽东思想和中国特色社会主义理论体系概论”这四门必修课程不同的是，“纲要”课有其独特的“立德树人”的使命，它所涉及的历史时段，“就其主流和本质来说，是中国一代又一代的仁人志士和人民群众为救亡图存和实现中华民族的伟大复兴而英勇奋斗和艰苦探索的历史”[4]，由于本门课程在帮助大学生培养唯物主义历史观、坚定历史自信、增强政治认同、激发大学生历史责任感和使命感等方面发挥着独特的优势和作用，所以，作为落实立德树人根本任务的关键课程，“纲要”课要从“关键”的角度来创优思路，这个“关键”就是提高“纲要”课教学质量，大力推动“纲要”课教学改革与创新，旨在实现理论知识与培根铸魂紧密结合，增强教学的针对性和实效性，更好地帮助学生铭记历史，读懂历史，以史为鉴，树立正确的人生观、价值观和世界观。

二、直击痛点:"纲要"课教学改革与创新亟待突破的困境

当下"纲要"课在一定程度上的效果式微现状值得我们重视,这一现状成为"纲要"课堂教学亟待解决的痛点。

(一)专题设置主线不清

"纲要"课作为高校思想政治理论课的一门必修课,历史教育的功能突出,它在帮助大学生全面系统了解党史、国史、国情,树立正确的历史观和价值观,引导学生正确认识和深刻领会"四个选择"的必然性等方面发挥了资政育人的功能。当前,"纲要"课教材的编写主要采取的是以纵向时间为线索的叙述模式,时间跨度长,讲授内容庞杂,如果在有限的时间按章分节、面面俱到地开展教学,难以突出重点,抓住主线。为此,对教学结构和教学内容进行有目的的整理、归并、提炼、升华的专题教学,已成为高校"纲要"课堂教学改革的重要手段。然而,各高校在专题的设置标准上参差不齐,通篇打乱重新整合设定有之,章节顺序不改变、侧重点讲授不同有之,更有教师依据自身学术研究的重点随意设计专题,纷繁复杂的专题设置逐渐脱离高校思想政治教育的主轴,为讲专题而讲专题,弱化了"纲要"课思想政治教育的功能,容易导致学生对史实的整体性把握不够、对史实的解读存在随意性、对历史自信和批判能力不足,继而导致其走向思想的误区,出现思想和价值的混乱。出现此种现象,无疑正是授课者忽视对教材自身的理论层次的全局统筹,而这一点也正是授课者、研究者长期以来一直困惑和探索的地方,如何突破现有课程的内容窠臼,突出思想引领的主线,体现课程本身的政治性、思想性、理论性特点呢?

（二）教学模式构建不新

"纲要"课是从历史的角度，通过对近现代中国历史规律的把握和对近现代历史进程、事件、人物的分析，达到思想政治理论教育的目的。传统的课堂教学往往是"平面教学"为主，从内容上看，主要是教师在限定的时间内讲授教材的内容；从形式上看，大多通过教师课堂讲授，辅以板书和多媒体课件等教学手段；从总体上看，呈现给学生的内容和形式基本上以"平面"为主。而"纲要"课作为思想政治理论课，主要是从历史教育的角度承担思想政治教育的功能，其特点是情感教育、理想信念教育、价值观教育，不仅要有知识学习，更要用真挚的情感打动人、用科学的理论说服人、用有效的方法教育人。而当代大学生是在复杂多元的社会环境和社会关系中成长起来的一代，他们思维活跃、视野开阔、信息获得渠道广，单一时空局限性的教学模式"供给"的乏力，忽视了学生在个性、专业、知识以及能力上的差异，导致学生需求得不到充分的满足，进而使学生学习产生牵强感。那么，如何实现从平面教学向立体教育拓展，克服传统思想政治理论课教学存在的时空局限性、"孤岛化"等困境，使"纲要"课教学模式具备"空间的广度""理论的厚度""实践的宽度"，从而满足学生的多样化需求呢？

（三）学生学习兴趣不浓

新时代大学生对"纲要"课获得感的提升为思想政治理论课教学实效性提供了强有力的着力点和突破口，但是目前高校"纲要"课教学"重复化、同质化、表面化"的现象依然突出，尤其对于文科生来说，他们已对中国近现代史中的重大历史事件、重要历史人物以及历史发展规律等基本知识有了一定的储备，课堂中普及性的讲授很难满足学生个体间的知识差异。而冗长且平铺直叙、知识灌输型、重"供给"的"纲要"课理论教学不符合大学生的认知特点。缺乏深入作用于新时代大学生心灵的有感染力和吸引力的案例，时间一长就会引发学生对课堂教学的倦怠，继而导致学生参与教学过程的积极性受到抑制和学习探究兴趣降低，从而削减"纲要"课的教育功能。虽然现实中部分大学生对"纲要"课处于无需求、低需求的状态，但是，不可否认的是仍然有大部分学生对"纲要"课存在较高的需求和期待。对此，如何在教学内容上真正突破教材相对传统的范式，向学生提供更具现实感的案例，让学生学习最接近现实、最接地气的教育资源，不断产生满意度、获得感，从而激发学生的学习积极性呢？

三、疏通堵点："纲要"课"三色三化"教学改革与创新的实践

针对教学中存在的痛点问题，通过积极探索"持本色、守底色、创特色"的"三色"创新举措，全面疏通"纲要"课教学中长期存在的堵点，以此构建"专题化内容体系、育人化红色思政、立体化学习空间"的"三化"新形态教学模式。

（一）坚定政治本色，构建专题化内容体系

习近平总书记在学校思想政治理论课教师座谈会上明确提出了"思想政治理论课是落实立德树人根本任务的关键课程"的崭新命题，这一科学论断的提出充分体现了党和国家对思想政治理论课的高度重视。作为落实立德树人根本任务的关键课程，"纲要"课的关键首先在于其具有鲜明的意识形态性和目标的规定性，所以，这门课程的讲授要植根于中国共产党的理想信念，为处于"拔节孕穗期"的大学生把准政治信仰的"方向盘"。从这个意义出发，"纲要"课教学突出的重点是"政"，讲政治是具体的，在当前学习宣传贯彻党的二十大精神的重要节点，将党的二十大精

神提出的新理念、新思想、新战略及时、准确、立体、有效地融入"纲要"课专题教学中，推动党的二十大精神在"纲要"课程专题教学中落地生根、结出丰硕成果，从而引导大学生心系"国之大者"，树牢"强国有我，请党放心"的远大抱负与家国情怀，使爱国主义和民族精神内化为学生的品质和操守，使大学生做到以史为鉴，立下拳拳报国之志，完成历史赋予的重任。

党的二十大精神丰富鲜活，是"纲要"课教学的源头活水，在教学内容的相融上二者有高度的契合性。但这种融合不是随意随便地融入，而是要有机自然地融入。由于党的二十大报告中再次向全党全国各族人民发出了全面推进中华民族伟大复兴的动员令，这是中国共产党人的价值目标和始终追求，同样也是贯穿"纲要"课历史发展的一条红线。而"纲要"课所涉及的历史时段，"就其主流和本质来说，是中国人民为救亡图存和实现中华民族伟大复兴而英勇奋斗、艰辛探索并不断取得伟大成就的历史"[5]。所以，本课程紧紧围绕"实现中华民族伟大复兴"这条主线，重点阐明"复兴梦"，以"复兴梦"为主题整合教学内容，这不但是对党的二十大内涵的更好理解与把握，而且更好地突出了"纲要"课的政治本色，有利于教育引导学生增强对中国特色社会主义的政治认同。因此，围绕"实现中华民族伟大复兴"这条主线，通过对本教材的知识结构和内容的动态性转化，按照专题讲授的模式适时根据教学情境整合凝练出十个方面的专题：

专题一：资本—帝国主义的入侵，不屈不挠的中国人民民族复兴意识的觉醒；

专题二：日益深化的民族和社会危机促使仁人志士在救亡图存中求索民族复兴之路；

专题三：辛亥革命：中华民族伟大复兴征程上一座巍然屹立的里程碑；

专题四：开天辟地大事变——历史和人民为民族复兴选择了马克思主

义和中国共产党；

专题五：中国特色革命道路的探索：民族复兴之路的历史抉择；

专题六：抗日战争的胜利——惊天动地的历史伟业（一）；

专题七：人民共和国的缔造——惊天动地的历史伟业（二）；

专题八：社会主义革命和建设道路的探索与成就，奠定了实现中华民族伟大复兴的根本政治前提和制度基础；

专题九：中国特色社会主义的开创和发展，指明了实现中华民族伟大复兴接续奋斗的方向；

专题十：中国特色社会主义新时代，迎来了实现中华民族伟大复兴的光明前景。

（二）坚守红色底色，构建育人化红色思政

红色文化资源是我国重要的政治资源之一，是不可再生的重要文化资源，不管是显性的还是隐性的红色文化资源都见证了中国共产党波澜壮阔的革命史、艰苦卓绝的奋斗史、可歌可泣的英雄史，在党史学习教育动员大会上习近平总书记指出，"要教育引导全党大力发扬红色传统、传承红色基因，赓续共产党人精神血脉，始终保持革命者的大无畏奋斗精神，鼓起迈进新征程、奋进新时代的精气神"[6]。党的十八大以来，习近平总书记多次强调，要用好红色资源、讲好红色故事、搞好红色教育、传承好红色基因。对于"纲要"课来说，地方红色文化资源蕴含着具有地方特色的革命气息和革命情感，它凭借"接地气"的优秀基因和光荣传统，呈现出蓬勃的生机活力和鲜明的价值导向，是"纲要"课丰富教学内容、实现立德树人教育目标的理想载体。

作为一门以历史叙事为内容的课程，"纲要"课以鸦片战争为起点，跨越了180多年的历史，整个课程体系红色文化思想突出，但是未能形成较完整系统化的红色文化理论框架，学生对红色文化的认知也仅停留在思

······

想层面，难以引起情感上的共鸣，进而导致学习效果不够突出。红色文化脱胎于革命时期而又超越革命时期，它所彰显的厚重的历史文化底蕴和丰富的精神内涵，成为新时代中国共产党人一以贯之的价值追求。所以，将贯穿于中国革命、建设、改革奋斗历程的地方红色文化设置为专题，用鲜活的地方红色文化素材丰富课堂教学，以此激发学生的学习兴趣。以广东韶关地区为例，韶关自古为岭南重镇，历史悠久，文化底蕴深厚。特别在新民主主义革命时期，毛泽东、朱德、陈毅等无产阶级革命家转战于此，英雄的韶关人民在党的领导下积极投身革命，为新民主主义革命的胜利做出了卓越的贡献，在粤北这块红色热土上留下了丰富的承载着红色革命精神的遗址和文献。当前，韶关地区红色革命遗址 287 处，红军历史文物多达 1 000 多件，工农红军珍贵的历史文献有 50 多万字。虽然韶关红色文化政治教育功能突出，但是内容较散，为有针对性地将韶关红色文化资源融入"纲要"课教学中，需要选好与各章节内容的结合点，将与之相关的红色资源或红色精神进行"整体规划"，以专题的形式形成系统的理论框架，具体如下：

专题 ：寻问"古虞名郡"——韶关；

专题二：20 世纪 20 年代初韶关工农革命运动蓬勃发展；

专题三：烽火粤北：百年老寨铸丰碑；

专题四：韶关犁铺头：朱德游击战思想形成地；

专题五：寻找韶关"红色记忆"——红军长征在韶关连续突破三道封锁线；

专题六：烽火岁月华南教育薪火之延续；

专题七：镌刻在梅岭的赤诚：艰苦卓绝的南方三年游击战争；

专题八：传承革命历史 缅怀革命先辈——记中共粤北省委旧址。

按照"纲要"课程专题教学内容的分布，需要对已形成的红色文化专题精心编制教学设计，做到合理取舍、有机融入，实现静态化的教材体系向动态化的教学体系、知识体系转化，充分发挥红色育人功能。

（三）坚持教学特色，构建立体化学习空间

落实立德树人根本任务，单纯依靠思政课教师"平面化教学"或仅仅囿于传统课堂静态教育都难以完成。全面拓展思政课堂教学空间，打破思政课教学中长期存在的教与学的时空壁垒，发挥课堂、网络、实践相融合的特色和优势，营造供给与需求、线上与线下、校内与校外和谐互动的立体化学习空间，是新时代"纲要"课教学改革与创新的应有之义。

1. 创新优化教学互动的新模式，推动供给与需求的有效衔接

目前，以适应新时代大学生教育发展需要、以学生为中心的教学理念逐渐占据核心地位，教学方法由单向传授向多维育人转变，多重奏的教学方法也正逐步地缩小学生的期许与现实之间的落差。但是我们看到重"供给"的现象仍然是多数学生与思政课教师之间缺乏更加深入的思想交流的屏障，学生对于"纲要"课知识点的理解也主要源于背诵记忆，轻"需求"教学模式导致学生的主体性得不到充分发挥，教学实效性有待增强。

因此，在"纲要"课教学中要创新优化"供给"方法，注重灵活运用讨论式、主讲式、辩论式的主体性教学，有效发挥教师的主导作用，积极引导学生主动参与课堂教学的全过程。可以通过对近代重大历史事件和历史人物的分析，让具象化为鲜活的故事和人物重现在课堂的讲述中，引导学生深刻领会中华民族伟大复兴的实现是近代以来中国人民最伟大的梦想。例如，以小组为单位组织学生自编自导自演"光绪选妃"片段，通过跨越时空的情景模拟，让学生思考改良道路魂断中国的历史启示。再如，在课堂上设置"没有西方的殖民，东方是否将永远沉落""辛亥革命是成功了还是失败了"等问题，教师精心选择必读和延伸阅读文献，指导学生围绕问题深入思考，然后通过小组间的思想交锋与碰撞，不仅满足了学生指点江山、品味历史的愿望，而且使学生在观点交锋中明辨是非、升华思想，有利于学生历史思维能力的培养，也有利于思想政治理论课"立德树人、铸魂育人"的关键作用的发挥。

2. 突破"平面化"教学的时空限制，重塑"同步＋异步"的学习空间

相对固定、集中的教育场所按照预设教学安排开展"平面化"的教育教学，很容易偏离"纲要"课教育教学的既定目标，因此实现"平面化"教学向立体化网络教学的转变势在必行。立体化网络教学中教师的角色不仅是课堂教学的组织者，还是网络教学的组织者，任课教师将教学视频、教学课件、作业、答疑、互动、测验、考核等网络教学资源进行精心设计和制作，保证课程内容的严谨、准确、系统和完整，保证教学所需资源的即时性、针对性和有效性。

在"纲要"课堂教学中，囿于课时，对于史实的讲解相对有限。而利用网络教学优势，为解决课时不足的问题提供了新的解决方案。学生学习时可以突破时间和空间的限制，将原有的只是局限于课堂上的教学拓展到网络空间，自由地支配自己的学习时间，对于已经理解的知识点，可以用较少的时间学习，对于掌握起来有一定难度的知识点则花费更多的时间，不需要再跟着全班统一的教学进度学习，学生通过不受时空限制的自主学习、多渠道学习、反复学习，不断重塑着"同步＋异步"的学习空间。同时，我们还可以推动地方红色文化资源融入"纲要"课程网络教学，播放和展示与课程章节内容直接相关的教学视频、文献资料，实现网络教学平台的高效利用，让学生学习最接近现实、最接地气的教育资源，对提升我校思政课教学的针对性和实效性有重要意义。

3. 拓展课内思政向课外思政的延伸，实现校内与校外合力育人

单纯依靠"纲要"课堂内的理论讲授不能满足大学生对近代中国历史发展规律性的认知，更关键的是要突破理论课堂这一有限时空范围，通过组织学生走出课堂走近历史和触摸历史加深对教材与教学内容的理解及掌握，通过组织学生走出校园体味历史和提升消弭理论认知与实践感知的分歧及偏颇，让生动的实践教学成为"纲要"课教学的有力支撑。

由于"纲要课程实践教学就是对理论教学内容的延伸、拓展和情感体验，它应围绕理论课教学重点而展开，重在使学生通过已有的知识积累和生活体验，对理论课教学的思想观点产生共鸣和认同，从而形成价值观念"[7]。因此，开展"纲要"课实践教学活动需要直抵人心、点燃激情，发挥实践教学培根铸魂的作用，如组织观看红色影片、阅读红色家书、朗诵红色诗歌等课堂内实践教学活动，帮助学生从红色经典中汲取力量，促使课堂教学所激发的情感向更深层次的价值向度递进。地方红色历史文化资源带有浓郁的本土特色革命气息，具有强烈的感染力和强大的亲和力，教师可以有目的性地组织学生开展课堂外实践教学活动，如参观革命烈士纪念馆、历史博物馆，让学生聆听英雄的故事，目睹历史旧物的承载，亲身体味卓然非凡的人文历史，身临其境地感受近代以来先进的中国人在救亡图存的奋斗中对中华民族伟大复兴中国梦的上下求索，感受中华民族在长期不懈的斗争中淬炼出的持久旺盛的精神力量，有助于让学生在浸染于主旋律的实践教育之中感受、认同，并外化为自觉践履，从而增强知史爱国、知史爱党的责任感和使命感。

参考文献

[1] 习近平. 高举中国特色社会主义伟大旗帜　为全面建设社会主义现代化国家而团结奋斗：在中国共产党第二十次全国代表大会上的报告[M]. 北京：人民出版社，2022.

[2] 用新时代中国特色社会主义思想铸魂育人　贯彻党的教育方针落实立德树人根本任务 [N]. 光明日报，2019 - 03 - 19（1）.

[3]［4］［5］《中国近现代史纲要（2023 年版)》编写组. 中国近现代史纲要：2023 年版［M］.北京高等教育出版社，2023：1.

[6] 习近平. 在党史学习教育动员大会上的讲话［J］.中国人大，2021（7）：12.

[7] 周树立，王昊，于慎鸿.《中国近现代史纲要》实践教学论［M］.北京：经济管理出版社，2017：10.

"中国近现代史纲要"课程专题教学初探

周四成

摘　要： 在"中国近现代史纲要"课程中采用专题教学可以较好地处理教材体系向教学体系转化的问题，有利于发挥思想政治理论课的教育功能，提高教学的实效性。专题教学必须依据教材、以学生为中心，遵循一定原则合理设置专题。

关键词： "中国近现代史纲要"；专题教学；探析

"中国近现代史纲要"（以下简称"纲要"）作为高校思想政治理论课程之一，承担着从历史角度对大学生进行思想政治理论教育的任务。因此，其教学的实效性既关系着大学生对中国近现代史认知的科学性问题，更关系着中国特色社会主义事业建设者和接班人在思想政治上的方向性问题。根据中共中央、国务院《关于进一步加强和改进大学生思想政治教育的意见》，结合我校学生的实际情况及教材编排体系，为提高本课程教学的实效性，笔者在四年多的教学过程中进行了一系列专题教学实践的探索和思考。现将这一探索经验加以阐析，以求教于同行。

一、"纲要"课程开展专题教学的必要性

"纲要"课程的特点是时间跨度大、内容多、课时少，且与"毛泽东思想和中国特色社会主义理论体系概论"（以下简称"概论"）课和中学历史教材内容存在重复现象。如果不对教材进行重新的整合编排，那么在

教学过程中将难以达到预期的教学目标。基于此，作为从事"纲要"课教学的教师，笔者通过与国内高校同行交流，认为通过专题教学模式来解决"纲要"课程存在的上述不足，不失为一种有效的办法。

"纲要"课专题教学就是依据教学大纲的要求，对教学内容进行提炼、整合，选择一些重大的历史问题、历史事件、历史人物，设立彼此联系又相对独立的若干专题，进行教学探讨。"纲要"课实行专题式教学能凸显其优点和优势，有效地提高教学效果。

第一，教学内容专题化，有利于教材体系向教学体系的转化。"纲要"课教材讲述了中国近现代的历史，涉及政治、经济、文化、军事等一系列重大事件和理论问题。而教育部规定的教学计划为 32 课时，内容多与课时少的矛盾突出。而且，教材内容与"概论"课及中学历史教材有交叉和重复，造成尽管教材主线清晰、逻辑性和理论性强，但学生学习兴趣不高，实际教学效果不佳。专题式教学则可以在有限的时间里，依据中国近现代史的主题和主线，突出重点，把相关的史实结合起来探寻近现代中国革命与建设发展的内在规律，使学生真正明白"四个选择"的问题。

第二，采用专题教学，符合现代教育理念，能提升教学的实效性。"纲要"课是从历史教育的角度承担着思想政治理论教育的功能。传统的教学模式是教师依照章节单方面地向学生进行"灌输"，忽视了学生主体性的发挥。采用专题式教学，符合"以学生为中心"的现代教育理念。教师可以按照教学目标，紧紧围绕"两个了解，四个选择"来设置专题，有的放矢，展开课堂讨论，消除学生在简单重复一些基本历史知识方面的枯燥与乏味感，提高学生的学习积极性和主动参与意识，使学生有所思、有所想，达到提升教学实效性的目的。

第三，专题教学有利于突出教材重点，更好地发挥思政课的教育功能。作为一门思政课，"纲要"课更侧重于培养学生的马克思主义历史观以及分析问题、解决问题的能力。专题教学符合思想政治教育的新理念，它既考虑了课程教学内容和教学目的，也充分考虑了学生所关心和关注的热点问题，以及在学习中遇到的难点问题。这就最大限度地满足了学生的不同兴趣需求，使其在历史的学习中体验研究分析的过程，培养和提高分析问题和解决问题的能力，帮助学生树立正确的世界观、人生观和价值观。

二、专题教学的初步实践

在借鉴兄弟院校的探索和实践经验的基础上，笔者依据教学大纲和教材的基本要求，从教学目的和重点、难度出发，结合我校学生的实际（文理科、专业），把整个教学内容进行整合、提炼和概括，形成既前后连接又相对独立的系列专题，用一定主线和顺序串联起来，确定8个专题（以我校"纲要"课确定的内容为依据）进行教学。

专题一：综述。主要介绍本门课程的课程性质、内容和教学目的、基本要求，重点介绍"纲要"课的主题、主线，上、中篇综述内容。

专题二：苦难的历程。主要探讨近代中国如何遭受外来侵略以及在这一背景下中国社会不同阶级如何通过改革这种方式来探索国家出路的过程与经验教训。

专题三：救亡图存道路的探索。主要探析近代中国是通过什么样的革命模式取得民族独立和人民解放这一划时代的成果的，特别强调辛亥革命的失败再一次论证了近代中国人不是不想走资本主义道路，而是走不通。

专题四：中国民主革命的新希望和必然道路。本专题概述了中国共产党的诞生及其奋斗历程和功绩，从而使学生深刻理解历史和人民是怎样选择了马克思主义、选择了中国共产党。

专题五：国共两党关系的演变。深刻分析国共两党的两次合作和两次分裂，重点探讨国民党败退的原因，同时也对台湾问题的产生和当今两岸关系进行探讨。

专题六：中华民族的抗日战争。主要着眼于分析讨论抗日战争的历史经验与教训等重大问题，使学生深刻了解抗日战争期间中国共产党是如何逐步发挥中流砥柱的作用并取得最终的胜利。同时也要讨论中日关系的问题。

专题七：统一战线和中国共产党的多党合作。阐述统一战线理论及其作用，使学生了解中国共产党领导下的多党合作制的形成，进一步加深对"没有共产党就没有新中国"的理解。

专题八：中国近代革命与土地问题。对中国近代以来的历次土地改革历程与经验教训做了探讨、分析，使学生明白土地问题是中国近现代历史的核心问题之一，拓展教学的深度与广度。

上述专题设计的特点是线索脉络清晰，主题明确，重点突出，便于学生从整体上把握中国近现代史的历史进程，认识历史演变与变化的逻辑及其规律；能让教师灵活把握教学内容，精讲重点难点问题，也有利于联系时政，加深、拓宽教学内容。

在具体的实施过程中，笔者根据各专题的内容，采取灵活多样的教学方法。如运用多媒体技术，精心制作教学课件，利用影视作品，组织学生观看经典影片（如《辛亥革命》），提高学生学习的兴趣；选择内容相对简单的专题或热点问题，让学生制作 PPT 并选代表讲授，学生、教师参与点评；教师设疑，学生提问，互问互答，促进学生积极思考；在课前、课后向学生征询意见建议，及时改进教学方法；配合学院的实践教学，带学生外出参观北伐战争纪念馆、中共粤北省委旧址，让学生了解社会，深化所学的相关知识。

三、对"纲要"课程专题教学的思考

通过几年的教学改革和实践，笔者认为用专题教学能有效概括"纲要"课的教学内容与教学目的，更好地发挥教师的主导作用和学生的主体地位，能激发学生的学习兴趣，培养学生思考问题和解决问题的能力，同时也突出了重点，解决了课时少、时间紧等问题，课堂教学效果有了很大的提升（我校 2013 级、2014 级全日制本科教学效果调查）。学生一致认为，专题教学理论性强，课程有深度，讲的道理让人信服，大学生就应该多上这样的课。

进行专题教学，科学、合理设置专题是关键。笔者认为，"纲要"课专题教学模式中的专题设置要以教材为依据，保持教学内容的完整性和系统性，才能发挥思想政治理论课的思想政治教育功能和历史教育功能。其设置应该遵循以下原则：

1. 专题应紧紧围绕中国近现代史的主题和主线来设置

党的十五大总结的"求得民族独立和人民解放""实现国家繁荣富强和人民共同富裕"是中国近现代史的主题。而近代以来一代又一代的仁人志士和人民群众反帝反封建、拯救中华民族的英勇斗争历史，尤其是广大人民群众在中国共产党领导下争取民族独立和人民解放、探索社会主义建设道路、实现中华民族腾飞的历史，就是中国近现代史的主线。切实把握好这个主题、主线，向大学生阐明主题与主线的相互关系，是开展"纲要"课程专题教学的前提。

2. 专题设置应突出整体性和延续性

专题具有一定的独立性，但各个专题之间又有一定的关联。不能把"专题"变成分散孤立的"幻灯片"，而应把系列"专题"讲成具有内在联系的历史"连续剧"。因此，专题的设置必须打破时空限制，围绕所阐述的问题，整合章节内容，灵活使用历史材料，增强逻辑的整体感。

3. 专题设置要坚持思想政治性原则

"纲要"是思想政治理论课，政治理论性是其灵魂。专题的设置要围绕中国近现代史的主题和主线，凸显"两个了解、四个选择"的相关史实，坚持正确的政治方向与价值导向，对学生进行爱国主义的教育，帮助学生树立正确的世界观、人生观和价值观，促进大学生的全面发展。

4. 专题设置要注重理论联系实际，突出综合性

"纲要"课程专题设置，必须重视理论联系实际，切实关注现实问题，把昨天和今天连接起来。教师要挑选具有思维训练和教育价值的问题作为专题教学的内容，引入当今社会热点、难点问题，使学生在理论与实际结合中理解和巩固知识，培养分析问题和解决问题的能力，提升本课程的针对性和实效性。同时，专题教学应重视参与式、研究式教学方法的运用，重视社会实践、多媒体、网络教学等多种教学手段的配合，确保"纲要"课程专题教学成为好用、管用的教学模式。

当然，任何一种教学方法都不是万能的。专题教学也存在与教材体系不完全一致、不能覆盖全部知识点、专题设置与学生水平不匹配、教学过程的组织创新有待进一步发掘等诸多问题，要解决这些问题，还需要教师在实际的教学中不断地探索和努力。

参考文献

[1] 贾友军，李咏宾. "中国近现代史纲要"课专题式教学的基本思路研究 [J]. 中国农业教育，2012（2）：89-93.

[2] 王久高. "中国近现代史纲要"教学组专题教学模式探析：以北京大学为例 [J]. 思想理论教育导刊，2009（3）：91-94.

[3] 武晓华. 增强"中国近现代史纲要"课教学实效性的思考 [J]. 思想理论教育导刊，2011（2）：79-81.

基于微课的"翻转课堂"教学模式在高校思政课中的应用

——以"中国近现代史纲要"课程为例

高小衡

摘 要：在当今大数据发展的时代背景下，基于微课的"翻转课堂"教学模式给高校思政课教学改革带来了新机遇。基于微课的"翻转课堂"教学模式在高校思政课中的应用，可划分为课前准备策划、课堂展示交流和课后总结巩固三个阶段。这种教学模式推动了教师与学生、教与学角色的转换，充分调动了学生学习的主动性与积极性，提升了高校思政课教学的实效性。

关键词：微课；翻转课堂；高校思政课

高校思政课是对大学生进行马克思主义基本理论和思想政治教育的主渠道与主阵地。在当今大数据发展的时代背景下，现代信息技术迅猛发展，高校思政课教学也面临着新的挑战、新的要求，思政课教师仍需积极进行教学模式的改革和探索，不断提升高校思政课教学的实效性。将微课这种以微视频为核心的新形态的教学资源与"翻转课堂"教学模式相结合的教学改革，也是提升高校思政课实效性的新的探索。

一、微课"翻转课堂"教学模式给高校思政课教学改革带来新机遇

"翻转课堂"起源于美国科罗拉多州洛基山的"林地公园"高中的化

学课，这种教学模式就是教师创建视频，制作微课提供给学生在课前自主观看、学习，回到课堂上，师生面对面交流、探讨和完成作业。[1]在传统教学模式中，第一阶段是教师在课堂上传授知识的过程，第二阶段是学生在课后吸收和消化的过程，强调的是以教师为中心，注重教师的主体作用。"翻转课堂"教学模式颠覆了传统教学理念，把教师传授知识环节放在课外，而把学生吸收、消化知识环节放在课堂上。这种教学模式将课前、课中与课后的教学环节进行颠倒，改变了传统教学模式中教师讲、学生被动听的局面，把以教师为中心和主体变为教师和学生两个中心、两个主体。它改变了传统课堂知识信息单向传递方式，推动了教师教学方式和学生学习方式的变革，更注重提升学生自主学习的能力，有效提升了课堂效率。[2]

目前，我国高校思政课的性质为全校性的公共基础必修课，主要课程有"马克思主义基本原理""毛泽东思想和中国特色社会主义理论体系概论""思想道德修养与法律基础""中国近现代史纲要"，课程内容复杂，涵盖社会、政治、经济、历史、道德、法律等方面内容。这些课程的课时、内容安排较多，思政课教师的教学任务较为繁重，而且思政课基本上都是大学必修科目，所以学生也承担着较大的学习压力。思政课的内容都是以理论性知识为主，在传统教学模式下，思政课教师普遍采用说教方式，缺乏实践性内容，再加上很多高校思政课教师匮乏，采用大班授课形式，这些都使学生认为思政课内容不具有实际意义，因此对思政课也就难以产生学习兴趣，甚至还会觉得思政课的学习成为自己的负担。因此，基于微课的"翻转课堂"教学模式在高校思政课中的实施，有利于提高大学生对思政课学习的主动性和积极性，有利于大学生思维能力和综合能力的锻炼与提升，同时也有利于思政课教师进一步提高自己的教育教学水平。

· · · · · ·

二、微课"翻转课堂"教学模式的应用

"中国近现代史纲要"（以下简称"纲要"）是全国高等学校本科生必修的一门思想政治理论课，课程内容涵括了从鸦片战争（1840 年）至今的 180 多年的历史，课程开设的目的在于帮助学生了解国史、国情，深刻领会历史和人民是怎样选择了马克思主义，选择了中国共产党，选择了社会主义道路，选择了改革开放。[3]因此，"纲要"课在高校学生的思想政治教育中有着举足轻重的作用与深重的历史教育意义。基于微课的"翻转课堂"教学模式在"纲要"课程中的应用可划分为课前、课堂和课后三个阶段。

（一）课前准备阶段

准备阶段一般在课前完成，主要的工作是了解学生对"纲要"课的认知程度与学习兴趣情况。这个阶段通过教师在课前给学生提供"纲要"课整门课程的知识体系框架，指导学生了解课程的概况，掌握基本的学习方法，开阔学生的思路，使学生进入积极的学习状态。[4]具体通过以下三方面开展：

一是课前学习。课前学习可以借助"云班课"网络教学平台进行。教师需提前在"云班课"创建好班课，然后通过菜单功能，设置好系统流程的学习专题资料库。学习专题资料库里设置三大模块，分别是"课程学习""交流讨论""学习检测"。在每个模块里再设置二级菜单，如在"课程学习"模块里，可设置"课前预习""每章疑难""知识拓展"等知识资料小库。[5]资料库中的学习素材包括 PPT 课件、文字、图片、微视频、网络知识的链接等信息，让学生通过自主学习，便捷、高效地进行相关章节知识的学习，从而尽可能获取丰富的知识量。

二是选题设置。选题的设置呈现出鲜明的开放性，即没有现成的答案，这就需要教师立足于原有的知识体系和教学经验，对照课程教学大

纲，通过仔细分析，详细认证，及时更新知识来解决问题。设置的问题不但要结合课程内容的知识，还要符合思政课教育的价值性和实践性。[6]如在讲授"中国工农红军的长征"时，可以韶关地方历史为切入点，将"红军长征在韶关：20天突破3重封锁"的内容与教材授课内容进行结合，通过"云班课"资料库里教师推送相关知识链接、微课短视频等资源，引导学生探究了解韶关作为革命苏区的光荣历史，为学生在翻转课堂中制作自己的微课作品提供适当的选题。

三是小组合作。在"纲要"课教学中实施基于微课的"翻转课堂"教学模式，通过小组合作开展。首先，根据教学班人数进行分组，每一小组人数为5~8人，每组设组长1人，由组内成员推举产生。其次，各小组根据教师发布在"云班课"里的选题资源，选择并确定小组的选题开展小组合作学习。最后，在小组合作学习中，一定要在组内明确每个组员具体负责的部分，分工合作，将学习成果制作成可供课堂展示的PPT课件或微视频作品。

（二）课堂展示阶段

课堂阶段分为两部分进行。首先是小组汇报与学生互评部分。每个小组由组长或组员配合来汇报小组的学习成果，汇报方式自主选择，可以结合PPT口述或通过微课作品来展示，培养学生的表达能力等综合素质。每个小组汇报后，先由其他小组学生进行点评，充分发挥学生的主体作用，培养学生的思维能力。其次是教师的引导和总结部分。在基于微课的"翻转课堂"教学模式中，教师是学生自主学习的指导者，在学生遇到困惑时，要给予适度的指导与启发，有助于充分激发学生的潜能。[7]教师在总结时需注意：一是要善于在指导中多给予学生鼓励与肯定，充分启发学生的思路，让学生能够积极表达自己的观点和想法，让不同小组之间的交流与探讨更加充分；二是在评价时，采取多种方法、多个角度进行，引导学生积极反思，逐步掌握学习方法，提升资料收集、整理与分析、提炼的综合能力；三是教师要善于与学生进行互动、交流，分享自己的观点和想法，构建和谐、平等的师生关系。

（三）课后总结阶段

课后总结阶段是学生和教师对课前自主学习、课堂交流讨论的补充与反思，这一环节可以在"云班课"里进行。学生通过在"云班课"的"轻直播/讨论"区里分享自主探究、自主学习的体会，向教师提出学习探究中的疑难问题。多媒体交流平台的充分利用，有效拓展了教师的课后辅导，使教师的指导具有连续性，在课后阶段仍能指导学生进行总结、反思。教师也要对自己的整个教学设计、教学过程进行反思，分析在具体的教学实施过程中，是否有需要改进和完善的环节，以便对下一个教学方案进行适度的调整。

三、"纲要"课程中应用微课"翻转课堂"教学模式的小结

（一）要做好教学设计

做好教学设计，是"纲要"课程中实施基于微课的"翻转课堂"教学模式顺利开展的重要前提。在传统教学模式中，教师的备课是在上课前完成的，还没有接触、了解学生，基本上是在较为封闭的状况下独立进行的，不需要学生参与。而基于微课的"翻转课堂"教学模式却不一样，它需要教师在完成初步备课的基础上，把教学的 PPT 课件、微课以及相关的图片、文字、链接资料等通过网络教学平台提前传递给学生，但备课工作还未完成。教师需要通过网络教学平台不断指导、督促、检查各学习小组自主学习、自主探究的进展情况。学生在自主探究问题的过程中，也随时把遇到的新问题、新疑惑反馈给教师，教师再根据学生提出的新问题，不

断修改、丰富自己的教学设计，从而给学生提供、补充新的教学资料和学习资源。

（二）优选合适的翻转内容

科学合理地设置翻转专题、内容，这是"纲要"课程中基于微课的"翻转课堂"教学模式开展的重要支撑。一方面，翻转课堂需要符合思政课基本教学目的和内容，体现思政课"八个统一"，保证知识碎片化和系统化的有机结合；另一方面，也要充分考虑翻转内容是否能激发学生自主学习的兴趣，保证学生前期能有相应的智力投入。[8]设计的问题应具有典型性、挑战性和新颖性等特点，因为这样的问题能够激发起学生思考的兴趣，引发学生更广泛的思考，激起不同思想观点的碰撞，而且只需要几个问题就可以涵盖一章教学内容的重点。在"纲要"课程中，可以选择翻转的专题内容是比较多的，如对国家出路的早期探索，太平天国运动、洋务运动、维新运动为什么没有成功，为什么说辛亥革命是既胜利又失败的革命，中国先进的知识分子为什么选择了马克思主义，为什么说中国共产党的成立是开天辟地的大事，为什么说中国共产党是中国人民抗日战争的中流砥柱，怎样正确认识中华民族迎来了从站起来、富起来到强起来的伟大飞跃，等等。

（三）作用与效果

一是激发了学生的学习热情，提高了学习效率。在"纲要"课程中开展基于微课的"翻转课堂"教学模式，学生在课前通过网络教学平台进行自主探究、自主学习，课堂上相互交流学习体会，不同思想观点进行交锋、碰撞。这种教学模式，充分尊重了学生的主体地位，极大地调动了学生学习的主动性、积极性。同时，通过小组合作学习，每个组员分工明确，为了完成共同的目标，组员之间互相帮助、互相鼓励，一起交流、探．．．．．．

讨，逐渐形成一个民主、快乐、和谐的学习氛围，有效地激发个体学习潜能，提高学习效率。

二是有利于建立和谐、平等的师生关系。与传统教学模式相比较，在基于微课的"翻转课堂"教学模式中，教师与学生的角色定位发生很大的变化，学生是学习的主体，是课堂的主体，教师不再是高高在上而是学习活动的组织者、指导者和促进者。教师和学生在整个活动过程中是相互合作的关系，从课前的小组合作学习，翻转课堂的交流、探讨，再到课后的巩固、总结、反馈，在这一完整的学习活动过程中，教师需要指导学生处理问题，解决疑难，要与学生进行思想的碰撞，共同研究、探索。在这样良好的教学相长的活动过程中，师生之间打破了传统教学模式中固有的师道尊严的观念，建立起和谐、融洽、平等的师生关系。

四、结语

基于微课的"翻转课堂"教学模式在高校思政课中的应用，是对传统教学模式的一种有益补充，它推动了教师与学生、教与学角色的转换，充分调动了学生学习的主动性与积极性，提升了高校思政课教学的实效性。但翻转课堂如何更加贴合高校思政课的授课目的，如何在高校思政课中顺畅运用，如何更有效地对学生进行过程性评价等，这些仍需在今后的教学中继续尝试、探索和思考。

参考文献

[1][2] 刘权政，赵绥生.翻转课堂教学模式在高校思政课教学实践中的思考 [J].机械职业教育，2017（2）：26－28.

[3]《中国近现代史纲要》编写组.中国近现代史纲要 [M].北京：高等教育出版社，2021：9.

[4] 吉铠东.基于微信公众平台的 PBL 教学模式在高校思政课中的应

用：以中国近现代史纲要为例 [J]. 教育观察（上半月），2017（1）：136 – 138.

[5][6][7] 黄青青. 基于"微课"翻转课堂的PBL教学模式在高校思政课中的应用：以《中国近现代史纲要》为例 [J]. 山东青年，2017（7）：32 – 33.

[8] 邢烨. "翻转课堂"在高校思政课中的应用研究：以"中国近现代史纲要"课程为例 [J]. 科教导刊，2021（8）：122 – 123，126.

论高校思政课说课模式和方案的设计

——以"统一战线"为例

李寒梅　孙家明

摘　要： 说课活动作为连接教学与教研、备课与上课的桥梁，是以建立"研究共同体"为基础，旨在提升教师学科教学知识的开放型教研活动。根据高校思政课说课模式与实施原则，对"统一战线"说课稿进行构思和设计，能够为更好地体现说课的价值提供一条参考的路径。

关键词： 说课模式；方案设计；"统一战线"

目前说课已成为教研领域的一项重要活动，与备课、上课、听课、评课共同成为教学改革的重要形式。但是实践层面上的如火如荼却难掩现实的困境，比如说课活动只"说"不"研"或以"评"代"研"，甚至说课过程脱离教学内容、专业特点、学生主体，同行评议也流于形式，导致说课活动丧失了教研功能，这种汇报式说课难以彰显说课的真正价值。通过分析高校思政课说课模式与实施原则，以"统一战线"说课稿的构思与设计为例，能够为更好地体现说课的价值提供一条实现路径。

一、高校思政课说课模式

（一）说课的来源与内涵

说课最初由河南省新乡市红旗区教研社借鉴戏剧界导演给演员"说

戏"的方法在 1987 年推出。[1]1991 年《中国教育报》首次报道，并给予高度评价。说课是以教育教学理论为指导，以课程和教材为客体，以"说、听、评"为主要形式，在精心备课的基础上，设计课堂程序、选择学习方式、阐述理论依据以及进行预测和实践反思，共同研讨与改进教学设计的一种教学研究活动。简而言之，说课的总体思路是围绕"教什么—怎么教—为什么这样教"展开。[2]"教什么"与"怎么教"属于教学实际操作，"为什么这样教"属于学科理论的探究。根据时机不同，分为课前说课和课后说课；根据目的不同，分为研究性说课、示范性说课、评比性说课以及过关性说课。因而，说课本质上是集体的教学研究活动，通过说课达到互相交流、共同提高的目的。

人对知识的获取不是被动地接受，而是由认知主体主动建构的。[3]说课的"说"，从哲学意义上讲是一种主观意识，而说课的"课"，则是一种客观存在[4]，所以"说"与"课"之间的关系即说课教师通过个人主观意识认识客观事物并归纳整理后，经过听、说、评呈现出来的表达与被表达的关系。说课活动的作用机制在于将教师备课、集体备课与共同研讨有机地结合起来，使备课活动提升到教学理论的研讨层面。说课能够展示教师自身教育智慧，提升教师合作、探究意识和教学能力水平，有利于教师从接受型教学文化转变为批判型教学文化、从自我反思型学习兼容共同反思型学习、从教学显性知识的表达走向教学隐性知识的共享；说课过程中的言语行为、课程理解与专业反思能够促使学科教学知识顺利外化[5]，促使教师在"说、听、评"对话互动活动中，由教书匠向研究型教师转化，有利于教师教学素养的提高与专业发展的提升。因而从本质上说，"说"指向"研"，"研"是"说"的根本目的，"说"是"研"的展示过程。

（二）高校思政课说课流程结构

学者古德蒙兹多蒂尔等人认为，教师在制订教学计划时应考虑五个问题：①对学生来说，这些教学内容的当下意义是什么？②对学生来说，这些教学内容的未来意义是什么？③教学内容的结构是什么？④教学内容具有什么样的范例价值？⑤怎样从教学的角度来表征学科内容和观点？[6]这五个问题可以作为高校思政课教师说课的思路，如图1所示。

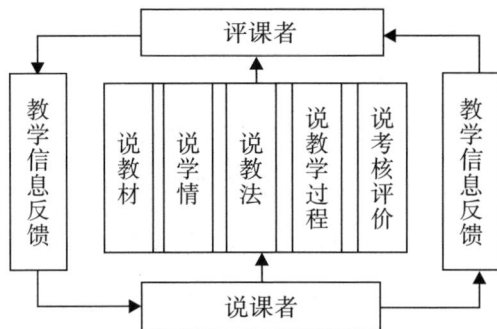

图1　说课流程结构

（1）说教材。主要说明所教部分在教材体系中的地位、作用以及教学内容。教学目标是重点，教学目标要说得准确、具体与全面，切合实际，具体包括知识、能力和情感目标。根据课程标准和学生实际情况，结合教学内容确定教学重点与难点。

（2）说学情。学情是指学生学习知识的方法和途径，属于学习论范畴。说课教师可以依托学生经验、个体经验和前期经验来分析教学设计。具体从学生现有的知识水平、技能水平、思维特点与心理特征等方面进行分析，通过课前对授课对象的调查分析，掌握实际情况，展示分析结果，做好前期准备。

（3）说教法。教法既是理论与实践问题，更是艺术问题。"教学做合一"的含义是教的方法根据学的方法，学的方法根据做的方法。[7]所以说教法可以与说学情结合。具体讲明三个问题：第一，要全面分析学情，在掌握学情的基础上，说明为何选择此教法；第二，在教学过程中，从理论和实践层面说明如何运用此教法；第三，运用此教法的具体程序，如何提高学习效率。

（4）说教学过程。教学过程设计要确保时间分配科学合理，教学环节结构完整、清晰，体现教为引导、学为主体的互动过程。说教学过程要简要说出该课的整体设计与安排，并把每一个环节的具体时间表述出来。主要包括四个基本环节：教学引入阶段、新知识学习阶段、巩固训练知识阶段、评价归纳阶段。

（5）说考核评价。考核评价的设计要做到具体明确、有操作性。目前在这个环节设计上花样多，但往往是说课时是一套，上课时又是另一套。具体来说，主要包括五个方面：考核评价基本理念是什么、考核主体是谁、如何选择考核方式、确定考核内容是什么、考核标准依据是什么。

（三）高校思政课说课的主要原则

说课既不完全是一种教学理论的运用，也不完全是教学实践的改革。教学理论与教学实践两者始终相互交融，处于一个共同发展的过程。因此，高校思政课说课作为联系教学理论与教学实践的中介，具有中介属性的本质特征。

（1）理论性。高校思政课说课模式要在现代教育学与思想政治教育理论的指导下，符合理论规范，这是说课遵循的基本原则。在说课中不仅要说方案设计，还要说方案的理论和实际的依据，做到教学理论与教学实践的有机结合。"说课"重点在于说"理"，说"理"要有根据、有深度。通过上升到理论层面，形成教师独特的教学风格。

（2）特色性。高校思政课说课模式不是简单将备课过程机械地照搬到说课活动中，而是要创新说课设计的实践过程。这个过程，体现出教师由静态的感性认识提升到动态的理性认识的深化过程。说课教师必须以创造性思维方式从教学理论和实践相结合的高度，从教研和教学相结合的深度，创新教学理念与方法，突出重点与难点，将自身的教学特长与创新之处讲清、讲透。

（3）可行性。高校思政课说课模式的目的是以教学研究为出发点，以提升教学与教研能力为目标。说课活动就是通过实践反思和理性化训练，发现与解决问题，提高教学绩效。因此，说课方案设计在实际教学中要可行，教学内容容量在实际教学中要能完成，时间分配要科学合理，考核评价要操作可信。

（4）预见性。高校思政课说课整个活动不受时间、空间、参与人员的限制，在某种程度上是超越时空的。通过说课者运用预见性的创意思维和方案设计，间接地把未来课堂教学可能发生的情况提前表达、安排在当前，把备课时的隐性思维转化成显性思维，经过精心设计与研讨，按照未来的前景和目标来改革现实的教学情境，能够很好地解决教研活动中教学与教研、理论与实践脱节的矛盾。

（5）艺术性。高校思政课说课模式不仅是个体静态的示范活动，可以起到"抛砖引玉"的效果；对于听者群体来说，也是体现动态过程的群体活动，可起到诊断与矫正的功能。这种开放性的教研活动表现出互补性和实效性的特点。因而说课的课件设计、教师的仪表仪态、说课的语言表达等，应体现艺术性，以促进教学研究水平的提高。

二、高校思政课说课方案设计

（一）说教材

（1）教材地位与作用。"统一战线"选自中国人民大学出版社《毛泽东思想概论》第四章第一节。统一战线是中国革命的基本问题和新民主主义革命的三大法宝之一，具有画龙点睛的作用。学习该内容有助于学生领会统一战线是无产阶级政党的基本策略路线。

（2）教学内容。在教材处理加工方面，坚持"三位一体、整合资源"的理念，即以教材为主，整合其他教学参考书，利用现代网络技术拓展教学内容。同时，运用简练的语言概括理论性较强的知识点。考虑到知识学习的连贯性，补充统一战线含义的知识点。教材结构比较合理，内容适中。

（3）教学目标。根据 ABCD 模式制定，即：A（audience）：学生。教学目标主体是学生。B（behavior）：行为动词。教学目标必须指明学生学习后的行为表现。C（condition）：行为条件。指明产生具体行为表现的课堂教学限制或范围。D（degree）：表现的程度。即学生掌握知识技能的程度。[8]教学目标包括：①知识目标：掌握统一战线的含义；理解建立广泛的统一战线的必要性和可能性；认识统一战线的主要历史经验。②能力目标：培养学生理解历史发展规律的能力；运用党的统一战线的思路和方法，学会团结协作的核心能力。③情感目标：领会统一战线是无产阶级政党的基本策略路线。④教学重难点：根据教学目标以及学生对理论知识的把握程度，将"建立广泛的革命统一战线的必要性和可能性"作为教学重点；将"统一战线的主要历史经验"作为难点。

（二）说学情

（1）学习情况分析。课程授课对象是 2011 级的大专学生，具有以下特点：具备一定的理论基础和学习思政课程的能力；大部分学生有强烈的求知欲望，部分学生对学习该门课程兴趣不高，同时，学习方法也比较单一。采用演示法、讨论法、探究法等方法，激发学生学习兴趣，增强学习互动，达到思想政治教育的目的。

（2）课堂学法指导。在课堂中应特别重视对学生学法的指导。学法指导主要包括：①课前预习法——激发兴趣；②自主探究法——提出问题；③讨论学习法——分析问题；④总结归纳法——解决问题。

（三）说教法

（1）说教学选择依据。教学本质上是师生共同创造的过程。因此，针对不同的讲授内容选择不同的教学方法，本次选择教法的依据如下：①依据教学目的。以新课程改革的目标和理念为指导，围绕教学目标，在分析教学内容特点的基础上，采用不同的教学方法。一是为实现知识目标，选用启发法、演示法、讲授法等教学方法；二是为培养学生理解历史发展规律的能力，采用讨论法；三是为实现思想目标，选用探究法。②针对教学内容的特点。针对教学内容理论性比较强的特点，课堂中采用陶冶法、演示法等教学方法。③根据学生现有的知识基础，选用启发法（神话故事）。④根据学校现有的教学条件，选用多媒体教学法。

（2）说教法体现的高职教育理念。①选用演示法和陶冶法创设学习氛围，激发学生学习动机，增强学生学习兴趣。②采用提问法和讲解法创设问题情境，培养学生问题意识，促进学生思维发展。③选择讨论法和探究法组织探究活动，提高学生实践能力和培养学生创新精神，做到"教学做"三者融为一体，有利于调动学生参与课堂的积极性、主动性。

（3）说教法实例。①启发法。在导入新课时，选用启发式提问：毛泽东在何时完善了"三大法宝"的说法，具体内容是什么？由此引导学生思考，激发学生兴趣，实现新课的导入。②陶冶法。在讲解统一战线的含义时，选用歌曲《同心》，达到集音频、动画于一体的教学效果。③演示法。针对纯理论的知识，采用图文并茂的形式，提高教学效果。④讨论法。课堂中设计一些讨论题，例如讨论中国共产党可以利用当时的哪些矛盾来为建立和发展统一战线创造可能性，将学生置于任务情境中，给学生自主学习的空间，强调在讨论中学、在参与中学。⑤探究法。课堂中组织探究活动，例如用猜谜的方式来探究抗日民族统一战线的形成原因，将学生置于猜谜活动中，给学生自主探索的空间，强调在探究中学、在轻松的氛围中学。

（4）教法突破。为了提升学生的学习能力，布置课后思考题：当前爱国统一战线的具体内容是什么？让学生将理论知识结合当前的实际情况进行分析，培养学生分析问题的能力。

（5）说教学重点的突出和难点的突破。演示法和提问法结合使用。演示法形象描述当时中国社会的实际情况，提问法使学生明确课程重点：建立广泛的统一战线的必要性。图示法和讨论法结合使用，图示法形象描述当时中国社会的复杂矛盾，讨论法使学生明确本课重点：建立广泛的统一战线的可能性。

（四）说教学过程

在教学过程中，注重突出重点，力求条理清晰，确保节奏合理。各项教学活动的安排注重互动、交流，最大限度地调动学生参与课堂的积极性、主动性。

1. 课时分配

导入新课（5分钟）；讲授新课（55分钟）；思考讨论（23分钟）；归纳总结（5分钟）；课后作业（2分钟）。

2. 导入新课

由"三大法宝"的出处——《封神榜》中的故事引入，提出毛泽东的古为今用的例子，最后用提问的方式引出新民主主义革命的"三大法宝"之一——统一战线。设计依据：神话故事导入，有利于引导学生深入学习。

3. 讲授新课

（1）统一战线的含义。播放视频——歌曲《同心》，使学生对统一战线有感性认识，通过讨论法让学生进一步认识到统一战线的含义。设计依据：歌曲欣赏，达到激发学习兴趣的目的。

（2）建立广泛的革命统一战线的必要性和可能性。第一，从分析"两头小中间大"的中国革命实际情况出发,让学生深刻认识到建立广泛的革命统一战线的必要性。设计依据:图示法更加直观,有利于学生对问题的理解。第二,从时局图出发,让学生分析时局图的特点并进一步讨论中国共产党可以利用当时的哪些矛盾来为建立和发展统一战线创造可能性。设计依据:图示法与讨论法综合使用,培养学生的合作学习能力。

(3)统一战线的理论和政策。第一,统一战线中的两个联盟。一是通过党旗图片展示,设问"党旗的含义是什么?"探究统一战线中的第一个联盟即以工农联盟为主体。二是通过分析我国当时民族资产阶级的特殊性来引出统战政策的第二个联盟。设计依据:图示法与提问法的使用,锻炼学生的思维能力。第二,统一战线的基本方针原则。首先,由国共两党的两次合作对比深入分析统一战线的第一个基本方针原则——独立自主。其次,通过军阀混战的史实分析,总结出统一战线的第二个基本方针原则——利用矛盾、团结多数。最后,通过西安事变的视频资料,请学生思考并回答中共在西安事变的态度反映了统一战线的什么原则,通过总结得出第三个基本方针原则——原则的坚定性和策略的灵活性。设计依据:通过分析史实,锻炼学生解决问题的能力。

(4)统一战线在中国的建立和发展。第一,国民革命联合战线形成(1924—1927年)。通过播放"第一次国共合作"的视频,让学生概括出国民革命联合战线中所要联合的阶级与革命的对象。设计依据:播放视频,直观生动形象。第二,工农民主统一战线(1927—1937年)。由土地革命时期民族资产阶级的特殊性来分析工农民主统一战线。设计依据:通过对史实的分析,锻炼学生分析问题的能力。第三,抗日民族统一战线(1937—1945年)。通过学生猜谜的方式[谜面:日本投降(打一中国古代名人)]来分析抗日战争中取得胜利的原因,并引出抗日民族统一战线的形成对抗日的重要作用。设计依据:猜谜的方式能够活跃课堂气氛。第四,人民民主统一战线(1945—1949年)。通过国共两党实力的对比,让学生分析共产党在内战之初虽然实力不如国民党,但是在战争中却能赢得胜利的原因，总结出人民民主统一战线在这场战争中的重要作用。设计依据：通过数据对比，使学生易于分析并得出结论。第五，统一战线的主要历史经验。一是必须坚持统一战线中的领导权。以大革命失败为例进行分析，让学生找到这次革命失败的原因，总结经验教训，从而引出统一战线的经验——必须坚持统一战线中的领导权。设计依据：案例分析法的运用，有利于增强说服力。二是必须把工农联盟作为统一战线的基础。通过对歌曲《工农兵联合起来》的欣赏来感悟必须把工农联盟作为统一战线的基础。设计依据：歌曲欣赏，陶冶情操。三是必须对资产阶级实行又联合又斗争的策略。由资产阶级在新民主主义革命中的特殊性入手，分析不同时期对资产阶级的政策，从而总结引出统一战线的经验——必须对资产阶级实行又联合又斗争的策略。设计依据：史实分析，增强学生对历史知识的理解。四是必须坚持"发展进步势力、争取中间势力、孤立顽固势力"的策略总方针。以抗日战争为例，分析坚持"发展进步势力、争取中间势力、孤立顽固势力"的策略总方针。设计依据：史实分析，深化学生对历史知识的掌握。

（五）说考核评价

说课考核方式采用过程考核。其中课前项目作业占 10%，课堂表现占 10%，过程单项实训占 40%，课后实训占 40%。考核评价包括课前、课堂和课后三个部分。每个项目分为差、及格、良、优四个等级。考核评价主体既有教师，又有学生。学生小组内互评，教师评价学生。评价原则：教师原则为关爱学生，培养人才；学生原则为真诚客观。

三、课程总结与反思

说课过程就是教师将实践经验经过理性反思达到理论认识高度的过

程。理论研究是高校思政课说课的重要前提，演示研究过程是高校思政课说课的重要内容，共同研讨活动是高校思政课说课的重要过程，提高和改进教学是高校思政课说课的主要目标。"统一战线"是高等院校"两课"必修内容，也是对大学生实施思想政治教育的重要途径。为了达到教学目标，使用了案例分析法、陶冶法等来提高学生的学习兴趣，增强学生的学习积极性，在进行分析时采用了史料分析等来拓宽学生的知识面，锻炼了学生分析问题的能力，改变了以往思政课"满堂灌"的做法，体现了教师为主导、学生为主体的原则。但是在说课中，对教学方法的选用还不够充分，在学法指导上还需进一步完善，在教学程序中，因为思政课的特殊性，还可以多分析采用这种方法的原因以及达到的效果。

参考文献

［1］俞泽峰. 语文教学技能训练［M］. 济南：山东人民出版社，2015：29.

［2］罗晓杰. 说课及其策略［J］. 教育科学研究，2005（2）：40－43.

［3］马万华 建构主义教学观对大学教学改革的启示［J］. 高等教育研究，1999（5）：58－61.

［4］马凤龙，何丽杰. 多视角透析说课［J］. 教育探索，2006（11）：24－25.

［5］石耀华，余宏亮. 论说课作为教师 PCK 的生发路径［J］. 教育发展研究，2015（20）：80－84.

［6］GUDMUNDSDOTTIR S，REINERTSEN A，et al. Klafki's didaktik a-nalysis as a conceptual framework for research on teaching［M］//WESTBURY L，HOPMANN S，RIQUARTS K. Teaching as a reflective practice. Mahwah，NJ：Lawrence Erlbaum Associates，2000：319－334.

［7］方明. 陶行知全集：第2卷［M］. 成都：四川教育出版社，2009：528.

［8］肖国刚. "说课"的理论与操作研究［J］. 教学与管理，2009（18）：58－60.

高校思政课针对性和吸引力提升的探索与构建

——以"毛泽东思想和中国特色社会主义理论体系概论"课程为例*

梁思贤

摘　要： 高校思政课针对性和吸引力提升是凝心铸魂育人与助力高质量发展的客观要求。制约高校思政课针对性和吸引力提升的问题有学生对思政课的认识和观念有偏差、教师对班级学生的了解不充分、教师转化教材内容难度较大、教师综合利用多种方式方法的能力不强。高校思政课应从扭转并塑造学生的认识和观念、精准了解信息进行学生"画像"、运用马克思主义的立场观点方法进行教材创造性转化、运用多种手段推开课程"流量"的大门这四个方面构建改革创新的路径。

关键词： 高等学校；思想政治理论课；针对性；吸引力；路径

推动思政课改革创新，探索思政课教学模式，促进思政课的质量和水平提升，是每位思政课教师的职责和使命。本文以"毛泽东思想和中国特色社会主义理论体系概论"（以下简称"毛概"）课为例，对为何提高和如何提高高校思政课针对性与吸引力进行了初步探索及构建。

　＊　本文系 2022 年度广东省重点建设学科科研能力提升项目"新时代中小学思政课教学评一致性研究"（项目编号：2022ZDJS044）阶段性成果。

一、提高高校思政课针对性和吸引力的客观要求

思政课是坚持党的教育方针、落实立德树人根本任务的关键课程，是宣传和讲授党的创新理论的重要阵地。高校思政课是基于党和国家事业需要而面向高等教育学校学生开设的思想课、政治课、理论课，是关乎强国建设、民族复兴的伟业伟梦。

（一）高校思政课要致力于实现培根铸魂的育人使命

高等教育要回答好"为谁培养人、培养什么人、怎样培养人"这一根本问题，内在要求在于思政课要把握住针对性这一基本着力点。高校要培养的是一代又一代德智体美劳全面发展的社会主义建设者和接班人，培养一代又一代在社会主义现代化建设中可堪大用、能担重任的栋梁之材。[1]与其他课程相比，思政课主要完成为党育人、为国育才这一根本目标。特定的目标决定了教育理念、教育体系、教育制度、教育内容、教育方法和教育治理现代化的具体路径。党和国家事业发展需要一代又一代人接续努力奋斗，需要用中华民族伟大复兴历史使命激励学生，需要坚持用马克思主义中国化时代化理论成果教育学生。

大学生是高等教育的受众对象，有着区别于其他群体的特征和特点。大学生不仅处在人生成长的关键期，未来也与国家民族一同成长，所以其政治素养和价值塑造是高校思政课的核心内容。高校思政课必须围绕对象和内容两方面进行针对性工作。课程面向大学生，内容是如何把大学生培养为德智体美劳全面发展、拥护中国特色社会主义制度、奋力投身于社会主义现代化建设的建设者和接班人。

（二）高质量的高校思政课要有针对性和吸引力

思政课针对性和吸引力是影响高校思政课教学质量与成效的重要因

素。2016 年，习近平在全国高校思想政治工作会议上指出："要用好课堂教学这个主渠道，思想政治理论课要坚持在改进中加强，提升思想政治教育亲和力和针对性，满足学生成长发展需求和期待。"[2]2019 年，习近平再次强调："推动思想政治理论课改革创新，要不断增强思政课的思想性、理论性和亲和力、针对性。"[3]2023 年 5 月，习近平在中共中央政治局第五次集体学习时指出："坚持改革创新，推进大中小学思想政治教育一体化建设，提高思政课的针对性和吸引力。"[4]这一系列重要论述表明提高高校思政课针对性和吸引力是重中之重，同时也为高校思政课改革创新提供了理论基础、指明了方向。

除了要有实质内涵外，高校思政课也需要采取合适的方法提高课程的吸引力。吸引力关注的是"吸"学生、"引"学生去哪里的问题。思政课有吸引力，学生才能够转变心态，吸引学生主动亲近、积极参与。按照高等教育学的原理，学生学习有接受的过程。哲学上的主体间性可以为高校思想政治教育开启崭新的视角。主体间性也被称为"交互主体间性"，是西方现代哲学的重要成果。在思想政治教育中，主体间性契合思想政治教育理念中的以人为本，也就是关注人、尊重人、理解人、发展人。相较于传统的以教师为中心的课堂，主体间性不仅关注自我，还关注他人也处在"我"的位置，不同主体之间呈现互动交流的状态。只有关注学生，才能准确分析学生的学习动机、激发学生的学习兴趣，获得学生认同。吸引力更注重学生关于课程的感受，解决的是学生不参与思政课的问题。

综上，高校思政课必须坚持在改进中加强、在创新中提高，实现高质量发展。高校提高思政课针对性和吸引力是相辅相成、辩证统一的，提高了思政课针对性，学生对思政课的兴趣也得到了增强，从而提高了思政课吸引力，才能为课程的针对性开拓更宽广的空间。

二、高校思政课针对性和吸引力提升存在的问题

教师是思政课建设的主力军和承重墙。从一线思政课教师的角度观

察，并辅之以问卷调查可知，制约高校思政课针对性和吸引力提升的主要有如下问题：

（一）学生对思政课的认识和观念有偏差

在实行专业教育的大背景下，学生理所当然地对不同课程做区分，对不同课程的重要性进行排序。学生普遍认为专业课才是帮助未来成才的课程。调查发现，有的学生会利用思政课时间完成其他课程的学习任务，例如撰写实验报告、看专业课书籍等。参与调查的学生中有超过九成持"毛概"课重要的观点，但这部分学生中有60.5%的学生表示认识到重要性但行动上做不到认真对待。64.3%的学生认为此课程对日后的工作有帮助，也有22.8%的学生不清楚此课程对日后工作有无帮助。有两成的学生表示对此课程没有兴趣。根据课堂观察和调查发现，不少学生上课会使用手机进行与"毛概"课学习无关的行为，例如浏览网络信息、玩游戏、观看视频等，调查中超三成的学生也自认在课堂上会使用手机。部分学生甚至在课上发呆和睡觉。

调查发现，学生的注意力时长也差异较大，如何获取学生的注意力成为挑战。在一节45分钟的课里，约31%的学生表示专注时间在15分钟内，有56%的学生的专注时间可以保持在16～30分钟，专注时间在31～45分钟的学生占13%。在学生的专注时间内，若教师没有把教学重点处理好，便错失了课堂的"黄金时间"。

（二）教师对班级学生的了解不充分

教师通常是以班级为单位进行思政课教学，以笔者为例，笔者在得知教授的班级后，并没有采取多种方式深入了解班级学生的需求，对学生信息和个性的了解也是在课程即将结束时才通过调查问卷得知。笔者对任教的三个教学班级中来自5个不同专业的263名学生进行课程问卷调查。因为授课过程中，能够发现班级学生的总体特点，班与班之间存在差别，但较少关注学生的个人特点，忽视了学生不同层次的学习目标。对学生的学习目标调查分析可知，以课程考核及格为目标的学生有30%，70%的学生希望通过课程获得实质性收获。

由于笔者是一名新教师，相对来说，与学生的年龄相距较小，更能体会学生阶段的心理状态。这一方面会有利于倾听学生的困惑，但另一方面课程中关于理论和现实的结合说服力不强。一般情况下，高校思政课主要开设在大学一、二年级，对应的学生年龄为18~22岁。这些学生的特点是涉世未深，思维活跃，正在逐渐走向成熟和独立。学生的成长背景各不相同，共同之处是他们都成长在互联网的包围之中，所以他们更容易在网络中流连忘返。除了学生群体的共性特征外，学生的个体差异也十分明显。不同专业之间学生的学习特点和学习氛围差别较大。以2023年笔者任教的5个专业班级学生情况为例，经过一个学期的相处和观察，可以发现，理工科的学生学科基础较差，约76%的学生高考科目中不包括政治，同时班级中有115名学生明确表达积极向党组织靠拢的意愿。这表明学生的政治知识基础和学习热情差异大。

（三）教师转化教材内容难度大

教学需要从教材体系转化为教学体系，其中必然伴随着对教材内容的创造性转化。"毛概"课的特点是思想性、理论性极强，这对教师上好此门课提出了挑战，尤其是对新教师而言难度更大。

教材中有许多概念和名词，但是教师的教授活动不一定会使得概念和名词变得不再抽象和陌生。根据调查结果，4.5%的学生表示完全不能听懂教师的上课内容，74.7%的学生表示基本能够听懂教师的上课内容，由此看出，学生是否能够掌握课程内容进而实现课程目标，教师的授课是关键环节。倘若教师不熟悉教材内容、不研究教材，学生听课会感到干巴巴、枯燥而无味，提不起兴趣，阻碍育人目标的达成。

教材时间跨越度长，包含了中国的不同历史时期，理论内容庞大，是党在不同时期形成的理论成果。教师倘若不熟悉国情，不了解党的历史就无法通过现实鲜活的素材在学生和理论之间搭建起一座桥梁。学生产生的感受便是个体距离国家大事实在太远了，传承使命担当的目标难以完成。

（四）教师综合利用多种方式方法的能力不强

教学活动需要依靠一定的方法来完成，教师采用何种教学方法和教学形式会影响思政课的针对性与吸引力。

在教学形式上，本课程包括线上和线下学习方式。线下学习由教师在教室集中授课，线上学习则需要学生自主观看教学视频和完成练习题。

在教学方法上，笔者常常选择使用讲授法、视频展示法、提问互动法，偶尔选择使用的是讨论法、案例分析法、游戏法。在这些方法中，能够明显调动学生兴趣和参与度的是结合时事新闻的讨论法和游戏法，而讲授法、视频展示法、提问互动法对学生兴趣的调动作用不大。在观看课堂视频时，学生的注意力会比讲授时集中，但若视频播放时长超过8分钟，学生的注意力会降低。

三、思政课针对性和吸引力提升的方法路径

高校思政课是大中小学思政课一体化中的重要组成部分，大学阶段的课程目标重在增强使命担当，课程内容注重开展理论学习。为了保证思政课内涵式发展，促进育人效果的实现，必须采取特定的方法策略提高思政课针对性和吸引力。

（一）要扭转并塑造学生的认识和观念

实践是认识的来源和目的，高校思政课要关注学生对思政课的总体认识和思政课程体系中每一门课程的认识，强调思政课在人生中发挥着基石的作用，课程的价值是长期显现的过程，而不能仅仅根据成绩高低和短期结果来衡量价值。尤其要扭转思政课是"水课"等错误认识，为思政课正名。

塑造学生的观念核心在于发挥学生的主体性作用，也就是学习要从"被动"转为"主动"。而在"毛概"课中，课程考核评价内容包括了主体性学习，具体的学习任务和要求则由任课教师设计并布置。笔者设计的主体性学习主题为"党史知识研究"，以小组为单位，制作 PPT 并在课堂上展示。布置主体性学习的目标是通过主动搜集特定时间的党史资料，学生能够增进对党史知识的了解，辅助课程理论学习。但是从实践层面来看，本次主体性学习目标并没有实现，原因如下：一是按照时间节点搜集党史资料的范围广，学生往往搜集多个事件，研究得并不详细具体清晰；二是学生搜集资料的渠道不权威，大部分是通过公众号或网络获取资料，真实性和权威性不能确保；三是史实没有联系所学知识，两者呈独立的关系，主体性学习游离于课程目标之外。观摩其他课程老师的主体性教学设计，经对比可知，主题式探究学习更适合开展主体性学习，这是因为主题往往联系课程的章节目标，会帮助学生自学相关内容，也有助于在可控的范围内帮助学生深入研究某一主题。

除了思政课教师需努力塑造学生的认识和观念外，还需要辅导员、班主任、高年级学生共同形成合力。在刚入校时期，学校开展新生入学教育便需要强调思政课的不可替代性。班主任和年级辅导员也都要从不同方面表明思想政治教育的重要性。高年级学生可以起到朋辈模范的作用，通过展现高年级优秀学生在思想政治教育上的优点，会让低年级学生意识到思想政治教育的重要性。

· · · · · ·

（二）要精准了解信息进行学生"画像"

"画像"是由大数据技术发展而成的一项技术，基于信息收集和信息处理而形成的用户图像，掌握用户消费水平、消费偏好等信息，以便后续精准投放商业广告和进行个性化推荐。其实，用户"画像"的技术原理也适用于提高思政课的针对性和吸引力，因为大学生的学习是为了满足自身的需要。对于任课教师来说，不妨迁移"画像"的思维来了解学生和掌握学生的需求。

思政课的针对性要建立在对学生信息的了解之上。信息模型应包含专业、性格、学习目标和个人规划四个基本要素，授课教师可以采取调查问卷、访谈等方式了解学生的特点和需要。专业和性格会反映出更多的共性，而学习目标和个人规划更个性化，有助于在个性中求同，实现思政课的层次化目标。在专业维度上，理工科专业学生的抽象思维能力普遍较强，更喜欢生动活泼的讲授和其他形式；文科专业学生往往高中的学科基础比较扎实，应当做好高中知识的衔接和升级，讲清理论渊源和发展过程；艺术和体育专业的学生往往个性鲜明，文化知识稍微薄弱一点。在性格维度上，可以鼓励性格外向的学生积极发言，而对于性格内敛的学生则吸引他们思考，鼓励用文字来表达或展示自己的想法等。在学习目标和个人规划维度上，思政课要注重德育为先和价值引领，因材施教，帮助学生扣好人生的扣子。

此外，教学单位还可以加强思政课教师与学生的适配度。不同的教师也有自身的优势和特点，在安排任课班级时，可以根据教师擅长的教学方式方法匹配学生，发挥思政课教师的人格力量和教学情怀。

（三）要运用马克思主义的立场观点方法进行教材创造性转化

要把理论讲清讲透，首要要求是思政课教师应具有理论思维。习近平总书记多次强调理论思维的重要性，"中华民族要实现伟大复兴，也同样一刻不能没有正确理论思维"，"一个民族要走在时代前列，就一刻不能没有理论思维，一刻不能没有思想指引"，理论思维事关中华民族伟大复兴，事关国家前途命运。

运用理论思维进行教材转化，需要掌握好马克思主义的立场观点方法。思政课教师需要用宏阔的历史视野洞察社会发展方向，并引导学生正确把握社会发展大势。易言之，思政课教师需要紧紧抓住中国从"哪里来"到"何处去"这根绳索。有学者提出："以深刻的理论思维揭示我们是谁、从哪里来、到哪里去。任何一个国家的今天都来自昨天，只有了解一个国家从哪里来，才能弄懂这个国家今天怎么会是这样而不是那样，也才能搞清楚这个国家未来会往哪里去和不会往哪里去。理论思维对社会发展规律的深刻把握，就在于科学认识事物的内在矛盾及其发展趋势。"[5]也就是思政课教师要通过掌握社会主要矛盾及其运动规律，阐明党的理论成果是用来解决什么社会问题的。大学阶段是走向社会前的窗口期，毕业后步入社会便是不断发现问题、解决问题的过程。教师把教材转化为我们身边的、我们身处其中的社会问题，讲清楚这个过程便增强了学生的获得感。

（四）要运用多种手段推开课程"流量"的大门

受内外部因素影响，学生的注意力往往是有限的，他们专注在课堂的时间也各不相同。因此，思政课教师必须采取一定的方式方法延长学生的专注时间，充分利用好学生的专注时间。教学是富有生命力的活动，要回归思政课讲道理的本质，采取各式各样的方式方法，将基本原理变成"生动道理"，用真情实感融合深奥理论。结合青少年大胆新奇的心理，顺应技术发展趋势，主动运用新媒体新技术，增强课程的时代感和吸引力。撕下思政课"枯燥、晦涩，说教、灌输"的标签，与游戏、视频等争夺注意力，形成属于理论的"流量密码"。

在"毛概"课教学实践中，为了提高课程针对性和吸引力，笔者采取了游戏方式和社会热点面对面的讨论方法。①关于游戏方式。课程伊始，教师对学生的了解并不多，若学生认为课程枯燥无聊，对比其他课程也没有新变化，就会降低对课程的期待值，后续不愿意参与课堂。对此，笔者在第二次的课堂中融入了"你来比画我来猜"的游戏方式，三个班级中共有12名学生参加游戏，游戏过程中课堂气氛非常活跃。一方面，学生通过这个游戏可以判断自身是否理解了相关概念并运用自己的语言表达出来；另一方面，教师针对游戏过程的表现，对学生不清晰不明白的地方可以补充讲解。②关于社会热点面对面的讨论方法。世界正处百年未有之大变局，要对中国之问、世界之问、人民之问、时代之问做出科学回答，这也是哲学社会科学工作者的任务。据调查，大部分学生都有浏览时事新闻的好习惯，也会捕捉到大众普遍关注的热点话题，其中不乏与青年群体密切相关的话题。通过选取现实中备受关注的热点议题，由教师和学生进行直接、双向、互动式沟通交流，架设教师与学生的沟通桥梁。这个过程中，主要环节是倾听学生的疑惑、观点，重点环节是教师正确地剖析议题，分析热点背后的实质，拨去学生心中的迷雾以传递正确的价值取向。

参考文献

［1］习近平. 思政课是落实立德树人根本任务的关键课程［M］. 北京：人民出版社，2020.

［2］使高校成为坚持党的领导的坚强阵地［N］. 人民日报，2016 - 12 - 11（4）.

［3］不断增强高校思政课的思想性理论性［N］. 经济日报，2020 - 05 - 05（7）.

［4］谢俊，罗静. 努力提高思政课的针对性和吸引力［N］. 光明日报，2023 - 06 - 21（3）.

［5］宋友文. 以理论思维培养为核心讲好"毛泽东思想和中国特色社会主义理论体系概论"课［J］. 思想教育研究，2023（4）：89 - 93.

关于思政专业学生品读马克思主义经典文献的思考

——以韶关学院思想政治教育专业学生为例*

赖井洋

摘　要：品读马克思主义经典文献是思想政治教育专业学生掌握马克思主义理论的基本要求，引导学生品读马克思主义经典文献的路径具有多样性，引导学生品读马克思主义经典文献要做到实效性、科学性和准确性的统一。

关键词：学生；品读；马克思主义；经典

引导学生品读马克思主义经典文献，提高其马克思主义理论素养和运用马克思主义立场、观点、方法分析和解决问题的能力，是普通高校思想政治教育本科专业人才培养目标的根本要求，引导学生品读马克思主义经典文献的路径具有多样性，要做到品读的实效性、科学性和准确性的统一。

一、品读马克思主义经典文献是思想政治教育专业学生掌握马克思主义理论的基本要求

（一）系统地掌握马克思主义理论，提高马克思主义理论素养，是思想政治教育专业人才培养目标的要求

2018 年 3 月，教育部高等学校教学指导委员会编写的《普通高等学校

---

* 本文原载于《韶关学院学报》2022 年第 2 期，收入本书时有修改。

本科专业类教学质量国家标准》由高等教育出版社出版，该标准是专业设置、专业建设、专业评价的基本依据，也是专业课程设置的基本遵循。

依据《普通高等学校本科专业类教学质量国家标准》之《马克思主义理论类教学质量国家标准》规定，马克思主义理论专业主要设置科学社会主义、中国共产党历史和思想政治教育三大专业，三者之间既有联系也有区别。培养学生具有坚定的马克思主义信仰和中国特色社会主义信念，具有较高的马克思主义理论素养，能运用马克思主义立场、观点、方法分析和解决问题，是马克思主义理论类三大专业人才培养目标的基本要求。在遵循这个基本要求的前提下，通过引导学生品读马克思主义经典文献，特别是马克思主义中国化过程中所形成的理论成果，进而使学生掌握马克思主义基本理论，提高马克思主义理论素养，并用马克思主义理论认识、分析和解决实际问题，这是思想政治教育专业区别于其他两个专业的一个基本特点，体现了思想政治教育人才培养目标的特色要求。

（二）引导学生品读马克思主义经典文献是思想政治教育专业的传统举措

思想政治教育专业是韶关学院师范专业中的一个传统专业，它主要是为粤北乃至广东省培养中学政治课教师，因此，突出思想政治教育的特色是思想政治教育专业发展过程中的重要举措。

引导学生品读马克思主义经典文献的实施，具体表现在每年的各教学阶段和教学环节中。首先，教学系会成立一个由专业课教师组成的"品读马克思主义经典文献指导小组"。由指导小组的教师担任学生品读马克思主义经典文献的指导教师，指导小组根据实际情况列出系列马克思主义经典文献供学生阅读。其次，随着专业课程教学的开展，指导教师会不断跟进、指导和检查学生对经典文献的品读情况。再次，参与品读活动的学生至少完成 1 篇读后感，结集成册作为活动成果。学生通过阅读，积累知识，锻炼思维，提高能力。近年来，思想政治教育专业在开展品读马克思主义经典文献活动过程中，取得了可喜的成绩。如 2016 年，在参加中共广东省委宣传部举办的"品读经典"征文活动中，思想政治教育专业 2014 级学生张某、谢某合写的《正视历史，不卑不亢——读〈马克思恩格斯论中国〉有感》获得一等奖、历史学专业 2013 级学生李某所写的《且看今日之"雾月十八"——读〈路易·波拿巴的雾月十八日〉有感》获得三等奖。这些奖项的获得，是专业教学的一个突破，也是一个新的起点。从实际效果来看，学生对品读马克思主义经典文献活动的积极性不断提高，由此也推动了思想政治教育专业良好学风的形成。

随着"新师范思想政治教育专业本科人才培养激励机制的构建"课题研究的开展，课题组把学生品读马克思主义经典文献活动不断地引向深入。课题组引导了思想政治教育专业 2018 级、2019 级、2020 级三个年级共 263 名学生参与了品读马克思主义经典文献活动，收到作品 263 篇，参与率达到 100%。在这些作品中，包括对《关于费尔巴哈的提纲》《哲学的贫困》《共产党宣言》《社会主义从空想到科学的发展》《法兰西内战》《家庭、私有制和国家的起源》《1844 年经济学哲学手稿》《矛盾论》《关于正确处理人民内部矛盾的问题》等文献的读后感。从学科内容来看，既涉及马克思主义哲学、马克思主义政治经济学和科学社会主义等内容，也涉及马克思主义中国化的理论成果，学生品读的范围越来越大。对学生所完成的作品，课题组教师均进行认真的审核，有些作品还要求学生进行多次修改，从而使合格率达到 100%，其中优秀率为 10%。课题组教师的审核及学生的修改，保证了品读经典活动的实效性，也保证了作品的正确性、科学性。学生通过完成作品、交流经验，逐渐地体悟到马克思主义理论的力量和魅力，加深了对马克思主义基本观点的认识，更全面地掌握了马克思主义的基本理论，从而提高马克思主义理论素养。

二、引导学生品读马克思主义经典文献路径的多样性

如何正确地引导学生品读经典，方法是多样的。那么，如何选择具有实效性、科学性和正确性的路径呢？

（一）依据课程设置和专业特点，确定品读马克思主义经典文献的范围

我们都知道，课程设置具有模块性。依据 2018 年《普通高等学校本科专业类教学质量国家标准》，思想政治教育专业的课程模块主要分为通识性课程、专业基础课程和专业课程三个模块。而就课程知识与马克思主义经典文献的相关性而言，"马克思主义哲学""马克思主义政治经济学""科学社会主义"等属于专业基础课程模块，对这些课程的学习可以为专业课程的学习提供理论和知识的支撑。因此，在学习专业基础课程的过程中，在要求学生掌握马克思主义基本观点和基本理论的时候，增加阅读量、拓宽视野、了解相关理论产生的历史背景就成为这个阶段专业学习的应然之举，可以为下一阶段的专业学习打下基础。引导学生初步阅读马克思的《关于费尔巴哈的提纲》《哲学的贫困》等，可以加深学生对马克思主义的实践观和方法论的理解与掌握，其中，品读《关于费尔巴哈的提纲》，意义深远、重大，因为，它被恩格斯称为"包含着新世界观的天才萌芽的第一个文献"[1]；在此基础上，进一步去品读恩格斯的《家庭、私有制和国家的起源》《社会主义从空想到科学的发展》，品读马克思和恩格斯的《德意志意识形态》及《共产党宣言》，从而加深学生对马克思主义基本观点的理解，并深刻理解《共产党宣言》的发表标志着马克思主义创立的重大意义。马克思主义是经过实践检验的科学的理论，"从《共产党宣言》发表到今天，无论时代如何变迁、科学如何进步，马克思主义依然显示出科学思想的伟力，依然占据着真理和道义的制高点"[2]。因此，我

们不仅要引导学生认真品读体现马克思主义科学理论的经典文献，还要品读体现马克思主义中国化过程中所形成的毛泽东思想、邓小平理论等理论成果的经典文献，在建设有中国特色社会主义的新时代，我们更加要认真学习马克思主义中国化的最新理论成果——习近平新时代中国特色社会主义思想。通过引导学生阅读马克思主义经典文献，从而巩固其所学的专业理论知识，为其确立科学的世界观、历史观提供坚实的理论支撑。

（二）遵循从易到难的认知规律，提升思维能力

说到品读马克思主义经典文献，一般人都会产生畏难心理，认为这些理论太深奥、太难懂。为了让学生克服对马克思主义经典文献的畏难情绪，我们通过"专业导论"等课程及相关的班团会议，为学生讲清楚思想政治教育专业的特点及人才培养目标的培养方向，并开展一些品读经典的经验交流会，从而培养学生对学习马克思主义经典文献的兴趣。常言道，兴趣是最好的老师，其实，兴趣还是最大的动力。有了兴趣便会产生情感、强化意志，从而形成学习经典文献的稳定而强大的动力。这个过程实际上可以说是一个认知的过程，是认知规律的体现。为此，为了使学生有兴趣品读马克思主义经典文献，我们分三个阶段进行引导。第一阶段是：认识经典文献，获得表象意识；第二阶段是：接触经典文献，了解经典文献故事；第三阶段是：理解经典文献，体悟经典文献魅力。由浅入深、由易到难，从而克服其畏难心理。实际上，这三个阶段的实施，统一起来就是一个理论的灌输—理论的思考—理论的输出的有机过程，体现了从易到难的认知规律。通过阅读，积累知识，提升学生的思维能力，从而培养出能较系统地掌握马克思主义理论、具有思想政治教育专业特点、能够适应社会需要的合格人才。

（三）重视成果运用，提升理论素养

学生阅读经典文献后以读后感形式表现出来的作品，是经过较长时间思考的成果。重视对学生品读经典文献成果的运用，既是对学生学习的肯定，也是对其所学知识的尊重。因此，在收到学生作品之后应及时地做好总结、反馈工作。总结的目的在于提高，提高其对经典文献的学习水平，提升其理论素养；反馈的目的是信息的交流、沟通，师生之间的相互学习、共同提高。所以，对学生每次提交的品读经典文献作品，我们都会要求指导教师审核、修改、提炼，然后结集成册，作为一个学习成果进行展示，以期产生带动效应。同时，对其中优秀的作品，我们还鼓励学生向有关部门组织的征文活动踊跃投稿，以期产生一定的社会效应。几年来，思想政治教育专业学生品读马克思主义经典文献活动及其取得的成果，凸显了思想政治教育专业的特色，也成为专业办学的一大亮点。

三、引导学生品读马克思主义经典文献要做到实效性、准确性和科学性的统一

品读马克思主义经典文献，既能扩大学生的课外阅读量、锻炼其思维能力，又能提高学生的理论素养、陶冶其思想情操，但是，在引导学生品读马克思主义经典文献的过程中也要注意原则，力争做到实效性、准确性和科学性的统一。

（一）克服形式主义，注重品读的实效性

内容与形式既相互区别又相互联系，它们的关系是辩证的，形式主义是一种只注重形式而忽视内容、割裂形式与内容辩证关系的形而上学的方法或作风。

引导学生品读马克思主义经典文献，其主旨在于扩大学生阅读量，为进行专业学习积累知识、提高思维能力、提升理论素养，从而为其树立科学的世界观、历史观提供理论支撑。因此，品读马克思主义经典文献，不仅仅是给学生开列出一定数量的书目，也不仅仅是要求学生完成一篇多少字数的作品，因为借助网络，这些形式上的工作都很容易做到，重要的是检查、审核，要求学生品读马克思主义经典文献后完成一份有一定分量的作品，这才是品读马克思主义经典文献的重点之所在。那么应该检查什么，审核什么？检查就是要认真检查学生的阅读进度，检查学生对所读经典文献中的基本知识、基本观点的理解和掌握程度；审核就是要认真审核学生所完成作品的质量，其中，作品是否独立完成、观点是否正确是关键，等等。如在学生的《共产党宣言》读后感类作品中，绝大部分学生能够正确地理解"全世界无产者联合起来"的科学含义，但是，也存在对无产者为什么要联合的问题理解不透彻的情况，究其原因，在于其对《共产党宣言》产生的历史背景了解不全面。又如学生在读完《矛盾论》后，对《矛盾论》的基本内容有所掌握，但在如何运用矛盾分析法去分析和解决问题的理解运用上则存在明显的不足。就形式而言，学生完成了所有的任务，但就内容而言，并没有达到掌握观点、掌握方法的要求。因此，就需要专业教师把学生的品读引向深入，注重学与用的统一，而且必须是活学活用的统一，只有这样才能对学生树立正确的世界观、历史观有所帮助。

（二）避免张冠李戴，注重经典知识的准确性

学生在品读马克思主义经典文献过程中，由于读得不够全面，尤其是对经典文献中的知识掌握不够，在对经典文献中的观点、基本知识进行运用时，容易出现张冠李戴的现象，出现知识性错误。如学生往往把《资本论》看成马克思和恩格斯二人的著作，把《共产党宣言》误以为恩格斯一个人的著作，这都是不准确的；又如，一些学生很难准确地说明《关于费尔巴哈的提纲》与马克思主义实践观确立的内在关系。凡此，这些知识性

的误读现象，概括起来主要表现在对人物、经典著作的名称、写作与出版时间、基本观点的运用方面的误读。一知半解、浅尝辄止、知其然而不知其所以然，就容易出现知识性的错误，也与"学马列要精，要管用的"[3]原则要求相差甚远。而在实际生活与工作中，我们经常会引用这样一些名言来激励自己，却不知道这些名言的出处，由此也会出现张冠李戴的现象。

（三）引导学生品读马克思主义经典文献，要注重科学性

品读马克思主义经典文献时要做到科学性，就是要科学地引导、科学地品读，做到历史分析法、阶级分析法和辩证分析法的统一。

科学性要求要科学地引导。对于品读马克思主义经典文献，很多学生一开始会感到很难，认为这些文献很枯燥、很抽象、很难懂，这反映出了品读马克思主义经典文献、学习马克思主义理论的一般性问题，那么，如何解决这个问题呢？简而言之，就是要做到科学地引导，或称为科学地导读，即：要了解文献产生的时代背景、作者的阶级立场、文献的影响，只有了解这三方面的情况后才能加深对文献主要观点的认识和领悟，掌握理论本身所缊含的力量，并做到运用理论去指导实践，达到认识世界和改造世界的目的。

总之，引导思想政治教育专业学生品读马克思主义经典文献是一个复杂的过程，需要多方面的配合、主客观的统一，只有我们认真去做，才能完成专业人才培养目标的任务，也才会有所收获。

参考文献

［1］中共中央马克思恩格斯列宁斯大林著作编译局.马克思恩格斯文集：第4卷［M］.北京：人民出版社，2009：266.

［2］中共中央宣传部.习近平新时代中国特色社会主义思想学习纲要［M］.北京：学习出版社，人民出版社，2019：35.

［3］邓小平.邓小平文选：第3卷［M］.北京：人民出版社，1993：382.

关于地方院校思政专业学生考研的思考

——广东省韶关学院思政专业分析*

杨华山

摘　要：为了适应社会对高层次人才的要求，避免在激烈的就业竞争市场上被边缘化，越来越多的大学毕业生选择了考研之路，不同层次的高校本科应届生考研人数不断增加，优化办学的软硬环境，大力支持和鼓励学生考研，可以推进教学改革，提高培养质量。

关键词：地方院校；韶关学院；思想政治教育；考研

随着我国高校招生规模的逐年扩大，每年毕业生也相应增加，大学生就业越来越引起社会各界的关注。众多的高校毕业生中，或者为了从事学术研究，或者为了选择更好的就业岗位，或者为了追求高学历，或者为了其他原因，考研的队伍越来越庞大。本文以广东省韶关学院思想政治教育专业为个案，分析地方院校思想政治教育专业学生近年来的考研状况。

一

中国高等教育的发展与整个国家的建设基本是同步的。如果说中国只用了 70 年的时间就走过了欧美发达国家几百年走过的现代化历程，那么可以说，中国只用了不到 40 年的时间就走过了欧美发达国家几百年才走过的高等教育精英化向大众化的演变过程。1977 年我国恢复高考，当年只

　＊　本文原载于《韶关学院学报》2020 年第 11 期，收入本书时有修改。

录取了 27 万人，录取率仅为 5%，此后录取率逐年上升，到 20 世纪 90 年代初超过 30%。自 1999 年高考扩招开始，当年的录取比例即跳跃式地达到了 55.44%。又经过 20 年发展，高考录取比例飙升到 80% 以上，毛入学率达到了 12.5%。2019 年，"高等教育毛入学率达 51.6%，进入普及化阶段"[1]。

高等教育由精英化发展到大众化，再到普及化，只要参加高考，八成以上的学生都能考上大学，高校毕业生逐年猛增，大学生从昔日众人景仰的"天之骄子"演变到今天就业困难的普罗大众，其就业问题成了社会热点之一。全国 2020 届高校毕业生 874 万人，比 2019 年增加 40 万人，创历史新高。由于新冠疫情影响，2020 年高校毕业生就业的压力进一步加重了。

为了适应社会对高层次人才的要求，避免在激烈的就业竞争市场上被边缘化，越来越多的大学毕业生选择了考研之路，不同层次的高校本科应届生考研人数也不断增加。同时，大学教育的迅猛扩张，使研究生教育相应也得到了快速发展，研究生招生人数和录取人数逐年上涨。在 2010 年至 2019 年的十年间，考研人数由 140.6 万人增加到 290 万人，录取人数由 60 万人增加到 81.13 万人。[2]2020 年全国硕士研究生考试报考人数增加到 341 万人，根据现实情况，教育部对录取人数也进行了扩招，达到了 114 万人，二者均为历史之最。

如同本科生扩招带来大学生就业竞争增大一样，研究生教育的快速发展也使这些高学历人才的就业压力增大，就业"下沉"现象渐趋普遍。如北京大学、清华大学的硕士生甚至博士生就职于深圳中学、杭州市的街道办等，引发了众多考研学子对研究生就业前景的忧虑。但是，研究生就业下沉得越多，对本科生的就业市场挤压越大，反而促使更多的本科生选择读研以缓解就业压力。对于非"双一流"的普通高校毕业生来说，通过读研提高学历、改变出身以提高就业竞争力，就显得特别重要；尤其是对地方普通高校，即所谓地方"二本"院校学生来说，这一点十分突出。

广东省韶关学院就是这样一所地方本科高校。广东虽然是改革开放的前沿阵地，经济总量与发展速度一直居于全国前列，但广东省的珠三角与粤东西北区域差距很大，这使位于非珠三角的韶关学院在广东省没有区位优势。随着毕业生就业压力的逐年增大，考研学生也越来越多。思想政治教育专业虽然是韶关学院最早的本科专业之一，但由于就业形势的影响，2019 年之前连续多年每年招生人数并不多，只招一个班，不足 50 人，报名考研人数每年均超过一半，录取情况各年有所不同。

二

作为一个传统的人文社科类师范专业，广东省韶关学院思想政治教育专业的培养质量和就业情况良好。根据麦可思相关就业报告的统计，近年来的首次就业率都达到了 98% 以上，就业率在全校所有专业中处于中上位置，专业对口率也有 68%。但为了追求更好的就业环境和职业发展平台，比如能到广州、深圳等珠三角地区就业，在粤东西北地区至少能在县城就业，考入教师编制，等等，而要实现这些目标，考研是最好的路径选择。还有一些学生热爱读书，有志于从事学术研究，为了提高学术水平，坚定考研之路，并计划硕士毕业后继续考博，为将来在高校任教或进行学术研究打下坚实基础。这与我国整体考研现状基本一致。根据有关统计，超过 70% 的大学生选择考研是为了改变学校背景出身，提高就业竞争力；另有大约 24% 的大学生是想提高学术水平，走研究学术之路。[3]

随着高等教育的普及化，招生人数逐年增多，就业压力日益增大。各高校除了完成人才培养任务外，还要高度重视毕业生的就业状况。就业率高低是影响某所高校、某个专业社会声誉好坏的重要因素，也是招生人数多寡的重要依据，同时还是教育管理部门考核高校的重要指标。考研是高质量就业，所以各高校对学生考研积极支持，尤其是地方院校纷纷采取各种措施大力提倡和鼓励学生考研，有些学校和专业自新生入校之日起就对其进行考研教育。

对此，韶关学院也不例外，一直鼓励学生考研，对于考上研究生的学生，除宣传表扬外，还给予一定的物质奖励。韶关学院 2000 年升为本科院校，2004 年第一届本科生毕业，学校即对考上研究生的学生进行物质奖励，并对考研录取人数多、考取率高的二级学院给予奖励，这一政策从未中断，持续至今。此外，各二级学院也制定相应的规章制度，鼓励指导学生考研，为考研学生提供必要的环境和条件。韶关学院思想政治教育专业所在的二级学院成立有考研工作指导小组，负责学生的考研工作，为考研学生提供具体指导和服务；为了学生集中精力与时间复习，还将考研学生的实习由秋季调整到考研后的春季；该学院还推行导师制，每位教师负责指导和督导一定数量学生的学业，考研指导是重要任务之一。

从近几年报考与录取情况来看，韶关学院思想政治教育专业的考研情况有以下几个特点。

第一，报考率高。在高等教育普及化的大势之下，学校及学院的鼓励与支持，加之个人的兴趣与追求，韶关学院思想政治教育专业学生的考研积极性较高，报考率多年维持在 50% 以上。

第二，报考专硕人数多。思想政治教育专业的研究生除了学术型硕士外，作为师范类专业还有教育硕士即学科教学（思政）。二者的学制、培养目标等有所不同。一般前者为三年制，主要培养学术型人才；后者为两年制，就业去向主要是从事思想政治教育的中学教师、大学辅导员、公务员等。从该校思想政治教育专业学生来看，大多选择考教育硕士，原因大致有三：一是学制短，二是就业广，三是招生人数多。从招生人数的优势来说，以华南师范大学 2020 年硕士研究生招生人数为例，马克思主义哲学、中国哲学、外国哲学、逻辑学、伦理学、中共党史等 6 个专业合计招生 34 人，而学科教学（思政）1 个专业招生即达到 66 人。[4]这些因素直接导致了该校思想政治教育专业报考学科教学（思政）人数远多于其他专业。

第三，报考珠三角学校的人数最多。这与该校生源地直接相关。该校为广东地方高校，生源地集中于广东，极少数来自其他省市。思想政治教育专业学生绝大多数来自广东本省。作为全国发达的省份，广东学生大多希望在本省就业，考研学校也是以本省最佳。学科教学（思政）专业只有师范院校才能招生，目前广东省主要是华南师范大学，其次是广州大学，故报考华南师范大学的人数最多，北京师范大学珠海校区次之，广州大学再次之。个别报考学术型硕士的学生，选择的学校有中山大学、暨南大学、华南理工大学等。即使报考外省学校，也是毗邻广东的福建和广西，如广西师范大学、福建师范大学等。

此外，该专业的升学比也较高，居韶关学院前列。自 2016 年至 2020 年，这五年的升学比分别是 33.3%、16.7%、22.4%、20.9%、21.0%，平均将近 23.0%。与报考专业一致，大多录取为学科教学（思政）专业。

通过对该专业近年来考研情况的观察以及对正在准备考研的学生和已考取学生的走访调查，我们需要进一步总结，以便更好地提升学生的培养质量，推进考研工作。

三

就目前来说，主要由就业压力导致的"考研热"将继续"热"下去。就业的竞争在一定程度上也是高校办学水平的竞争，升学比成为地方本科院校及其学科专业水平的重要体现。随着师范专业认证的推进，韶关学院思想政治教育专业的考研工作显然需要进一步加强，既要提升报考比，更要提高录取率，以提高其在本省该专业领域的地位。

学校和二级学院应在既有的政策措施下，继续优化软硬环境，大力支持和鼓励学生考研；作为直接管理和教育学生的二级学院，更应该采取具体措施，推进教学改革，提高培养质量。

第一，加大对学生考研教育的力度。从第一学期开始，专业课教师、

• • • • • •

辅导员、班主任、导师等全方位对学生进行大学学习教育，引导他们结合自身实际确立大学目标，制订学习计划，养成良好的学习习惯。尤其是对现状不满、对自身不甘的学生，帮助他们树立更高的目标。争取动员更多学生将考研作为大学目标。该专业近几年报考率大约维持在50%，争取通过加强考研教育使报考率提高到60%～70%。

第二，优化人才培养方案。专业认证的实施，对师范类专业人才培养质量提出了更高的要求，因此人才培养方案必须进行相应改进与优化。除了加强教学教法类课程建设之外，学校与专业的竞争也使专业课程改革面临新的挑战。为应对挑战，应该加大专业选修课的比重和课程门数，到高年级时根据学生的目标与定位进行分类培养。开设西方哲学史、现代西方哲学、伦理学、中共党史、中国政府与政治、马克思主义发展史、马克思主义中国化、西方马克思主义、西方政治思想史、中国思想史、中国政治制度史、西方政治制度史、逻辑学、宗教学等思想政治教育专业类的选修课程，供学生选学，以开拓学生学术视野，打好学术基础，培养学术兴趣。这对于报考学术型硕士的学生作用很大。

增加专业选修课涉及师资问题。按照教育部师范认证的要求，生师比为≤18∶1。[5]对照这个标准，该专业目前师资相当不足，必须大力引进高学历高水平师资。为了增强师资，学校在已经完成引进100名博士生的基础上提出再引进100名博士生，让思想政治教育专业不再放过引进师资的机会。

第三，加强对学生报考的指导，增加学术型硕士报考，扩大报考高校地域。由于该专业生源地主要在广东省，故考研报考学校集中在广州，报考专业集中在学科教学（思政），二者叠加，致报考华南师范大学的学科教学（思政）者最多。

对此，首先需要引导更多学生报考学术型硕士。思想政治教育专业报考学术型硕士的学校和专业非常多，不仅文科高校有，很多理科、工科高校，特别是名校都有马克思主义学院招收马克思主义理论的硕士。如在广州，除中山大学、暨南大学、华南师范大学外，名校华南理工大学亦是如此，另外还有华南农业大学、广东外语外贸大学、广东财经大学、南方医科大学，以及广州以外的深圳大学、汕头大学、广东海洋大学等都招收马克思主义理论学术型硕士。

其次，扩大考研高校地域范围。学生报考学校集中在广东，尤其是同一个班的学生集中报考广东同一个学校的同一个专业，竞争激烈，极不利于最终录取。广东籍学生即使不愿远离广东，广东周边省份的高校其实也是不错的选择，且有不少很好的学校，如厦门大学、福州大学、南昌大学、湖南大学、中南大学、国防科技大学、湖南师范大学、广西大学、海南大学等，这些都是"双一流"高校，都招收马克思主义理论专业的硕士，有的还招收思想政治教育学术型硕士，而且有些高校的招收名额还不少。还有一些非"双一流"高校也招收马克思主义理论或思想政治教育的学术型硕士。

即使报考学科教学（思政）专硕，周边省份也有不少高校，比如福建师范大学、江西师范大学、江西科技师范大学、赣南师范大学、广西师范大学、南宁师范大学、海南师范大学等都招收学科教学（思政）专硕。近些年韶关学院思想政治教育专业学生有少数报考福建师范大学、广西师范大学的专硕并被录取，对此应该大力引导、提倡与鼓励。

第四，加强与已录取研究生的联络。对已经考取的研究生，不仅要宣传，作为教育新生考研的榜样，还应该建立常态联络机制，请他们分享考研经验，并给予之后的考研学生具体切实的帮助，如提供其所在学校的相关信息，这对考研学生的价值极大。

至于一些具体的技术性问题，如考研相关书目、英语政治公共课的学习、网络资源和信息的获取，等等，通过考研指导会、分享会、交流会等都可以解决。可以建立考研群，及时发布相关信息，解难答疑，为考研学生提供常态化咨询服务。

第五，对复试与调剂的指导。初试通过不等于有复试资格，参加复试不等于能最终被录取。大多数复试由笔试与口试组成，笔试一般是考试一门课程，口试则是现场问答。虽然该专业还未出现过初试第一、笔试很差，录取被淘汰的个案，但其他专业这种现象时有发生，这说明了复试的重要性。

关于读书的问题，这几乎是所有文科专业研究生面试的共同题目。应对面试没什么捷径，唯一的诀窍就是平时的读书积累。如果学生只看教材，不阅读相关的学术著作，面试就可能是灾难，那些初试第一但未被录取者的问题基本出在这一环节。有教师面试考生时，"最初我们还担心学生读的书我们没读过，甚至没听说过，或者学生谈的问题太深刻把老师难住了。但这么多年下来，从来没有发生过这种情况，往往是几个回合学生就败下阵来"[6]。所以不管是考学硕还是专硕，平时不仅应该学好专业课，课下还应该多读相关学术著作，不仅要读，还要读懂，读出自己的理解与思想。这样，即使初试排名靠后，但进入面试就很有可能大幅提前，从而被录取。

关于调剂，其实是一个从高到低的问题。即从教育相对发达的 A 区（东中部地区）高校调剂到 B 区（西部甘、宁、青、新、蒙、琼、桂、黔、滇、藏 10 省区）高校、从"双一流"名校调剂到普通高校。其中相关信息的获取至关重要，有关领导、教师应加强联络与沟通，为需要的学生提供指导与帮助。对于能够调剂成功但感觉不理想，从而想来年再考的学生，需要加强引导：考试无常，而且相关政策也有偶然性，与其错过一年而步步错过，不如应届就读，再谋将来。

其他很多细节问题，凡计划考研的学生没有不详细搜集与研究的，但学校、二级学院、教师等需要将有关服务进一步落实到位，切实解除考生的后顾之忧，让考生安心学习复习。除了上述教育、指导、引导等事项外，还有如安排考生专用固定教室、考试时租用专车接送等服务，这可以大大激发考生的信心，使其发挥出应有的水平，从而使韶关学院思想政治教育专业考研取得更好的成绩，努力争取使升学比达到30%以上。

至于该专业个别学生被境外高校录取为研究生，超出了本文讨论的范畴，此处不赘述。

广东省韶关学院思想政治教育专业考研情况是我国整个高等教育宏观背景之下的个案，如何适应这种宏观背景，发挥自己的积极性、主动性，大幅提升考研成绩，创新出自己的考研特色，本文只是略作阐述，尚需进一步的总结与探讨。

参考文献

［1］陈宝生.开启建设教育强国历史新征程［N］.人民日报，2020 - 09 - 10（9）.

［2］中华人民共和国教育部.2019 年全国教育事业发展统计公报［EB/OL］.（2020 - 05 - 20）.http：//www. moe. gov. cn/jyb _ sjzl/sjzl _ fztjgb/202005/t20200520_456751. html.

［3］胡玲，张妮.大学生"考研热"的现状与动因分析［J］.大学教育，2020（7）：163 - 167.

［4］华南师范大学.华南师范大学 2020 年硕士研究生复试及拟录取情况汇总表［EB/OL］.（2020 - 05 - 25）.https：//statics. scnu. edu. cn/pics/yz/2020/0525/1590401930266495. pdf.

［5］中华人民共和国教育部.普通高等学校师范类专业认证实施办法（暂行）［EB/OL］.（2017 - 10 - 26）.http：//www. moe. gov. cn/srcsite/A10/s7011/201711/t20171106_318535. html.

［6］高玉.文科大学生最重要的学习方式是自己读书［J］.写作，2020（1）：5 - 10.

地方院校思政师范生实践
能力培养的导向与途径

——以韶关学院思政专业为例

洪克强

摘　要： 地方院校思政师范生的实践能力培养，应符合"新师范"的理念，体现区域的办学特色，反映思政培养目标的新要求。其基本路径和措施包括：建立学生自主训练机制，培养职业基础技能；以教学法教师为主导，锤炼专业教学技能；完善教育实习体系，强化校外综合实践技能；利用经典阅读、调研项目等，激发探究创新技能；开发第二课堂活动，锻炼交往沟通技能。

关键词： 地方院校；思政师范生；实践能力

教师的实践能力，一般是指教师在教学实践活动中形成的，能够运用相关知识以决定其有效、合适的工作方式和行为方式的直觉认识与行为能力。在 2012 年教育部颁布的中小学教师专业标准中，教师专业实践能力被细化为六个方面，即：教育教学设计能力、组织与实施能力、班级管理与教育活动能力、教育教学评价能力、沟通与合作能力、反思与发展能力。实践能力作为教师必备的职业素养，随着国家教育改革的推进，正越来越受到重视和强调。例如，现行的《教师教育课程标准（试行）》就突出把"实践取向"作为教育的三大理念之一，特别指出教师应强化实践意识，关注现实问题，发展实践能力。虽然教师的实践能力主要是在履行教育教学职责的过程中逐步形成的，但这种能力必须在就职前就加以训练和提升。因此，各类师范专业院校作为教师个人职业发展的起点，必须适应新的形势要求，以新的理念来进一步提升师范生的专业实践能力。韶关学院作为地方应用型本科院校，其思想政治教育专业师范生实践能力的培养，应立足于地方院校的办学定位，适应师范教育改革的新导向，符合思政专业人才培养的新要求，在完善传统培养机制和模式的基础上，不断有所创新和发展。

一、地方院校思政师范生实践能力培养的三维导向

自大学扩招以来，教师职业的准入门槛在逐步提高。与国家重点师范大学、省属师范大学相比，地方院校师范生在就业中面临的竞争压力越来越大。思政师范一直以来是较为冷门的师范专业之一，近年来毕业生面临的就业压力问题非常凸显。在此背景下，加强地方院校思政师范生实践能力的培养，进而增强其就业竞争力就显得非常重要了。而地方院校在培养思政师范生实践能力的过程中，只有适应新的形势要求，找准自身定位，凝练自身特色，才能收到更好的效果。

（一）以"新师范"的理念要求为导向

2018 年，国家相继颁布了《关于全面深化新时代教师队伍建设改革的意见》（简称《意见》）、《教师教育振兴行动计划（2018—2022 年)》，提出师范院校要增强师德教育实效性，提升培养层次，改善师资供给，创新教育模式，加强体系建设，让学校教育回归师范性，让教学回归专业性，让学生回归职业性。[1] 这一"新师范"理念的提出，是国家在新时代对师范教育的新期待、新标准和新要求。这些要求主要体现在：在发展理念上，师范教育应该由封闭走向开放，追求培养质量的卓越性、培养形式的特色性、培养模式的连贯性；在培养目标上，应该由重视学科专业基础走向重视综合素养；在培养路径上，应该由独立发展走向共享共建；在评价

体系上，应该由重视教学质量走向重视学生培养质量。[2]

"新师范"要求师范生实践能力培养具有连贯性。传统师范生实践能力的培养一般集中在第 3～4 学年，主要由见习＋学科教学法学习＋实习＋毕业论文组成，因而缺少培养过程的连贯性。而"新师范"理念要求"四年一体"的连贯式培养，即把实践、实训、实习融入课程体系的全过程，构建课程学习、实训研习、教育实习三位一体的培养体系。这就要求在公共平台课、专业平台课、专业选修课中，更多地注入实践性内容，使课程具有明显的实践性导向。同时，要使师范生在校外教育实习之前，每学年都有一定的时间进行具有层次性和阶段性要求的实践项目训练。

"新师范"要求注重师范生综合素养的培养。传统师范教育主要面对的是基础教育师资短缺的问题，因而比较重视教师职业基础技能的训练。而"新师范"面对的是公众对优质教育资源的强烈需求，要求培育的是具有坚定职业信仰和能力卓越的中小学教师。因此，新时期师范生实践能力的培养，不能只满足于职业基础技能和初步的学科教学技能的提高，还应该重视人文艺体修养、沟通管理技能、心理疏导技能、信息搜集利用技能、反思探究和创新技能的提升。

"新师范"要求师范生实践能力培养的共享与共建。师范院校要改变以往封闭式独立发展的模式，在人才培育上应该实现同类院校的经验共享，并取得相关政府部门和中小学校的参与配合。在学生实践能力培养上，要重视构建实践能力的协同培育平台，建立校外兼职教师制度，将校内实训模拟与校外真实体验有机结合起来。

（二）以体现区域需求和地方特色为导向

《意见》出台不久，广东省就制定了《广东"新师范"建设实施方案》（简称《方案》）。其中明确提出，韶关学院、嘉应学院、肇庆学院、韩山师范学院等地方师范院校的人才培养目标，应该定位为面向本区域培养义务教育阶段教师，应该充分重视人才培养模式改革和学生实践能力培养。这类院校都集中在粤东西北地区，其区域的共同特点是优质教师资源比较缺乏而且难以流动。[3]该《方案》的出台，既有利于这些区域教师资源的优化配置，也对地方院校师范生的实践能力培养具有引导作用。

首先，要把师范生实践能力培养与本地区师资需求结合起来。相对来说，粤东西北地区的农村中小学，优质教师资源还是比较缺乏的，需求缺口相对较大。但这些地区经济发展水平较低，位置相对偏远，因而难以吸引和留住优质教师。在这种情况下，地方师范院校应该多通过职业理想教育、自身定位与发展教育、奉献精神教育等，鼓励师范生积极投身于这些地区的基础教育事业。同时，师范生就业区域的选择，往往与他们对相关区域的熟悉与融入程度相关。因为，一般来说，如果能充分地熟悉、了解、融入某区域，就可能会逐步产生认同甚至热爱之情。为此，在师范生实践能力培养过程中，应该创造机会让他们多通过义教、支教、实训研习、社会调研、暑期社会实践等形式，去熟悉了解农村中小学的环境、氛围、政策等优势，以激发他们的乡村教育情感和职业认同。

其次，要使实践能力培养有利于师范生在本区域的就业竞争。虽然粤东西北地区优质教师资源整体上比较缺乏，但在市县中心区域、乡镇重点区域，教师的饱和度在逐年增加，造成师范生在这些区域的就业竞争压力逐年增大。尤其是地方师范院校的本科毕业生，与硕士师范生、一本院校的本科毕业生相比，其学历、学校层次及专业基础知识等，在就业竞争中处于天然的劣势。在这一背景下，地方师范院校更加应该重视对师范生实践能力的培养和提升。实际上，近几年来，相当一部分师范毕业生在求职过程中，都是因最后面试不过而被淘汰。因此，地方师范院校如果能够使其毕业生具备扎实的职业基础技能、娴熟的学科教学技能、良好的沟通交往技能等，那么就有可能部分扭转在就业竞争中的不利局面。

最后，要充分利用具有地方特色的实践资源。针对学科专业特点，利用地方特色实践资源，能够更为便利和有效地培养学生的实践能力。在韶关学院思政师范生实践能力培养的某些方面，可以充分利用当地特色的红色历史资源来进行。例如，院系可以组织学生参观、调研粤北华南教育历史研学基地，从而激发学生的专业认同和职业情操，培养学生的调研能力和对课程资源的开发利用能力；也可以指导学生以粤北众多红色主题教育基地为课题方向，进行大学生创新项目的申报或毕业论文的撰写，从而培养其初步的科研创新能力。

（三）以思政师范生培养目标的新要求为导向

习近平总书记指出，思政课是落实立德树人的关键课程，其作用不可替代。思政课的特殊性，决定了对教师要求的特殊性：政治要强、情怀要深、思维要新、视野要广、自律要严、人格要正。思政课教师要有家国、传道、仁爱情怀，要"让有信仰的人来讲信仰"。[4] 这一指示精神，从政治、思想、道德和人格情操上，特别强调了思政人才要做到知、情、意、信、行的合一。由此，在思政师范生实践能力培养目标和计划的制定上，要重视价值观的引领，要使相关实践活动能有效增强师范生的职业认同感、荣誉感和责任感；对实践活动的管理和指导，要注重提升学生学以致用、学思并举、知行合一的能力；对学生实践能力的评价，要适当渗透职业道德的评价和人格修养的评价。

同时，近年来中小学在招聘政治教师时，对其专业化的要求越来越高。那种学思政也可以去教历史、地理甚至语文的时代，基本一去不复返了。因此，当前思政师范生实践技能的培养，要突出为政治教师的专业化服务。作为一名合格的政治教师，其专业技能除了与其他专业相同的内容外，还包括与思政学科特点相适应的独特方面，那就是更加宽泛的基础知识、更加扎实的教学技能、更加优秀的心理疏导能力、更加开拓创新的精神状态等。[5] 思政师范生只有提升了这些方面的能力，才能成为一名合格的政治教师。

二、地方院校思政师范生实践能力培养的主要途径

以"新师范"的理念、区域的需求及思政目标的新要求为导向,近年来,韶关学院思政师范专业在完善学生实践能力培养的路径方面做了一定的探索。根据师范生实践能力的基本构成,该专业主要从教师职业基础技能培养、专业教学技能培养、综合实践技能培养、探究创新技能培养、交往沟通技能培养等方面入手,采取了一些较有针对性的措施与方法。

(一)建立学生自主训练机制,培养职业基础技能

教师基础技能是指从事教师这一职业必须具备的一般技能,包括普通话及语言表达技能、书写板书技能、现代教育技术应用技能等。基础技能是层次相对较低的技能,训练起来没有特别复杂的方法,一般只需要在教师的简单指导下学生就可以自主提升,但要达到较高水平,则需要长期不间断地训练。基于这些特点,应该把基础技能培养贯穿于师范生教育的整个过程,但可以在学院指导督促下由学生自主组织完成。

思政师范生基础技能的培养过程和途径包括:①通过相关课程明确目标任务,例如,在入学之初的专业导论课中,在培养学生职业和专业认同、职业责任感和职业信念的同时,引导他们认识到教师职业基础技能的重要性和要求,并对自身基础进行客观分析,进而制订初步的训练提升计划。②由班委根据学生自己的选择,负责对全班分组,成立相关兴趣小组,开展自主训练及定期小组集中训练。③学院建立相应的"三笔字"训练室、语言训练室、现代教育技术训练室,供学生兴趣小组集中训练使用,并派相关教师管理和指导。④学院每学年举办一次"三笔字"比赛、演讲与口才比赛、课件制作比赛,检验和评价学生自主训练的情况,对成绩优秀和进步大的学生进行表彰,并作为学生奖学金评选的依据之一。

（二）以教学法教师为主导，锤炼专业教学技能

专业教学技能主要是教学设计的技能，它是指师范生能够把学科理论和教学原理转换成教学目标、内容、方法、策略、评价等要素，并进行分析与设计，是创建教与学的基本能力。教学设计一般分为课程设计、单元设计和课堂设计三个层次，师范生要掌握的主要是课堂教学设计的能力。通过专业教学技能的训练，思政师范生要能够自主顺利地完成一节政治课的设计，就需要掌握以下能力：准确分析判断学习对象、完整把握教学内容、清晰阐述教学目标、制定合适的教学过程和策略、恰当地运用多媒体、设计合理的教学评价等。专业教学技能是师范生要培养的核心技能，也是相对难以掌握的复杂技能，因而需要经验丰富的教学法教师加以专门的指导。

思政师范生专业教学技能的培养过程和途径包括：①开设相关理论课程，如思想政治学科教学论、中学政治课学科知识与教学能力等，对学生进行理论性教学，主要是让学生明确中学政治课的课程标准和教学内容，掌握教学设计和实施的方法，为实训和实习打下基础。②开设中学政治课程技能实训课，由教学法教师组织微格教学模拟实训，通过抽取课程的某一环节，系统训练学生的教学语言、教态、板书、讲解、提问等课堂教学技能，以及导入、展开、强化、巩固和结束等调控教学过程的能力。③与中小学建立共同育人互动机制，聘请中小学有丰富教学经验的政治骨干教师为师范生授课，传授具有实用价值的教学经验和技能，让师范生提早了解中学政治课教学的现状和实际要求。④进行见习教学观摩与讨论，教学观摩就是结合教学法等课程内容，有目的地组织学生去参加中学政治课教学活动，如政治示范课、优秀主题班会课等，让学生亲眼观察教与学的情况。教学讨论，就是依据教学法等课程的相关原理，在教学观摩后或观看教学录像课以后，对示范课、主题班会课、教学录像课等进行评议，并对比自己预设的教学设计进行反思和修正。[6]⑤定期举办教学技能竞赛、指

导学生积极参加各类教学技能大赛，如"华文杯"全国师范生教学技能大赛、广东省高校师范生教学技能大赛等。

（三）完善教育实习体系，强化校外综合实践技能

校外教育实习是对校内培养的职业基础技能和模拟教学技能的综合检验，是师范院校实践育人的核心环节，更是提高师范生实践能力的关键途径。但是，一直以来我国大部分师范院校的校外教育实习都有安排靠后、时间较短和效果不佳的弊端。如目前韶关学院思政师范生的校外实习是分两批进行的，其中不考研的学生是第 7 学期，考研的学生则是第 8 学期。实际上，到了大四阶段，学生往往忙于找工作、考研考公以及撰写毕业论文，而很难全身心地投入实习工作中，从而使实习效果大打折扣。而按照"新师范"的要求，要合理提前及延长教育实习时间，并且将见习、实习、研习科学分配至师范生培养的全过程。为此，必须进一步完善教育实习体系，实现实习时间安排的合理化、实习形式的多元化、实习结果的有效化。

根据新的要求，培养思政师范生实习综合技能的途径和措施主要包括：①合理安排好实习时间，例如可以尝试采取分段实习的形式，变一次的集中实习为两次实习，分别于大三、大四进行两个半学期的实习，这样可以使学生能够更加认真负责地对待实习工作，也能使他们有反思改进的机会。[7]②成立实践教学中心，统筹安排全院的见习实习工作，在实习过程中负责具体实习计划的制订、实习基地的联系、实习动员、实习指导教师的指派、实习过程的检查和督促、实习工作的总结等，使实习工作做到设计、实施、研究、管理的精细化，增强实习的实效性和针对性。③建立稳固的实习基地，加强与实习中学的联系，如针对思想政治教育专业，韶关学院与大为中学、墨江中学等签订了见习实习合作协议，并定期邀请其骨干政治教师为思政师范生开设讲座，介绍中学政治课的改革和实践，较

好地实现了人才培养的共建。④指派思政骨干教师全程指导实习工作，指导教师要求教学经验丰富并熟悉中学政治课教学改革现状和要求，能对学生的教案设计、试教、课堂教学、班主任工作等提出中肯的改进建议，能帮助学生切实提升教育教学综合技能。⑤鼓励学生通过义教、暑期支教、家教、培训机构短期任教等多种形式，实现实习形式的多元化，尽可能使学生有机会贴近真实的教学环境和学生实际，以弥补自身教学实践经验的不足。

（四）利用经典阅读、调研项目等，激发探究创新技能

"新师范"强调师范教育应向培养卓越教师转变，应引导未来教师运用其在实践中所获得的体验对教育理论与方法进行反思和批判，师范生要积极参与和研究基础教育教学改革，能有效发现和解决教育现实问题，能创新教育教学模式，并初步形成个人的教学品格。[8]师范生的反思、研究、创新能力，是比较高要求的实践能力，其中本科师范生侧重于能够反思探究及初步创新，而硕士师范生侧重于研究和创新。对于地方师范院校来说，应结合自身的办学目标，要求学生能够针对一些应用性和实践性比较强的实际问题进行探究，以培养他们初步的反思探究和创新能力。

韶关学院思政专业在培养学生探究创新技能方面，主要是通过"六个一"工程来实施：即第1学期阅读一批经典书籍，第2学期选择一个研究领域（继续研读经典），第3学期确定一个研究题目，第4学期做好一次（或几次）调研，第5学期写作一篇调研报告（或论文），第6学期提交或发表一篇调研报告（或论文）。其中，主要的措施有三个方面：①引导"品读经典"，即学院向学生推荐约100本专业或与专业相关的经典著作，学生自行制订学习计划，研读一定数量的经典；学院每学期组织一次读书报告会，学生相互点评，教师总评并颁发奖品和证书，旨在营造良好的学习氛围，培养学生的学习能力。②开展"调研韶州"活动，即引导学生深

入基层，对基础教育的现实问题等进行调研，改变传统实践教学中师传生受的旧模式，变被动实践为主动提出问题；学生在教师的指导下写成调研报告，在为当地教育发展服务的同时，培养学生的调查写作兴趣，并推荐优秀作品参加大学生"挑战杯"竞赛。③指导学生开展大学生创新创业项目的申报和研究，培养学生发现问题、分析研究问题、解决问题的初步能力，激发他们反思、探究创新的兴趣。

（五）开发第二课堂活动，锻炼交往沟通技能

师范生的交往沟通能力是指其能够合理处理各种人际关系，具备能与学生建立和谐师生关系及能与领导、同事、家长有效沟通的人际交往能力。[9]其中的关键是，师范生能够与学生进行良好的沟通，能够理解和尊重学生及能获得学生的尊重，能够有效疏通学生的心理问题，能够有效解决学生之间的矛盾纠纷等。

目前韶关学院思政师范生锻炼交往沟通技能的措施主要有：①开设大学生礼仪、人际交往技能等相关课程，使师范生理解和把握人际交往的基本原则、基本礼仪、技巧和艺术等；使师范生学会调适一些不健康的心理状态，如自大、冷漠、孤僻、嫉妒等。②引导师范生参加各类大学生社团、社区志愿者等第二课堂活动，使他们在互动合作和公共参与中锻炼人际交往沟通能力。③引导师范生通过义教、支教、家教、见习和实习等，深入体会和总结与学生真实交往沟通的经验得失，在实践中提升与学生交往沟通的能力。

参考文献

[1] 王钰锦. 新师范：何谓与何为 [J]. 长江师范学院学报，2020
(2)：88 - 95.

[2] 张伟坤，熊建文，林天伦. 新时代与新师范：背景、理念及举措

［J］.高教探索，2019（1）：32 – 36，100.

［3］林熙.论新时代背景下"新师范"教育的特点与实施要求［J］.广州广播电视大学学报，2019（2）：41 – 45.

［4］习近平.思政课是落实立德树人根本任务的关键课程［EB/OL］.（2020 – 08 – 31）.http：//www. qstheory. cn/dukan/qs/2020 – 08/31/c＿1126430247. htm.

［5］刘华清，高瑞娟.以第二课堂提升思政专业师范生教学技能［J］.学理论，2017（1）：178 – 179.

［6］袁华.高等师范《中学思想政治课教学法》教学改革浅探［J］.韶关学院学报（社会科学版），2004（11）：120 – 123.

［7］刘艾清.缄默知识视野下的师范生实践能力培养：兼谈"观察—见实—实习"三段培养模式［J］.盐城师范学院学报（人文社会科学版），2012，32（1）：108 – 111.

［8］赵明仁.培养反思性与研究型卓越教师：新师范教育的内涵与体系建构［J］.西北师大学报（社会科学版），2018，55（5）：79 – 86.

［9］罗筱端.面向21世纪师范生实践能力培养的思考［J］.教师教育论坛，2014，27（4）：26 – 28.

探索与实践：信息化背景下的
思政专业社会学课程改革*

席丹丹

摘　要：信息化背景下，以教育信息化带动教育现代化，是我国教育事业发展的战略选择，更是各个具体学科教学改革必须应对的主题。社会学课程特点非常鲜明，该课程应用广，实用性强；课程受众面广，涉及学习专业较多，并且课程学习内容体系非常庞大，学时较少。基于课程的特点，在信息化课程改革的背景下，就要积极探索社会学课程改革的目标、内容和方法。

关键词：信息化；课程改革；社会学

近年来，快速发展的信息技术已经深深渗透、影响着我们的生产和生活，也对我们的教育方式和学习方式提出了机遇和挑战。信息化背景下，以教育信息化带动教育现代化，是我国教育事业发展的战略选择，更是各个具体学科教学改革必须应对的主题。社会学作为一门应用性十分广泛的社会科学，在具体的教学中，也要积极利用信息化资源，努力探索教学改革的路径。

一、信息化课程改革的需要：社会学课程特点分析

社会学作为一门学科，其仅仅有 170 多年的历史，但对其进行研究的

---

* 本文原载于《安阳师范学院学报》2016 年第 1 期，收入本书时有修改。

大家学者却不计其数，学科体系日益严密，学科特点日益鲜明。

（一）应用广，实用性强

社会学是一门应用性十分广泛的社会科学，是研究各种社会生活、社会交往、社会工作、社会结构、社会发展等方方面面的社会现象和社会问题，从而使人们更清楚地了解自己所处的社会环境，以及在这种环境中各种现象之间的相互关联，形成对社会整体认知的一门学科。强大的实用性需求为课程信息化建设提出了必要性。

（二）受众面广，涉及专业较多

该课程是我院思想政治教育、行政管理学、公共事业管理学、历史学、行政管理专业函授班教学的专业基础课，课程受众面广，学生学习人数多，并为其他专业提供理论支撑、研究方法，为人的全面发展和经济社会的协调发展提供必需的社会知识，为社会决策、社会规划和社会管理提供科学基础，有助于培养学生坚定专业信念，夯实专业基础，提高认识和解决社会问题的能力。

（三）学习内容体系庞大，学时较少

高校社会学本科课程教学可选择的教材非常多，但教材编写的体系和思路大同小异。我校现在使用的社会学课程教材，是中国人民大学郑杭生先生主编的《社会学概论新修》，并在此教材基础上，参考其他教材，综合为16个教学专题，但学科体系依旧非常庞大，内容仍然较多，相比较其他高校72学时的安排，我校本课程48课时的安排就非常紧凑，这为信息化课堂建设提出了必需性。

二、信息化背景下的社会学教学改革目标

(一) 寻求信息化课程教学目标的新突破

注重学生能力的培养，突出培养学生自主学习、主动学习、高效学习的能力，不断提高学生利用现代互联网信息平台收集、筛选、分析、处理学习信息资源的能力，掌握通过学习提升解决问题的能力。鼓励学生利用信息手段主动学习、自主学习、合作学习；培养学生利用信息技术学习的良好习惯，发展兴趣特长，提高学习质量；增强学生在网络环境下提出问题、分析问题和解决问题的能力。

(二) 寻求信息化课程教学内容的新突破

注重及时引进学科的前沿成果，突出利用现代互联网平台的开放性、兼容性、实时性的特点，做到基础理论教学与学科前沿发展探讨相结合、课堂理论学习与社会现状讨论相结合，实现教学内容既有扎实的理论教学又有学科前沿的热点，还有社会焦点的融入，做到教学内容常教常新、常学常新。

(三) 寻求信息化课程教学手段的新突破

充分发挥新技术手段的作用，利用已有的社会学网络课程建设平台和成果，充分发挥网络教育资源的作用，以及微信、QQ 等现代互联网沟通联系方式的优越性，突破传统教学手段受时空限制的不足。

(四) 寻求信息化课程教学结构的新突破

打破传统课堂分段式教学的结构，充分发挥网络教学开放性、兼容性

高的优势，结合社会时事热点、专题教学、案例分析等，通过"片段"教学、"热议"教学实现整体教学效果的提升。

（五）寻求信息化课程教学模式的新突破

促进课程教学模式的转变，充分发挥网络教学不受时空环境、场地条件、人员数量限制的优势，在已有教学条件和教学模式的基础上，以教师为主导，以学生为主体，充分发挥学生的主动性和积极性，探索开展主体性教学的新模式、新路径、新方法，充分利用混合教学模式，发挥混合学习模式的优势，促使学生学习方式的转变，实现自主学习、快乐学习、高效学习，挖掘学生学习潜能，培育学习技能，培养良好的终身学习习惯。

（六）寻求信息化课程教学改革成效的新突破

通过社会学信息化课程学习，不仅获取和培养本学科专业知识和能力素质，更延伸辐射到其他专业、其他领域的探索和学习，实现学生学习能力、解决问题能力的可复制，达到培养"通用型人才"的教学效果，推动人才培养模式的创新；构建信息化课程教学效果反馈机制，凸显学生在教学评价方面的主体性作用，以学促教，教学相长；提高社会学课程任课教师运用新平台开展课堂教学的水平，促进青年教师职业发展和专业发展，形成一批社会学优秀教学案例。

三、信息化背景下社会学教学改革试验内容和方法

（一）教学目标的改革

社会学信息化课程要做到课程教学目标和人才培养目标相结合，突出应用性与实践性的特点。通过社会学信息化课程的教学新内容、教学新手

段、教学新模式，进一步激发学生的理论兴趣，拓宽学生的理论视野，提升学生的理论境界，培养学生形成系统的社会学基础理论、基本知识和既不囿于成见又不流于空疏的社会学理论思维能力；培养学生适应社会、认识社会和参与社会及分析和解决社会实际问题的能力；培养学生形成一种既奋发进取又睿智通达的生活态度；培养学生成为具备较熟练的社会调查技能的应用型人才，使社会学信息化课程不仅具有较强的理论性和科学性，同时具有较强的现实性和实践性。

（二）教学内容的改革

社会学信息化课程教学要结合网络教学平台的特点，采用专题形式开展教学。本课程在原有教材的基础上，参考其他教材，综合为 16 个教学专题，分别是：社会学概述；社会与社会运行；文化与社会运行；社会学的研究方法；社会化与个体化；社会互动与社会角色；社会网络、社会群体与社会组织；家庭与婚姻；社会分层与社会流动；社区与城市化；社会变迁与社会现代化；集体行为与社会运动；当前中国与社会问题；越轨与社会控制；社会政策；社会建设。专题教学以专题学习内容为选题，制作视频教学案例，充分利用好现代互联网平台的开放性、兼容性、实时性的特点，将时事热点、社会焦点、学科前沿等融合到专题教学中。在专题讨论中，学生要将理论学习、专题讨论与社会现状有效结合，突出理论与现实相结合、理论服务于实践的特点。

同时，在讲课过程中，我们还随时向学生介绍当代社会学的新动态，包括最新的学术观点、理论和专著等，使学生的观念跟上时代发展的步伐，适应当代社会发展的需要。我们还聘请校外专家给学生做学术报告，提高学生了解社会、解决社会问题的能力。

（三）教学模式的改革

社会学信息化课程教学以混合学习为基础开展教学模式改革试验，突出学生的主体性地位。要把传统学习方式的优势和网络化学习的优势结合起来，既要发挥教师引导、启发、监控教学过程的主导作用，又要充分体现学生作为学习过程主体的主动性、积极性与创造性。[1]精心开发的在线课程、生动有趣的教师面授、同学之间的经验分享、丰富翔实的资料积累等，把课程资源尽可能多地整合到一个平台上，建立"一站式"学习，形成强大的学科知识管理中心，实现隐性知识显性化、显性知识体系化、体系知识数字化、数字知识内在化。充分利用网络的力量，将网络学习与课堂面授有机结合。既有实时与非实时、同步与异步的教师讲授，还有学生基于问题的探讨式学习、基于资源利用的学习、基于"合作"理念的小组学习、基于网络资源的自主学习，将课堂学习与网络学习无缝对接，让学生的学习浑然一体。多种学习方式的有机结合，激发学生学习的积极性和主动性。

社会学信息化课程专题教学模式中，每个教学专题学习内容分为三人部分：理论学习＋现象分析＋综合探讨，授课及学习方式采用课堂教学＋网络课程形式，即"平台→课堂→平台"循环模式，我们称为"三部曲"（见图1）。第一部曲，课程平台学习，要求教师课前根据课程设计，利用新技术录制与专题相对应的教学内容视频，录制的内容以讲解为主，并将专题学习的相关资料如视频资料、PPT 资料、案例等上传平台相关专题；要求学生登录课程学习平台，根据学习任务，目标明确、有的放矢地学习专题相关知识，并思考专题作业，较好地完成课程作业。第二部曲，课堂学习环节。此环节，教师要多方式多渠道挖掘学生学习的积极性和热情，充分发挥教师的主导性作用；学生要充分发挥教学活动中的主体性作用，积极主动地参与教学活动。课堂教学环节主要包括学生新闻快报、教师答疑解惑、专题研究前言讲解、学生学习成果呈现、课程讨论等。学生新闻快报要求时间简短、形式新颖、内容充实简洁，为大家喜闻乐见又与时事紧密相连，主要锻炼学生的社会现象分析能力。第三部曲，学生学习回归平台，主要是做好学习成果提交、交流互动、教学效果反馈等，同时，最重要的是，做好下一个专题的学习工作，进而形成一个良好的学习循环过程。

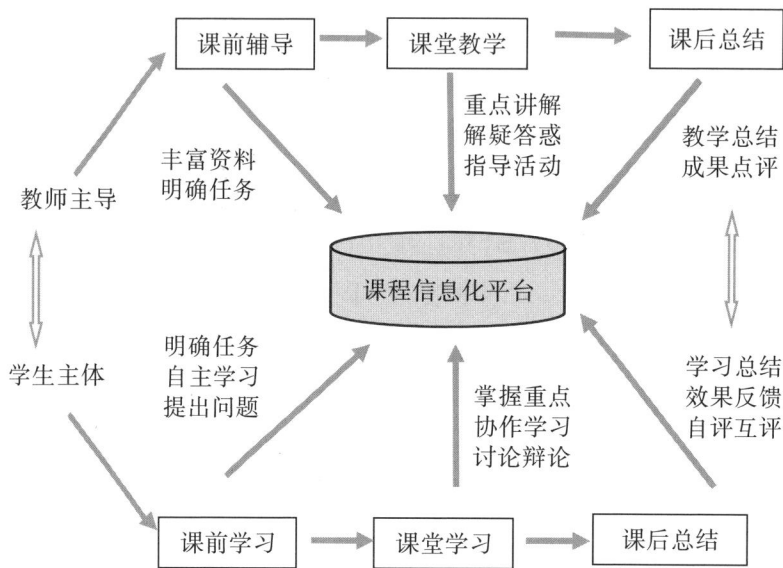

图1 信息化课程改革下的社会学"三部曲"教学模式图

（四）教学方式方法的改革

社会学信息化课程教学中，突破了以往单纯依赖课堂教学和学习的模式，采取多样化的教学方式方法。课程学习中，既注重课堂基本理论的讲授，也注重网络信息化课程丰富的资料学习、案例讨论，同时注重课内、课外实践教学方法的创新。既注重学生传统课内的学习，也注重广义大课堂以网络课程为依托的网络化学习、自主与协作学习的延伸。采取多样化的教学方法，提倡案例教学、任务驱动式教学等。多种形式的教学策略有效地激发了学生对教学设计的学习兴趣，加强学生对教学设计基础知识的掌握，提高学生对教学设计知识的综合运用能力和实践操作能力。

教学方式方法的改变也要求学习方法的改变。在课程学习中，学生能够非常有效地利用信息化平台做好课前学习、课堂学习和课后总结。这里重点介绍合作式学习方法，其中，与任务驱动式教学方法相对应的小组合作式学习方法在教学中取得较好效果。如在"社会角色"专题中，要求学生积极利用新技术手段，自编自导自演，开展"你的生旦净末丑——角色扮演活动"的微视频拍摄活动。活动中，要求学生理解特定角色的不同需要、动机、价值观和态度、个性和意志力等情况，以及这些因素形成的矛盾冲突情形，进而模拟如何在复杂环境中扮演好自己的角色，协调好各种角色，应对变化，有效解决矛盾。合作式学习方法还广泛应用在课堂讨论、辩论等环节，如在"婚姻与家庭"专题中，围绕"先成家还是先立业""爱情比事业更重要/事业比爱情更重要"等开展以小组为单位的课程辩论赛；在"社会分层与社会流动"专题，开展"结合社会分层和社会流动的相关理论，如何看待《人民日报》提出的'穷是穷的原因，富是富的原因'的评论"的主题讨论，采用小组讨论、小组总结、小组汇报的形式进行。学生课前通过对网络平台丰富的课程资源的学习和准备，基本概念和理念已经有所掌握，因此，在具体的课堂教学活动中，学生能够有的放矢，较好地参与教学活动。

实践证明，在教学活动中，教学方法和学习方法的改变，不仅仅锻炼了学生的组织策划能力，同时激发了学生学习的积极性和热情，极大地锻炼了学生处理事件的能力，突出了学科应用型的特点。

（五）教学手段的改革

社会学信息化课程教学要充分发挥新技术手段在课程教学过程中的作用。充分利用已有的网络信息平台，发挥微信、QQ 等现代互联网沟通方式的作用，突破传统教学手段受时空限制的不足。依托网络课程教学平台，进一步完善网络课程资源，对已有的课程资源进行数字化改造；以专题学习内容为选题，尝试制作视频教学案例，鼓励学生搜集、自制学习视频并上传课程学习资料库；对学生提交的作业成果进行评价，遴选优秀成果给予表扬，通过评优评先树立典型，以评促学，形成良好的学习氛围。

（六）教学效果的改革

社会学信息化课程教学效果的改革要充分利用课程网络平台，构建对社会学课程教学和学习效果的评估机制与平台，建立长效评估机制。在网络课程建设中，进一步完善"专题学习反馈"的栏目设置，鼓励学生对专题学习效果进行积极、及时的反馈。反馈的内容包括对教学专题设置的内容、网络表现形式、资料准备、问题设置等给予评价反馈，也包括对学习专题内容的理论、问题、技能培养等方面的效果的评价反馈。构建长效的反馈机制，不仅仅关注学生课堂学习和网络学习情况，更关注学生课外实践活动情况；不仅仅关注学生学习成绩与学习效果，更关注已毕业学生学习社会学后的应用情况；不仅仅关注学生学期学习后的反馈意见，更关注毕业学生关于社会学教学改革的反馈意见。

可以说，信息化的快速发展，已经非常有效地丰富了社会学课程学习的资源，延伸了教师教学和学生学习的触角，深化了学生学习的效果。但学科的改革永远在路上，仍要不断推进信息技术与教学融合，探索建立以学习者为中心的教学新模式，提高信息化教学水平，并不断培养学生信息化环境下自主学习、自主管理、自主服务的意识与能力，提高人才培养质量。

参考文献

[1] 温逸姗，任爱英. 网络时代下学习方式的变革 [J].科技咨询，2007（14）：242.

基于应用型人才培养目标的
思政专业课程教学改革

——以"社会学概论"为例*

席丹丹

摘 要："社会学概论"课程对实施实践教学具有非常重要的意义。该课程的实践教学改革主要从两方面进行：一是课内实践教学改革，重视发挥教师课堂理论讲授的主导地位和学生在实践教学改革中的主体地位；二是学科课外实践教学改革，重视培养和提高学生进行社会实践和社会调查的意识与能力，重视培养学生应用社会调查方法分析问题的能力。

关键词：社会学概论；课程实践教学；应用型人才

所谓"实践教学"，是与传统理论教学相对应的一种教学形式，它实现了教学过程的理论与实践、间接经验与直接经验、抽象概念与具体思维的结合，既是理论学习的继续、补充和深化，也是传授学习方法、技能与经验的重要方式。传统理论教学注重教师讲解理论知识，强调教师的主导作用，而实践教学则注重理论联系实际，用理论知识分析、解释实践问题，强调学生的主体性和积极性，激励学生主动学习、主动参与、主动思考、主动探索、主动实践、主动研究。

根据高校现有的实践教学体系，以场所为标准划分，实践教学主要分为课内实践教学和课外实践教学。"社会学概论"课程课内实践教学主要是在课堂内进行，包括案例教学、辩论式教学、主题讨论、专题内容研讨等形式，通过内容的嵌入与教学方法、手段的革新得以实现；课外实践教

---

* 本文原载于《韶关学院学报》2014 年第 3 期，收入本书时有修改。

学活动，包括课外校园实践、校外社会实践两种方式，主要是通过社会调查得以实现。

一、"社会学概论"课程实施实践教学的意义

"社会学概论"是社会学的一门基础性课程，它以社会问题为研究对象，旨在激发学生的理论兴趣，拓宽学生的理论视野，提升学生的理论境界，培养学生形成系统的社会学基础理论、基本知识和既不囿于成见又不流于空疏的社会学理论思维能力；培养学生适应社会、认识社会和参与社会及分析和解决社会实际问题的能力；培养学生形成一种既奋发进取又睿智通达的生活态度；培养学生成为具备较熟练的社会调查技能的应用型人才。由此可以看出，该课程不仅具有较强的理论性和科学性，还具有较强的现实性和实践性。

为进一步增强课程实践教学效果，突显课程特色，结合韶关学院应用型人才培养目标的要求，课程授课教师特选取 100 名学习"社会学概论"课程的学生，针对该课程培养应用型能力的基本方向展开调查，详见表1：

表1　"社会学概论"课程应用型能力培养现状及期望的内容及比例

	传统比例	期望比例
专业理论学习能力	43%	10%
社会现象综合分析能力	16%	26%
社会政策分析能力	10%	27%
社会调查实践能力	27%	29%
个人综合素质	4%	8%

调查结果显示：相对于传统的讲授法，学生对"社会学概论"课程的

实践教学具有更浓厚的兴趣，他们更想通过社会学课程的学习来提高自己认识社会和参与社会的能力。所以，在社会对应用型人才要求不断提高的背景下，要想使课程教学真正满足学生的需求，在教学过程中就必须基于学科应用性和实践性的特点创新教学方式，增强实践教学力度。探索"社会学概论"课程实践教学改革的方法非常必要，且意义重大。

（一）有利于进一步优化教学方法，提高学科教学质量

课程传统教学中，讲授法占据非常大的比例，这种教学方法优点很多，如有利于教师系统地阐述和讲解理论，课堂信息量大，有利于教师控制教学进度和课堂秩序等；但弊端也非常明显，如教师容易成为教学的权威和主宰，学生缺乏直接实践的机会，学习参与度低，从而出现教师中心主义、学科本位倾向。在"社会学概论"课程教学过程中，积极开展实践教学，要求不仅有传统的授课法，还要结合辩论法、案例法、调查法等多种教学方法。多种教学方法依据课程特点有机结合，将大大丰富课堂教学，增强课程教学的实效性，提高教学质量。

（二）有利于激发学生课程学习积极性，拓展学生专业知识面

受传统教学方法的影响，教师在讲授理论的过程中，很容易把教材当成金科玉律，授课按照教材的内容和顺序讲述，无法和时代发展相联系，"社会学概论"课程的实效性和应用性无法体现。在"社会学概论"课程教学过程中，不仅要对同类教材进行比较、吸收与创新，使得教师在教学过程中旁征博引，还要积极开展实践教学，从而有利于引导学生从不同的角度对讲授的内容进行思考，激发学生课程学习的积极性，拓展学生的专业知识面，培养学生的实践能力。

（三）有利于促进学生理论水平与实践能力的提高

实践教学法并不否认传统的理论教学，而是提倡学生将理论密切联系自身学习生活和社会实践，提倡将思辨、抽象的理论知识通过课堂实践或者课外实践转化为理性认识和综合实践能力。在"社会学概论"教学过程中实施实践教学，有利于提高学生对专业理论的认识水平；有利于指导学生运用一定的社会学知识和原理对社会现象进行综合分析，培养学生理论与实际相联系的能力，提高学生社会现象综合分析能力和社会政策分析能力；有利于指导学生开展社会调查等课外实践教学活动，提高学生综合实践能力和个人素养。有效的课程实践教学使学生不仅能够用社会学的基本思维方式和研究方法来认识、理解、分析各种社会现象，并能够针对一些简单的社会现象和社会问题提出相应对策，促进学生理论水平与实践能力的提高。

二、"社会学概论"课程实践教学改革

"社会学概论"课程实践教学是学科培养应用型人才的重要途径。本课程结合学科特点和时代发展对人才培养目标的要求，对课程的实践教学环节进行改革，主要包括课内实践教学改革和课外实践教学改革。

（一）课内实践教学改革

1. 重视发挥教师课堂理论讲授的主导地位

在课内实践教学的课堂讲授方面，"社会学概论"课程非常注重授课教师在理论讲授中的主导地位。对于较难的理论，如需要介绍理论背景、专题研究前沿等，教师主要负责讲解。而对于理论的应用分析，教师则主要发挥"导"的作用。

· · · · · ·

一是注重引导学生以严谨的科学精神向纵深处研究理论，提升理论素养。例如，在讲授第十五章"社会变迁与社会现代化"中的"我国现代化进程"问题时，在讲授"改革是推进当代中国现代化进程的必由之路"的理论基础上，阅读习近平总书记的一段话："不能用改革开放后的历史时期否定改革开放前的历史时期，也不能用改革开放前的历史时期否定改革开放后的历史时期。"教师引导学生在阅读材料的基础上，思考如何正确对待改革开放前后两个历史时期。学生通过理论学习、思考和讨论，结合哲学、中国特色社会主义理论等学科内容，对问题进行详细解读和回答，他们思路清晰，观点正确，体现了较高的理论素养。

二是注重引导学生运用基础理论提升社会政策分析能力。例如，在讲授第十七章"社会问题"中的"贫困问题"时，要求学生先课前学习、了解关于贫困的理论解释，如个体主义解释、贫困文化论、结构性解释等，使学生先奠定必要的理论基础；在此基础上，结合广东的扶贫情况，分析我国农村、城市的扶贫开发政策、现状、问题，进而结合理论让学生提出扶贫的相应政策。在上课过程中，学生积极发言，不仅能够领会教材上的基本理论内容，还提出了很多建设性的意见，个别学生甚至走访本地区扶贫开发项目的相关负责人，结合个案，提供照片、录像等素材，教学效果非常好。

三是注重引导学生应用理论分析现实问题的能力，提升社会现象综合分析能力。例如在"城市化"专题中，教师在讲解了有关城市化的相关理论之后，引导学生积极分析国内外城市化路径的异同，积极思考工业化与城市化的联系、城市化与社会转型的联系等，引导学生分析中国城市化道路的选择、城市边缘人的生活现状、现代城市问题的具体表现及产生原因、两亿多农民工能否市民化、城乡二元结构能否破解等问题。学生在课堂学习和课外查阅资料的基础上，形成了非常优秀的学习作品。

2. 重视发挥学生在实践教学改革中的主体地位

在"社会学概论"课程教学过程，教师非常注重学生在教学活动中主体地位的发挥，改变传统以课堂授课为主的教学方式，进而采用课堂授课与多种教学方法并用的方法，从而发挥学生在"教—学"过程中的主体地位。

一是课前时事快报。这个环节要求学生在三到五分钟之内，以 PPT、视频等形式对当前社会热点问题进行讲演，并依据专业理论对热点问题进行评论，如对"中国式过马路"的社会学原因进行探讨等。

二是案例教学。在专题学习的时候，鼓励学生积极搜集资料，扩充专题学习资源。例如，在讲授"社会角色"专题中的"角色冲突"时，积极鼓励学生思考现实中角色冲突的案例。学生通过课下学习和思考，以视频、iebook、PPT、文字素材等形式，分别对"角色冲突"进行了非常生动的案例阐述，如列举了奥运会中因伤退赛的刘翔、舟曲泥石流中舍小家为大家的王伟等案例。

三是课堂辩论。在专题学习的时候，围绕专题学习内容设置辩题，学生自发地组织正反两队，针对辩题展开辩论，进而提升他们的理论素养及综合素质。例如，在学习"社会分层与社会流动"专题中，设置"大学生是/不是弱势群体"辩题，辩论中，双方观点犀利，且能结合理论分析现实，材料丰富、生动，双方通过辩论，极大地开拓了学习的视野，提升了对理论的认识和应用能力以及自身综合素质。

四是主题讨论发言。主要是在授课过程中，结合学习内容，提出讨论问题供大家思考，学生围绕问题积极展开讨论。例如，在学习"社会角色"专题中的"角色不清"问题时，学生围绕"当代大学生的角色是什么""优秀大学生的标准是什么"展开讨论，学生在讨论过程中，逐渐地从班级、院级、校级评优评先的资格和条件谈起，结合社会发展的需要谈优秀大学生的标准，进而结合历史发展中大学生的作用谈当代大学生的作用和地位，通过讨论，学生能够从历史发展、国家—民族—家庭发展等角度谈当代大学生肩负的角色及优秀大学生评判的标准，认识深度不断提升，并为课堂的德育教育提供正能量。

（二）课外实践教学改革

课外实践教学方面，注重培养学生应用社会调查方法，注重锻炼学生的社会调查能力。

1. 重视培养和提高学生进行社会实践、社会调查的意识和能力

截至目前，已初步建立课外实践调查的调查题库供学生选择，其中思想政治教育专业可供选题 69 项，公共事业管理专业可供选题 47 项，行政管理学专业可供选题 99 项，历史学专业可供选题 50 项，教学中累计指导学生撰写调研报告共 100 多篇。学生以 1～6 人为组，结合社会热点或与他们休戚相关的问题进行选题并展开调查。他们的实践热情非常高，问题意识非常强，通过学习，进行社会实践和社会调查的意识与能力明显得到提高。

2. 重视培养学生应用社会调查方法分析问题的能力

学生基本上能秉持严谨、务实、科学的调查精神进行调查，调查方法得当，且分析能力较强，个别学生的调查观点虽然朴素，但值得我们教育工作者重视。比较有代表性的，如 2008 级一学生以"对韶关学院在校贫困大学生的生活现状调研"为题展开调查，在调查报告中，该学生得出如下结论："仍然有 3% 的人每月生活费在 200 元以下，换言之，这部分贫困生一天的伙食费还不够 7 元。平时吃饭，女生一般是吃二两，一两 0.25元，一个荤菜价格是 2.5 元、3 元或者以上，一个素菜 0.6 元、0.8 元或者1 元，计算一下，一般人吃一顿需要多少钱：$0.25 \times 2 + 2.5 + 0.6 = 3.6$ 元，这已经是最低价格，所以，无法想象一日三餐 7 元怎么能吃饱，对于男生而言，更是连最基本的温饱问题都无法解决，零食根本是不可能购买的。那么日常生活用品的支出和偶尔生病的费用，更是无法想象。""社会学概论"课程中严谨、务实、科学的"社会调查"实践教学环节不仅夯实了学生的专业理论基础，锻炼了学生的思维能力，提高了学生的专业术语表达能力，还锻炼了学生的创新能力，加强了探知社会事实的能力，有助于提高学生的交际和协作能力，增强职业适应能力，回应社会转型的重要命题，效果非常好。

三、"社会学概论"课程实践教学不足之处

"社会学概论"是一门已在高校中开设了多年的专业基础课，各高校也历来重视调动"教"与"学"两方面的积极性、主动性，通过资源整合较好地克服了目前社会学教学广泛存在的重理论轻实践、重知识轻能力、重灌输轻启迪的问题。注重实践教学也日益成为"社会学概论"的突出特点和新鲜经验。

但综观我国大多院校"社会学概论"课程的教学计划，理论知识的教学安排占总学时的比例均高达80%以上，有的甚至占90%以上，这与教育部所要求的8∶2（80%的课堂教学，20%的实践教学）的教学规定有所差距，而与西方国家专业培养方式对比更是相去甚远。如法国国家行政学院自称是"三无"学校——无文凭、无教材、无专职教师。该校强调为用而学，学生在两年多的学习过程中，校内、校外学习时间各占一半。加拿大行政官员培训学院更强调实践教学，其中30%在课堂内，70%在课堂外。在传统的重视课堂理论教学、忽视实践教学环节的培养模式影响下，就目前应用型人才培养目标来看，"社会学概论"课程的实践教学还存在一些不利于应用型人才培养的因素。

具体来说，主要表现在以下几个方面：学生课程实践教学观念较为朴素，以为专业课程实践教学是对社会现象和社会问题获得感性认识，通过社会实践和社会考察丰富实践经验的课程，进而将"社会学概论"的社会实践学科化；实践教学机会较匮乏，且因课时限制，学生只能利用课余时间或节假日进行实践，调查时间非常有限，且走马观花式的参观调查很难达到应用型人才专业化的素养和水平；实践教学的效果有待提高，社会调查形式和调查方法较为单一，调查实践缺乏灵活性和严谨性，等等。

· · · · · ·

总之，较强的实践应用能力是学生融入社会、求得发展的"通行证"，是培养应用型人才的重要途径之一。而韶关学院也从"培养什么人""怎样培养人"的高度出发，以转变观念为先导，坚持以协同创新引领应用型人才培养模式改革，提出要优化课程结构体系，强化实践教学环节，改革教学方法与评价方式，构建了"理论教学、实践促学、自主研学、网络助学"四大教学平台体系。对于"社会学概论"课程教学而言，应用型能力的培养应贯穿课程教学的整个培养过程，课程实践教学改革作为一项动态的系统工程，需要我们在实践教学中不断摸索、总结、改进，以此培养出满足社会需求的、具有较强应用能力的社会学专业人才。

参考文献

［1］杜桂娥. 社会学课程"双主教学模式"的实践探索［J］. 高教论坛，2010（10）：47－49.

［2］刘宜君. 试论实践教学法在《社会学》教学中的运用［J］. 江西教育学院学报，2012（2）：78－80.

［3］曲艺. 应用型大学实践教学体系理念的内涵及应用［J］. 教育探索，2009（6）：28－29.

［4］代显华，李忠民. 高素质应用型人才培养实践教学的问题与对策：以成都大学为例［J］. 成都大学学报（教育科学版），2009（1）：8－10，24.

马克思主义劳动观融入高校
思想政治理论课程研究

——以韶关学院为例*

王　鹂

摘　要：习近平总书记在全国教育大会上强调，要努力构建德智体美劳全面培养的教育体系，形成高水平的人才培养体系。本文以韶关学院为例，在实地调研分析的基础上，分析如何将马克思主义劳动观有机融入高校思想政治教育理论课程之中，切实发挥高校思想政治理论课程的育人功能。

关键词：马克思主义劳动观；思想政治理论课程；融入

教育是促进人的发展和社会进步的重要基石，是实现中华民族伟大复兴的决定性力量。习近平总书记在全国教育大会上强调，要努力构建德智体美劳全面培养的教育体系，形成更高水平的人才培养体系。这一重要论述，为高等教育改革发展和高校人才培养工作指明了前进方向。

一、马克思主义劳动观理论阐述

马克思主义劳动观是马克思主义哲学的重要组成部分。"在劳动发展史中找到了理解全部社会史的锁钥的新派别。"[1]劳动是区分人与动物的关键因素。"在马克思的语境中，人的实践活动的最基本、最普遍的表现形

---

　*　本文系韶关学院第二十一批校级教育教学改革项目"马克思主义劳动观融入高校思想政治教育课程研究"（项目编号：SYJY20201217）成果。

式是劳动。"[2]人类通过劳动，不仅创造了人类所需的物质世界，推动社会发展，也是实现人类自身价值的基本途径，以及社会分配的基础。

第一，劳动创造了人本身，是区分人与动物的关键因素。马克思指出，劳动作为一种主动的、有意识的生命活动，是人类所特有的。劳动虽然一开始是人类"维持肉体生存的需要的手段"的感性活动，但这与动物屈从本能、被动地适应自然活动有着明显区别，人类通过劳动主动改造自然环境以适应自身生活发展需要。

第二，劳动是人类生存和发展的基础，是人类创造一切物质财富和精神财富的源泉。马克思指出，正是通过劳动，人类在与自然界相互作用的过程中，改造了自然环境，创造了人类文明，是人类社会存在的根本条件。人类通过劳动实践，创造并使用劳动工具，改造了自然世界，创造了人类社会往前发展的物质基础，劳动是人类创造一切物质财富的源泉；同时，人类在劳动实践活动中，创造了文化、艺术和科学等精神，形成社会关系，推动人类社会的进步。

第三，劳动是人类自我实现的过程，是人类实现自我价值的途径。通过劳动实践，人类不仅能够满足自己的物质需要、精神需要，推动社会进步，并且，在劳动实践过程中，人类还能够获得自我认同、自我实现的满足感，实现人生价值。

第四，劳动是实现财富再分配的社会基础和依据。在共产主义社会中，劳动者拥有平等享有劳动成果的权利，劳动者的劳动价值得以充分体现，劳动者的权益能够得到保障。然而，在资本主义社会中，资本将本该是自愿自觉的劳动异化为雇佣劳动、奴役劳动，劳动者的劳动价值被剥夺，劳动者的权益受到侵犯，劳动者处于被剥削的地位。

二、马克思主义劳动观在中国创造性发展

中华人民共和国成立之后，中国共产党对马克思主义劳动观进行了创

造性的实践与发展，坚持教育与生产劳动相结合的原则，并将其纳入我们党的教育方针。毛泽东强调教育必须为无产阶级政治服务，必须同生产劳动相结合，指出"知识分子劳动化，劳动人民知识化"等重要思想，培养具有社会主义觉悟的、有智慧的、德智体齐发展的新时代劳动者。

改革开放初期，邓小平继承和发展了马克思主义劳动观思想，并在毛泽东关于"教育必须同生产劳动相结合"的思想基础上进一步指出，教育在与生产劳动相结合时，要在其内容和方式方法上"做文章"，应不断使其有新的发展。邓小平强调，劳动教育不能脱离实际，不能纸上谈兵，劳动教育要时刻关注国民经济发展的状况，要注重劳动教育与实际生产活动和现代科技发展的协调性，要培养好劳动、会劳动、有正确劳动平等观的新时代劳动者，并提出体力劳动者和脑力劳动者应予以同等重视等思想。

江泽民提出要尊重劳动、尊重人才、尊重知识和尊重创造思想。江泽民从素质教育的角度对劳动教育给予了肯定，并强调创新能力和实践能力的重要性，把"教育与生产劳动和社会实践相结合"作为新时期的教育方针。

21 世纪初，胡锦涛指出，经济发展、社会进步离不开劳动人民的兢兢业业、埋头苦干。胡锦涛提出，要充分肯定劳动的价值，重视劳动的力量，维护劳动者合法权益，为广大劳动者营造健康、舒适、安全、公平的劳动环境。同时，他指出，需不断丰富社会实践活动，加强劳动教育水平，提高劳动者素质。

党的十八大以来，习近平高度重视劳动教育，对新时代如何办好劳动教育，如何培养能够担起中华民族伟大复兴重任的时代新人做出明确要求。习近平指出，"美好生活靠劳动创造"，强调劳动者在生产劳动中要讲究"勤、逸、康、乐"，在勤奋做事的同时，亦要劳逸结合，保持身心健康，要在劳动中感受快乐，体现自身价值。同时，习近平强调，要大力弘扬劳模精神，树立实干兴邦理念，构建和谐劳动关系，注重人才培养教育。习近平在 2019 年 3 月 18 日召开的学校思想政治理论课教师座谈会上，再次强调教育要同生产劳动和社会实践相结合。2020 年，习近平提出要把劳动教育纳入人才培养全过程，把握劳动育人导向，创新劳教机制，注重劳动成效，在劳动教育中引导学生树立正确三观和劳动平等观，增强对劳动人民的感情，在系统的文化知识学习之外，组织学生积极参与实际劳动实践，培养踏实肯干、有创新意识和创造能力、德智体美劳全面发展的新时代"五育"青年。

三、马克思主义劳动观融入高校思想政治理论课程现状研究

（一）调查问卷的基本安排

为了实事求是地掌握马克思主义劳动观融入高校思想政治理论课程的状况，笔者于 2022 年 9 月对韶关学院 647 名在校大学生进行了问卷调查。本次调查主要采取问卷法收集资料，调查方式采取匿名问卷的形式，共发放问卷 647 份，回收有效问卷 647 份，有效回收率为 100%。

在样本的选取上基本做到了科学合理，从调查对象的性别上看，男生人数是 282 人，占调查人数的 43.59%；女生人数是 365 人，占调查人数的 56.41%。从政治面貌上看，中共党员 31 人，占 4.79%；非中共党员 616 人，占 95.21%。从年级上看，涵盖了大一、大二、大三、大四在校大学生，其中大一年级的人数是 61 人，占 9.43%；大二年级的人数是 335 人，占 51.78%；大三年级的人数是 180 人，占 27.82%；大四年级的人数是 71 人，占 10.97%。从专业类别看，包括理工类、文史类、艺术类，其中理工类的人数是 451 人，占 69.71%；文史类的人数是 116 人，占 17.93%；艺术类的人数是 57 人，占 8.81%。本次调查得到的数据能够较客观地反映出韶关学院将马克思主义劳动观融入高校思想政治理论课程的现状。

（二）马克思主义劳动观融入高校思想政治理论课程的调查分析

1. 关于"学生劳动习惯的养成和劳动行为的践行"分析

在对"大学生每周打扫宿舍卫生的频率"的调查得出：绝大部分学生能够做到每周至少打扫一次宿舍卫生，其中有 28.59% 的学生能够做到宿舍卫生一日一扫；17.31% 的学生能够做到每周打扫宿舍卫生 4 ~ 6 次；47.92% 的学生能够做到每周打扫宿舍卫生 1 ~ 3 次。但仍有 6.18% 的学生认为"若非必要，不会打扫"（见图 1）。

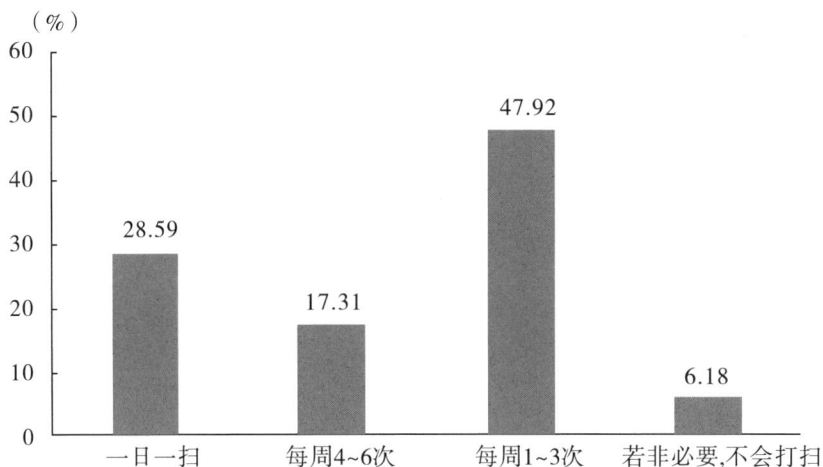

图 1　大学生每周打扫宿舍卫生的频率

关于学生参与学校组织的志愿服务活动方面，57.65% 的学生表示会偶尔参加，31.22% 的学生表示会经常参加，9.58% 的学生表示极少参加，也有 1.55% 的学生表示从不参加（见图 2）。

（%）
80

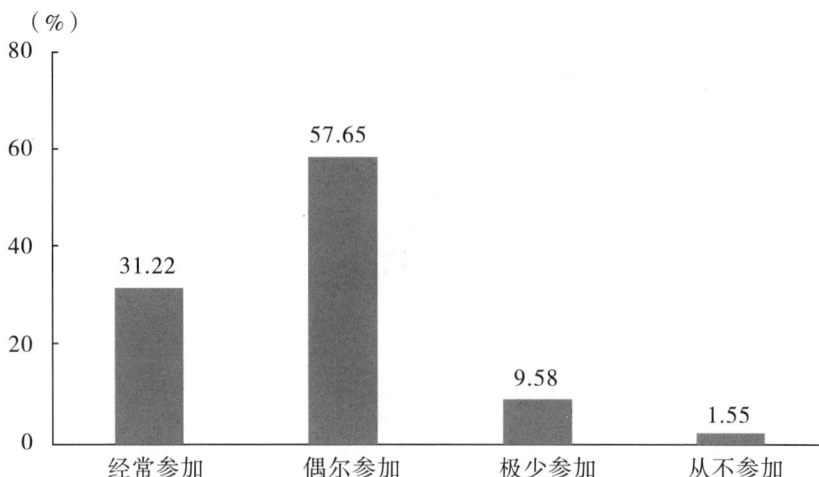

图2　大学生对学校组织志愿服务活动的参与情况

我们把大学生每周打扫宿舍卫生的频率和参与志愿服务活动的情况进行交叉分析，得出以下结果："打扫宿舍卫生频率较高的学生"和"积极参与校园志愿服务活动的学生"高度重合；而选择"若非必要，不会打扫"的学生，大部分也不愿意参加校园志愿服务活动。

根据以上分析，高校应以马克思主义劳动观为引导，在思想政治理论课堂中注重培育学生树立正确的劳动价值观念，让学生明白劳动是创造一切财富和价值的源泉，让学生热爱劳动，注重学生劳动习惯的养成和劳动行为规范的践行，培养学生从生活劳动的细节抓起，让学生树立劳动光荣、劳动崇高、劳动伟大的劳动价值观念。

2. 马克思主义劳动观融入高校思想政治理论课程分析

关于向学生提问"学校对马克思主义劳动观融入思想政治理论课程的重视程度"时，大部分的学生认为学校有开展马克思主义劳动观融入思想政治理论课程教育教学和相关的实践课程。从数据中可以得出，35.86%的学生认为学校非常重视马克思主义劳动观融入思想政治理论课，并开展丰富的社会劳动实践课程；51.47%的学生认为高校比较重视马克思主义劳动观融入思想政治理论课程，并开展相关的社会劳动实践课程。但也有

1.24%的同学认为高校不重视马克思主义劳动观融入思想政治理论课程（见图3）。

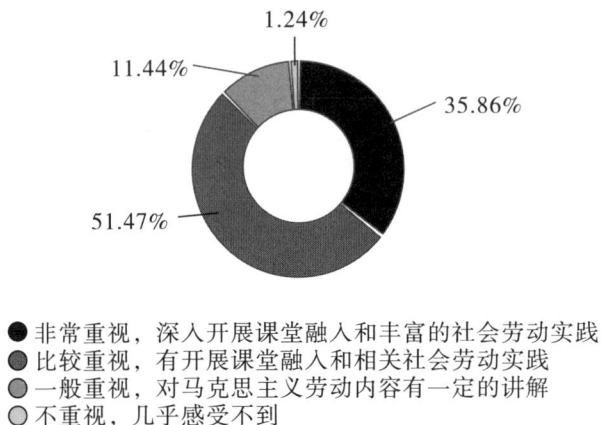

1.24%

11.44%

35.86%

51.47%

● 非常重视，深入开展课堂融入和丰富的社会劳动实践
● 比较重视，有开展课堂融入和相关社会劳动实践
● 一般重视，对马克思主义劳动内容有一定的讲解
○ 不重视，几乎感受不到

图3　学校对马克思主义劳动观融入思想政治理论课程的重视程度

而对于"学校将马克思主义劳动观融入思想政治理论课程中是否有利于培养学生树立正确的劳动价值观和形成良好的劳动品质"这一问题，大部分学生持认同态度，认为有利于引导学生热爱劳动。

另外，我们把课堂上针对马克思主义劳动观的相关教育情况（见图4）与学生对马克思主义劳动观的了解程度（见图5）二者进行交叉，分析发现二者有较强的相关性。通过分析，得出如下结果：教师在思想政治理论课堂上对马克思主义劳动观内容讲解越详细，并能形成马克思主义劳动观融入思想政治理论课程的教学体系时，学生对马克思主义劳动观教育内容的了解程度就越高。同时，我们在"马克思主义劳动观的相关教育情况与该学生对其了解程度关联分析"中发现，在马克思主义劳动观融入思想政治理论课程已基本成体系的基础下，有93.79%的学生表示熟悉马克思主义劳动观内容；只有6.21%的学生表示对马克思主义劳动观内容基本不了解（见图6）。

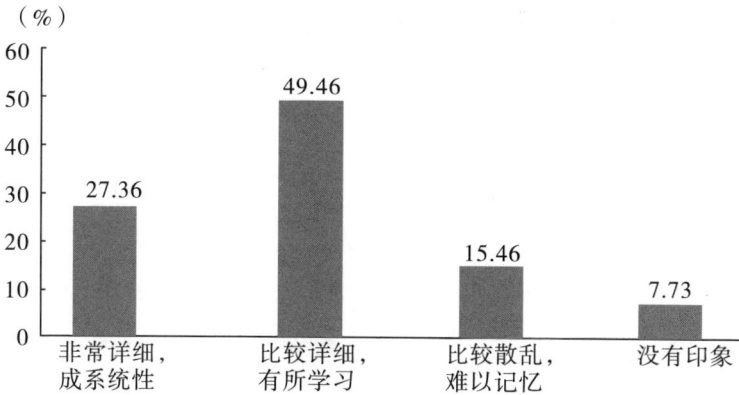

图4　课程上针对马克思主义劳动观的相关教育情况

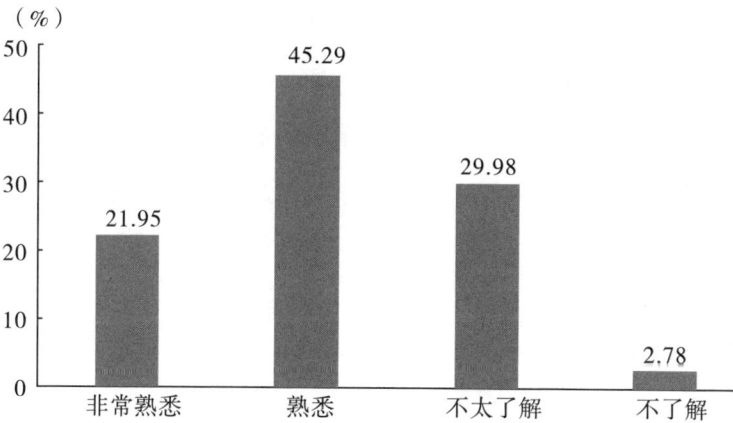

图5　学生对马克思主义劳动观的了解程度

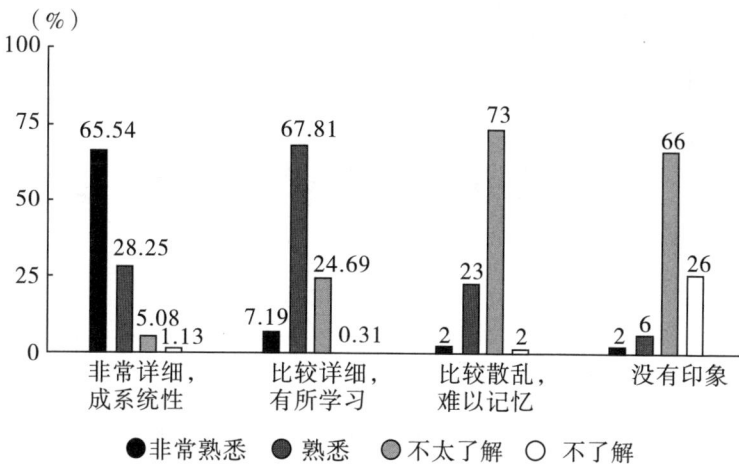

图6　马克思主义劳动观的相关教育情况与该学生对其了解程度关联分析

3. 马克思主义劳动观融入思想政治理论课程对大学生成长成才影响效果分析

通过分析马克思主义劳动观融入思想政治理论课程对大学生的影响效果，可以发现：大部分学生认可马克思主义劳动观融入思想政治理论课程的教育成效。其中有59.66%的学生认为高校开展的马克思主义劳动观融入思想政治理论课程，能够帮助他们培养创新精神和劳动技能，提高劳动素养；63.52%的学生认为，通过劳动教育能够养成良好的劳动习惯；64.14%的学生认为开展劳动教育有助于他们树立服务意识和奉献意识，能够更积极参加公益劳动（见图7）。当学生被问到"马克思主义劳动观融入思想政治理论课程是否需要成系统性"时，76.35%的学生认为学校有必要开展成系统性的马克思主义劳动观教育（见图8）。

此外，对待在集体劳动中"摸鱼"的人，有27.20%的学生表示十分厌恶，有57.03%较为讨厌，仅15.77%的学生对此持无所谓的态度（见图9）。

（%）

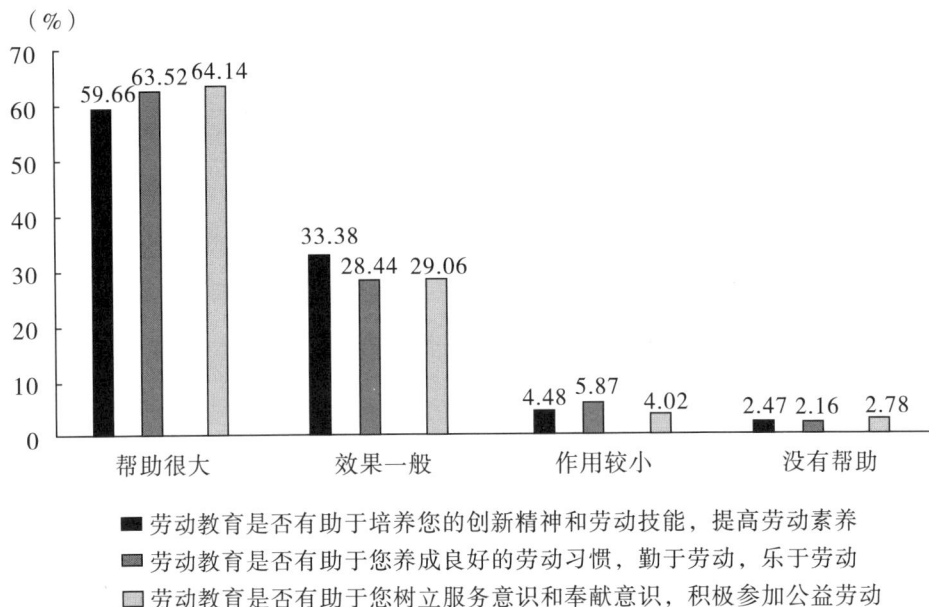

图7　马克思主义劳动观对大学生的培养效用

不必要：8.19%

无所谓：15.46%

非常必要：33.54%

必要：42.81%

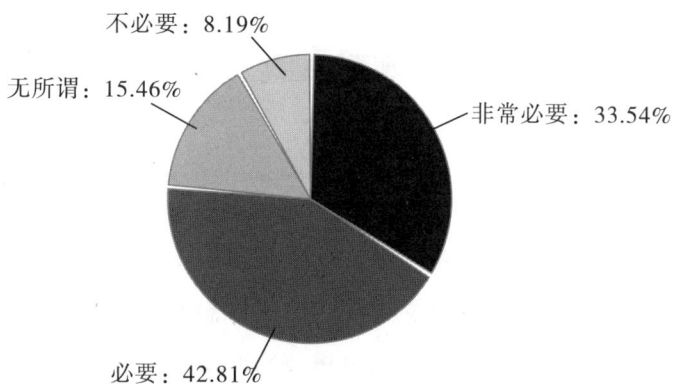

图8 马克思主义劳动观融入思想政治理论课程是否需要成系统性

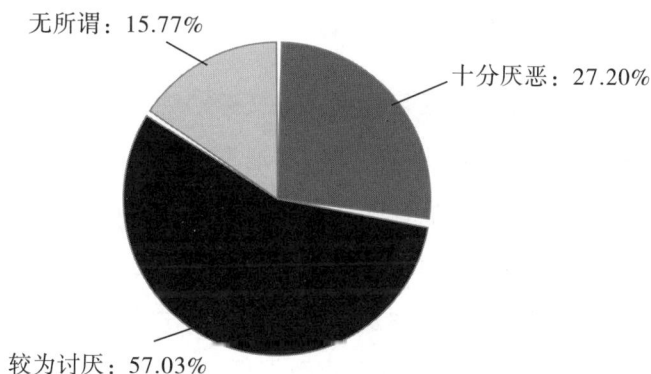

无所谓：15.77%

十分厌恶：27.20%

较为讨厌：57.03%

图9 大学生对在集体劳动中"摸鱼"的人的看法

根据以上分析，高校要狠抓学生坐享其成、不愿付出的"惰性"，针对考核测评难以深入顾全单个学生实际劳动情况的"痛点"，高校应尝试多样化的考评方式。既要倡导学生树立正确的劳动价值观，同时，在考核方面，也应制定规范化、阶梯式的考核评分制度，讲究"公平"和"劳有所获"，根据学生的实际劳动表现进行评价。

四、马克思主义劳动观融入高校思想政治理论课程的路径探究

根据马克思主义劳动观融入高校思想政治理论课程面临的现状和困境，高校可以从提升教师理论水平、创建马克思主义劳动观融入思想政治理论课程体系、开展马克思主义劳动观融入思想政治理论课程实践教学等途径，提升马克思主义劳动观融入思想政治课程的实效性。

（一）提升教师理论水平，推动马克思主义劳动观融入思想政治理论课程"落地生根"

首先，高校教师要自觉学习马克思主义劳动观，丰富马克思主义劳动观的理论水平。随着新时代我国经济的高速发展，人民的生活质量有了极大提高，我国社会的主要矛盾也随之发生变化。劳动作为满足人们日常物质资料生产的必要手段，同时也是满足人民对于美好生活的向往和需求的追求手段。劳动为实现人的全面发展提供了现实手段，每个人都能在劳动实践中得到展现自我的机会。"在马克思那里，劳动到处都处于中心范畴，在劳动中所有其他规定都已经概括地表现出来。"[3]马克思主义劳动观是马克思主义的重要核心内容。其次，高校教师应全面理解领悟马克思主义劳动观新的内涵，不断丰富自身知识水平，丰富教学技巧，提高教学水平，这样才能有效提升学生的接受能力。我国历届国家领导人依据所处不同时代特征，将马克思主义劳动观与中国发展的实际相结合，丰富了马克思主义劳动观的新内涵。最后，高校教师还应充分尊重学生的主体性，激发学生内在学习驱动力，培育学生树立正确的劳动价值观念，积极引导学生参与校内、校外劳动实践。学生强烈的学习动机是马克思主义劳动观教育取得成效的关键。只有让学生主动学习、积极实践，从心理上认可马克思主义劳动观对自身成长成才的重要意义，并通过引导学生参与校内、校外的劳动实践，外化为行为规范，才能真正推动马克思主义劳动观融入思想政

治理论课程。

（二）创建马克思主义劳动观融入思想政治理论课程体系，提升课堂融入效果

目前，高校开设的"中国近现代史纲要""思想道德与法治""马克思主义基本原理""毛泽东思想和中国特色社会主义理论体系概论""习近平新时代中国特色社会主义思想概论"等思想政治课程，虽包含了对马克思主义劳动观的阐述，却较为分散。受课程学时的限制，学生很难自主提炼相关马克思主义劳动思想进行深入学习。因此，高校在制定人才培养方案时，应以马克思主义劳动观理论为指导，根据国家人才培养的需求，将马克思主义劳动观与思想政治理论课程有机结合，创建规范、系统的马克思主义劳动观融入思想政治理论课程体系。在课程设置方面，高校可以针对不同专业的劳动素养的培育，灵活设计不同的马克思主义劳动观融入思想政治理论课程板块。比如，针对学生劳动技能的提高，高校可以设计劳动技能课程板块以及劳动技能大赛等，提高学生的劳动技能；针对学生劳动价值观念的培育，高校可以设计劳动情景模拟课程，让学生在课堂上看到"活"起来的劳动情形，使学生对马克思主义劳动观入脑入心，润物细无声地帮助学生树立正确的劳动价值观。

（三）开展马克思主义劳动观融入思想政治理论课程实践教学，拓宽融入方式

高校在马克思主义劳动观融入思想政治理论课程中，不能止步于课堂讲解和书面考核方式，更要开展实践教学。首先，高校在对学生进行马克思主义劳动观融入思想政治理论课程实践教学的过程中，教师要根据大学生的成长规律，因人而异、因地制宜，并考虑社会发展的需要，结合学生个人兴趣爱好和实践教学实训，有计划、有目标地设计马克思主义劳动观

融入思想政治理论课程实践教学的具体实施方式。其次，高校应区分好日常劳动、服务性劳动、生产劳动、研发劳动等类别，点对点、面对面地开展精准化马克思主义劳动观融入思想政治理论课程实践教学活动。比如对于生产劳动，学校可更多地将之与学生的专业和实践教学相结合，讲究学以致用，宜农则农、宜工则工。最后，高校应加大对师生科研项目的资金投入和奖励，设立科研劳动实训基地，积极与高新科技企业达成实习实训合作，鼓励学生进行专业相关技能训练。比如，高校可以鼓励土木工程专业的学生踊跃参与工地土建的规划施工等。高校应充分利用社会资源，搭建社会实践教育平台，引导学生将所学知识运用到实际的生产劳动中，提高学生解决实际生产劳动问题的能力，培养踏实肯干、全面发展的高质量劳动人。

"社会主义是干出来的，新时代也是干出来的。"中国特色社会主义是中国共产党领导广大劳动人民埋头苦干奋斗出来的，是无数劳动人民兢兢业业扎根在平凡岗位上建设发展起来的。当今时代，高校应以马克思主义劳动观为指导，将马克思主义劳动观融入思想政治理论课程之中，培育学生树立劳动光荣、劳动平等的劳动价值观念，引导学生将劳动创造、劳动智慧融入中国特色社会主义建设之中，为实现中华民族伟大复兴聚力积能。

参考文献

[1] 马克思，恩格斯. 马克思恩格斯文集：第 4 卷 [M]. 北京：人民出版社，2009：313.

[2] 俞吾金. 论马克思的"劳动辩证法"[J]. 复旦学报（社会科学版），2011（4）：1-8.

[3] 卢卡奇. 关于社会存在的本体论：上卷 [M]. 白锡堃，译. 重庆：重庆出版社，1996.

后 记

　　党的十八大以来，以习近平同志为核心的党中央高度重视高校思政课建设，习近平总书记还曾专门主持召开学校思想政治理论课教师座谈会并发表了重要讲话，另外在不同的时间和不同的场合作出了许多重要指示。为了贯彻落实习近平总书记的"思想政治理论课是落实立德树人根本任务的关键课程"的重要指示精神，韶关学院马克思主义学院围绕思政课"培养什么人、怎样培养人、为谁培养人"的重大理论和现实问题，不断探索公共思政课的课堂与实践教学改革。经过十多年的理论研究与实践，收到了良好的成效。

　　为了总结我院思政课教学改革与实践的成果，我们组织全院教师收集和撰写相关论义，前后汇集了 60 余篇。经过反复遴选与修改完善，最终选取了 33 篇论文汇编成为这本《韶关学院思政课教学改革与实践探索》。从总体上来看，这些论文写作时间的跨度已有 10 年，有的是多年前写的，有的是近年写的；有的曾经在期刊上发表，有的是本次首次公开发表，展现了我院教师自党的十八以来对思政课教学改革与实践的探索过程。对于个别不同于现在思政课的某些提法和课程名称，还有当时的一些数据等，均一仍旧贯，未作改动，以准确反映不同时期高校思政课的时代特点。在期刊上已经发表过的论文，收入本书时个别地方略有修改，均已在文中注明。

　　根据编入《韶关学院思政课教学改革与实践探索》一书中的论文内容情况，我们将 33 篇论文分为上下两编。其中上编为"主体性教学探索"，共 16 篇。主体性教学是我院教师探索和实行了多年的公共思政课教学改革模式，这 16 篇论文中有的从思政课的总体情况上研究主体性教学的有关理论和实践问题，有的从课程的微观视角探讨主体性教学改革。下编为"课程教改与实践"，共 17 篇，主要针对公共思政课程的教育教学方式方法、教学设计、教学评价及实践教学等问题进行分析，也有几篇是对专业思政课程相关问题的思考。

本书作为我校 2023 年中央财政项目"大思政课程体系及资源建设"的成果之一，是我们对高校思政课教育教学改革与实践探索的经验总结，也可以作为其他相关教师和人员的参考。我院前院长严兴文教授为本书的编辑做了一些前期的组稿工作。

暨南大学出版社编辑林玉翠女士为本书的出版付出了辛勤的劳动，在此特表衷心感谢！

本书每篇文章的文责由作者自负。限于客观条件，加之我们理论水平有限，这本《韶关学院思政课教学改革与实践探索》难免存在不足或错漏之处，请方家和读者批评指正，以便于我们完善提升。实践和理论的发展永无止境，高校思政课教育教学改革也永远在路上。我们将在本书的基础上，继续探索思政课建设的相关理论与实践问题，以推动我校公共思政课教育教学高质量发展。

杨华山

2023 年 11 月